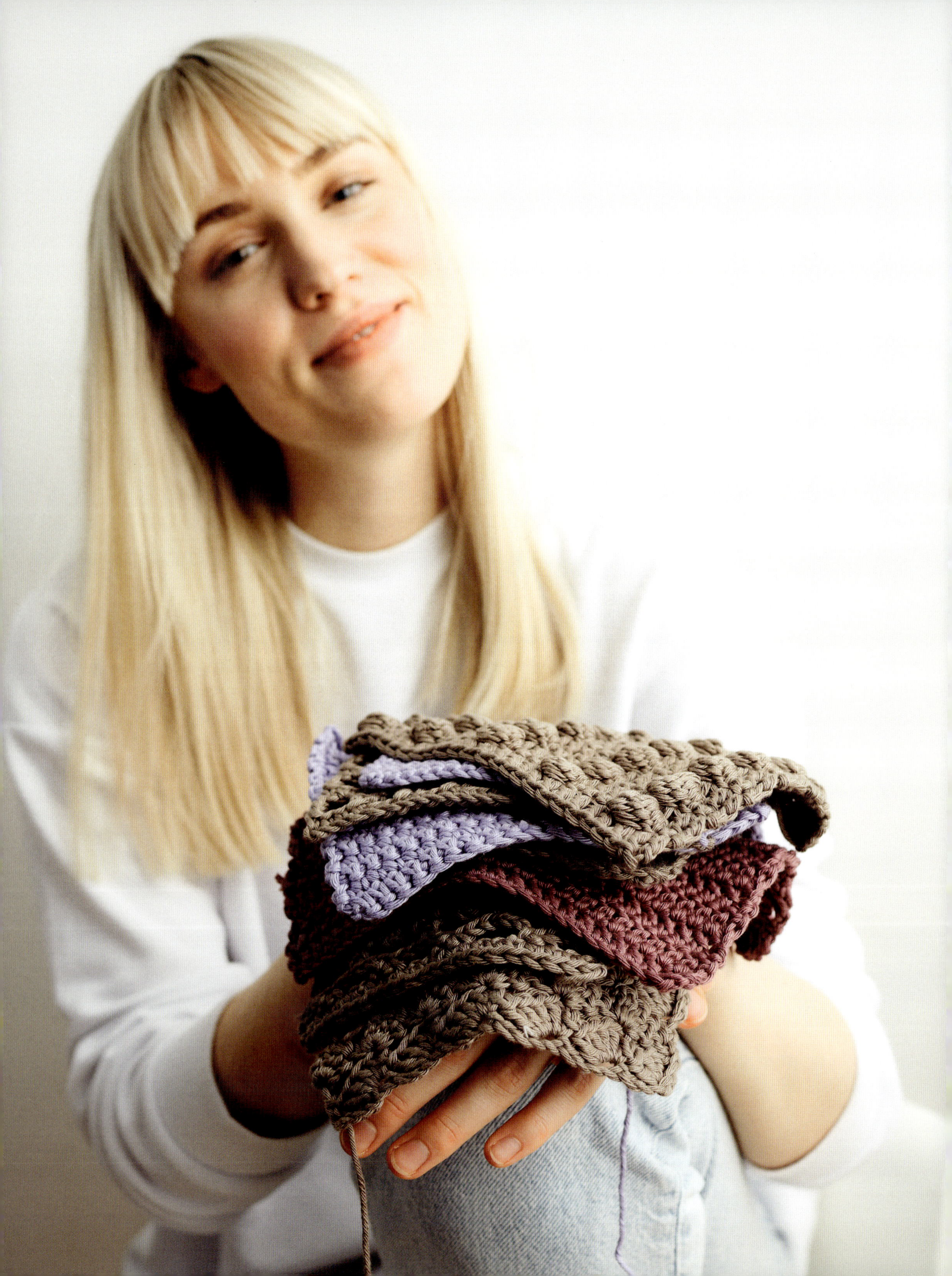

BRIGITTE ZIMMERMANN
BEATE HILBIG

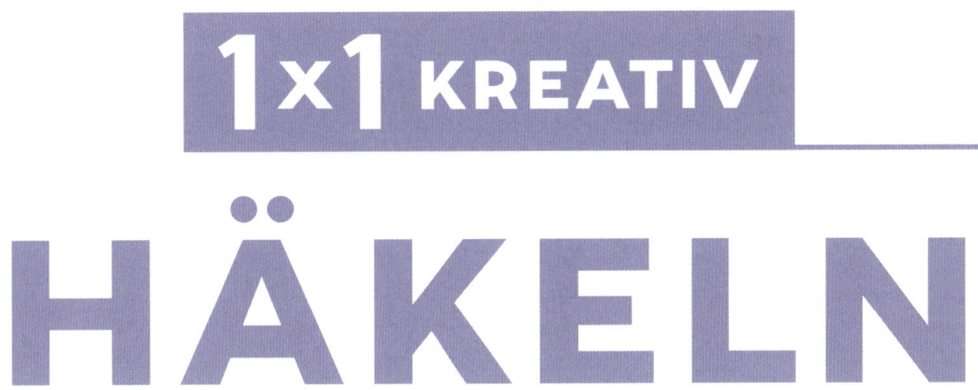

GRUNDWISSEN, MODELLE, INSPIRATIONEN

Inhalt

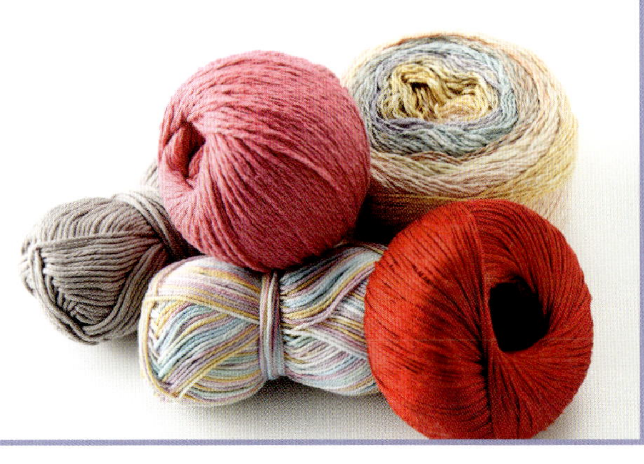

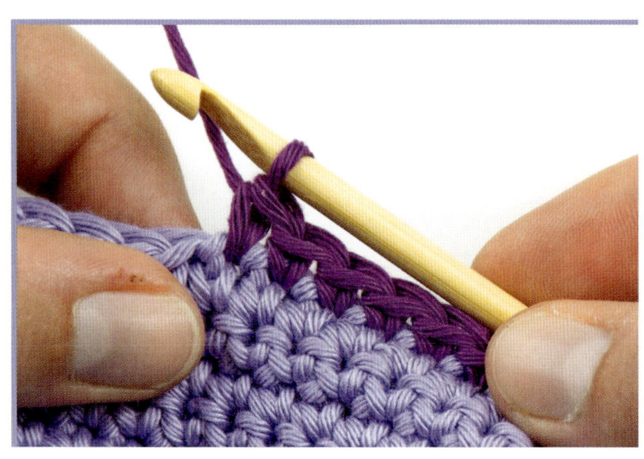

6 Muster 50

Ideenpool 60

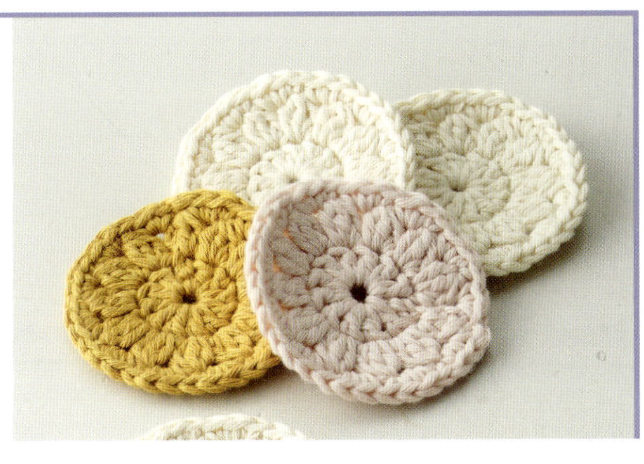

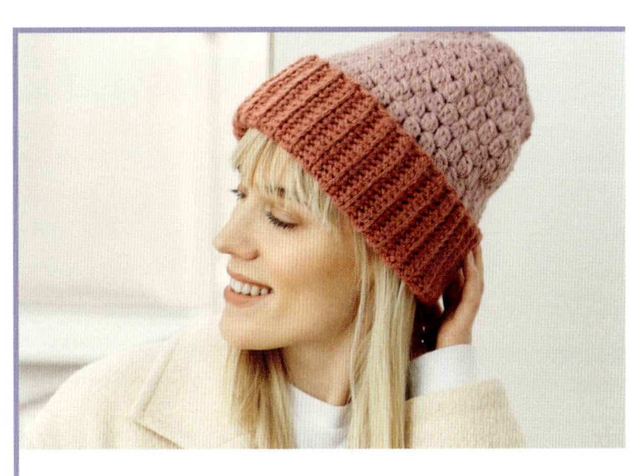

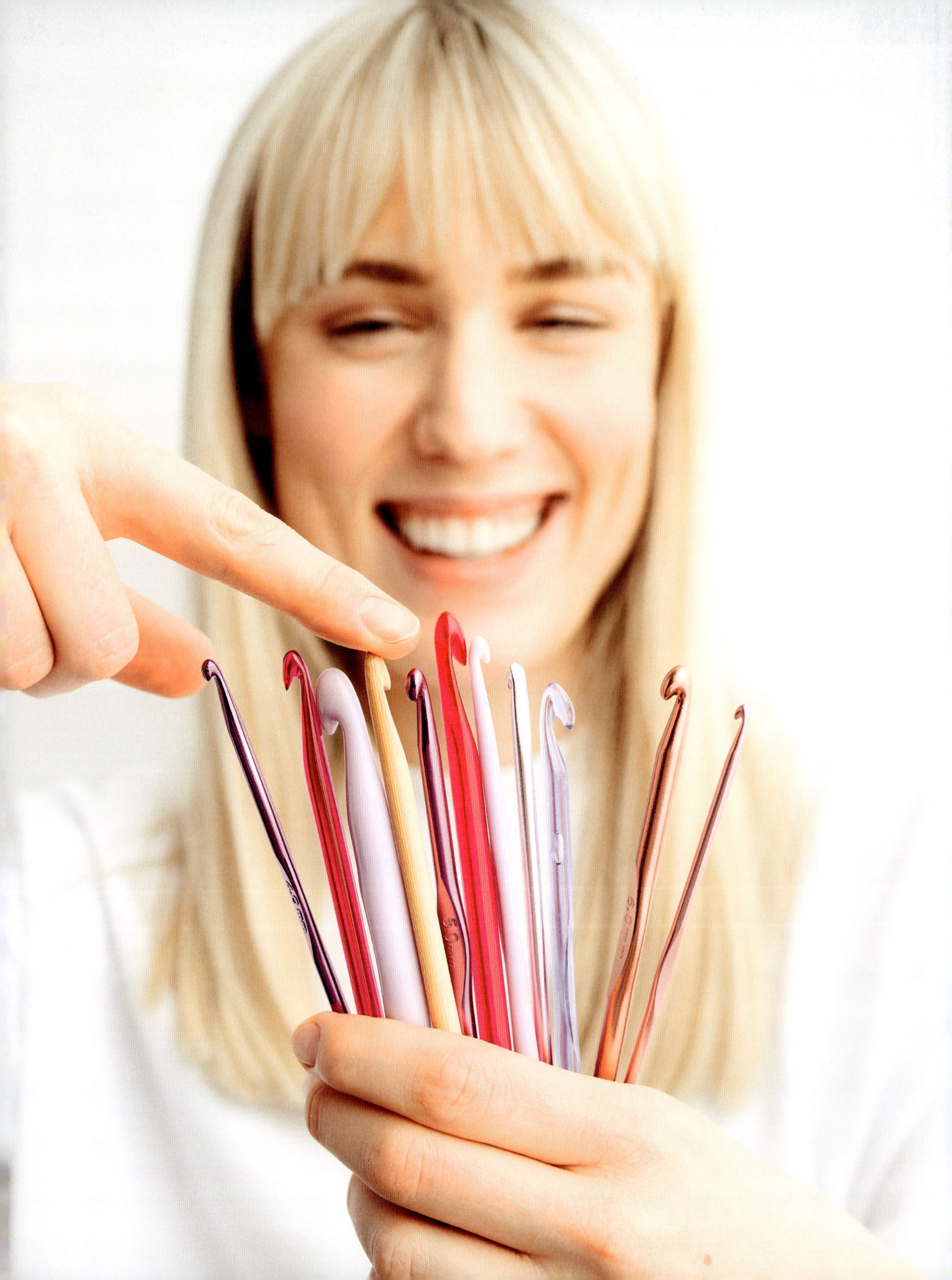

Vorwort

Häkeln lernen Schritt für Schritt

Willkommen im „1 x 1 kreativ Häkeln". Hier erlernen Sie die Technik des Häkelns von Grund auf. Dabei gehen Sie schrittweise vor: Nach einer Einführung in die wichtigsten Garnqualitäten und einer Präsentation der Nadeln und des notwendigen Zubehörs starten Sie mit der Luftmaschenkette, lernen feste Maschen und Stäbchen kennen und sind schon bald in der Lage, in Runden zu häkeln, spezielle Techniken anzuwenden und auch anspruchsvollere Muster zu häkeln.

Damit Sie das Gelernte auch gleich anwenden können, finden Sie nach jedem praktischen Kapitel eine sogenannte Ideeninsel mit ersten Vorschlägen für eigene Häkelmodelle.

Nach der Pflicht kommt die Kür: Wenn Sie den Workshop abgeschlossen haben, sind Sie fit für den Ideenpool. Das ist eine Sammlung von gehäkelten Modellen für Groß und Klein. Neben Häkelmode entdecken Sie hier auch viele dekorative Accessoires. Ganz einfache Arbeiten sind ebenso dabei wie Modelle auf hohem Niveau für alle, die sich schon mehr zutrauen.

Wir wünschen Ihnen viel Spaß beim Erkunden der Häkeltechniken und ein gutes Gelingen Ihrer eigenen Arbeiten!

Ihre

1 Materialkunde

> **Hinweis**
>
> » Im Fachhandel finden Sie eine große Auswahl an Garnen in unterschiedlichen Qualitäten. Lassen Sie sich ausführlich beraten, um die richtige Materialentscheidung zu treffen.

Das Angebot an Garnen und Wolle ist sehr groß, sodass man leicht den Überblick verlieren kann. Neben den herkömmlichen Standardgarnen aus Baumwolle, Wolle oder Synthetik gibt es eine Vielzahl an Garnen mit besonderen Effekten oder auch sehr weiche, flauschige Garne. Es gibt Garne, die extrem dick sind, sowie feine Garne, die z. B. als Beilauffaden verwendet werden. Bei der Entscheidung für oder gegen ein bestimmtes Garn ist der Verwendungszweck entscheidend. Kinder- oder Babykleidung sollte strapazierfähig und gut waschbar sein. Für Babykleidung eignen sich leichte, weiche und glatte Garne. Haarige Flauschgarne sind eher ungeeignet, weil Fusseln im Mund des Kindes landen könnten. Für Kleidung, die stark strapaziert wird, wird ein festes Garn gebraucht, während Sie für ein kuscheliges Abendjäckchen auf modische Effektgarne zurückgreifen können.

Die Zusammensetzung der Garne wird auf den Banderolen angegeben. Ob Sie sich für ein Garn aus Naturfaser, Synthetik oder für eine Mischung entscheiden, hängt von den persönlichen Vorlieben ab. Beachten Sie jedoch, dass auch Allergien gegen bestimmte Fasern oder andere Hautunverträglichkeiten vorkommen können.

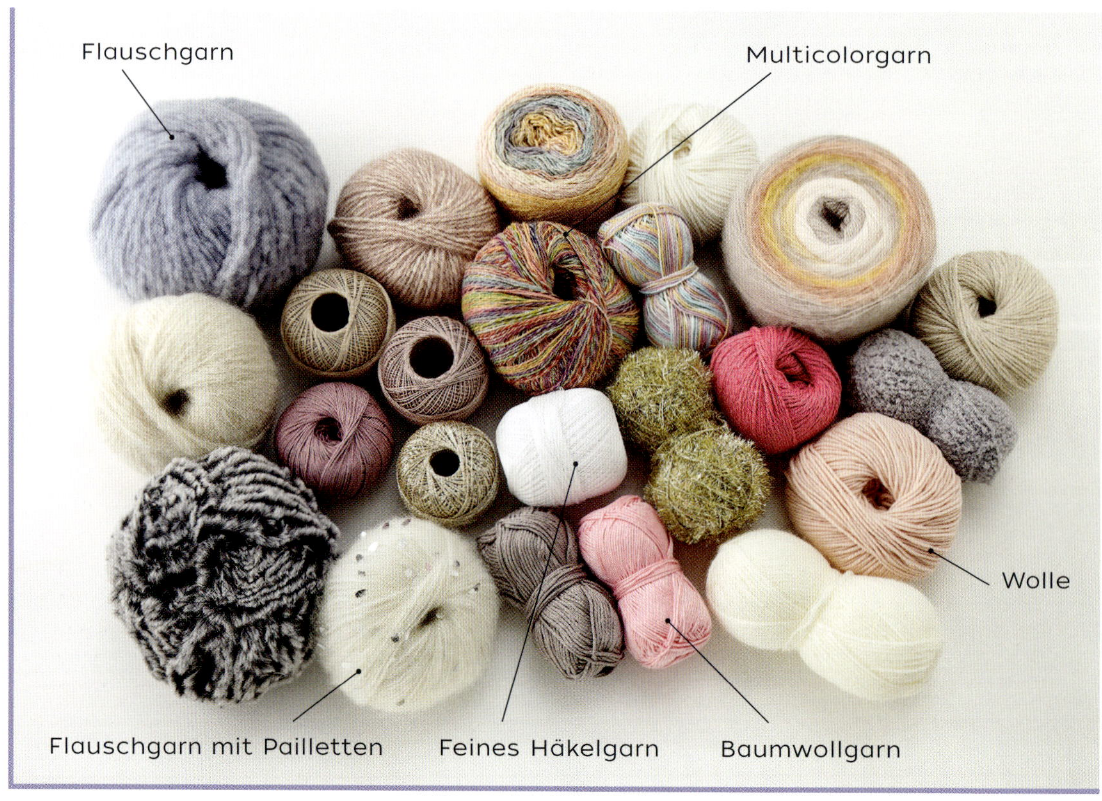

Garne

Baumwolle

Baumwolle wird aus dem Samenhaar der Baumwollpflanze gewonnen, einem Malvengewächs der Tropen und Subtropen. Eine aufwendige Verarbeitung verleiht sehr hochwertigen Garnen einen dezenten Glanz. Baumwolle ist kühl und angenehm zu tragen; Sie ist daher besonders für Sommerpullis und Tops geeignet. Allerdings sollten Sie beachten, dass Häkelteile aus Baumwolle sehr schwer werden und dadurch leicht die Form verlieren können. Deshalb nach dem Waschen auf Handtüchern flach auslegen, in Form bringen und trocknen lassen.

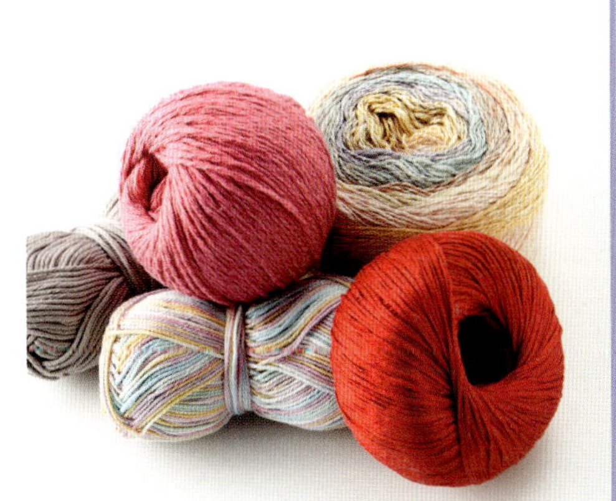

Wolle/Mischwolle

Wolle wird aus dem Haarvlies von Wollschafen gewonnen. Der Begriff Schurwolle steht für von lebenden Schafen geschorene Wolle, die anschließend weiterverarbeitet wird. Im weiteren Sinne bezeichnet Wolle aber auch die Haare anderer Tiere, z. B. von Alpakas, Kaschmirziegen oder Angoraziegen.
Mischwolle ist eine Mischung aus Wolle mit einer oder mehreren Synthetikfasern. Hier bleiben die Eigenschaften der Wolle erhalten, jedoch wird das Garn durch die Synthetikanteile meist strapazierfähiger und pflegeleichter.

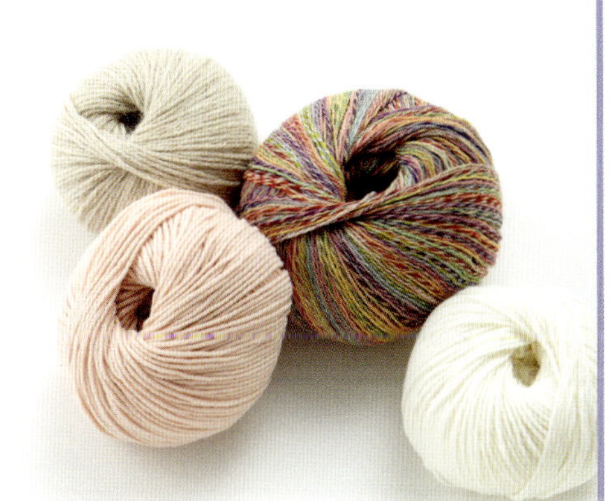

Synthetikgarne

Synthetikgarne bestehen aus chemisch erzeugten Fasern, die zu Garnen verarbeitet werden. Die gebräuchlichsten Synthetikfasern sind aus Polyacryl, Polyester oder Polyamid. Modische Garne mit besonderen Effekten werden in der Regel aus synthetischen Fasern hergestellt. Neben diesen modischen Aspekten haben Synthetikgarne den Vorteil, dass sie oftmals geschmeidiger und leichter sind und sich zudem angenehm verarbeiten lassen.

Hinweise

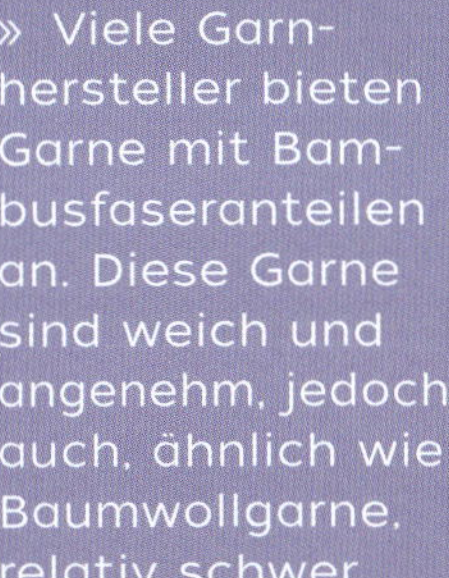

» Viele Garnhersteller bieten Garne mit Bambusfaseranteilen an. Diese Garne sind weich und angenehm, jedoch auch, ähnlich wie Baumwollgarne, relativ schwer.

» Kid Mohair wird von den Jungtieren der Angoraziegen gewonnen. Hochwertige Mohairgarne haben besonders angenehme Trageeigenschaften, sind zudem sehr leicht und wärmen gut.

» Sehr beliebt sind Merinoqualitäten aus 100 % Merinowolle. Sie stammt von den Merinoschafen, ist besonders fein und stark gekräuselt. Die Wolle ist angenehm zu verarbeiten und die Häkelteile sind sehr strapazierfähig. Plastische Muster kommen durch das klare Maschenbild besonders gut zur Geltung.

» Dochtgarne sind weiche, gleichmäßig und sehr locker gedrehte Garne. Flammengarne sind Dochtgarne mit Fadenverdickungen.

Tipps & Tricks

✦ Multicolorgarne nennt man Garne, die mit mehreren Farben eingefärbt sind. Die Farbfolge verläuft regelmäßig und wird Rapport genannt. Oftmals entstehen durch gezielt eingesetzte Farbverläufe während des Häkelns Muster.

✦ Wenn Sie Multicolorgarne verhäkeln, sollten Sie beim Knäuelwechsel stets darauf achten, dass der Rapport der Farbfolge nicht unterbrochen wird, da sonst entstehende Mustereffekte gestört werden können.

✦ Tweedgarne sind Noppengarne, deren Noppen in einem Farbton eingefärbt sind, welcher sich von der Farbe des Grundgarns unterscheidet.

✦ Baumwollgarne und Lurexgarne lassen sich gut miteinander kombinieren. Spitzen aus Baumwolle, die mit einem Lurexrand umhäkelt werden, wirken sehr dekorativ und elegant.

Flauschgarne/Effektgarne

Als Flauschgarne werden alle besonders weichen Garne bezeichnet. Dünne, mehr oder weniger lange und dichte Härchen, die in das Garn eingedreht sind, verleihen den Häkelteilen eine fell- oder vliesähnliche Optik.

Effektgarne sind Garne, die im Maschenbild besondere Effekte erzielen. Dazu gehören Noppengarne sowie Fransen-, Schlingen- und Bändchengarne oder Garne mit Kunstfelloptik. Nicht selten weisen diese Garne zusätzliche Glanzeffekte auf. Effektgarne sind hochmodische Artikel und somit einem ständigen Wandel unterworfen.

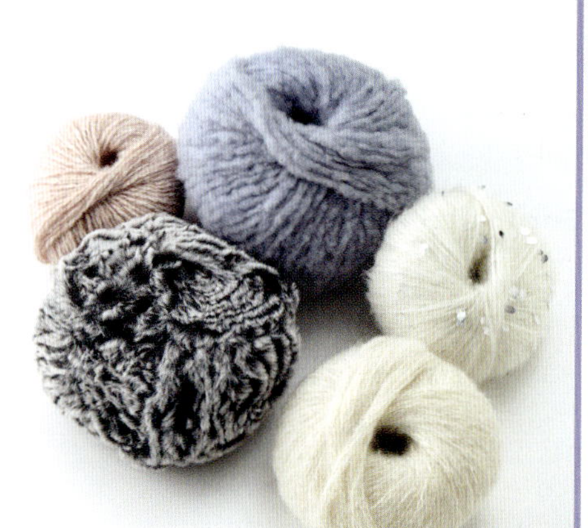

Feine Häkelgarne/ Lurexgarne

Feine Häkelgarne bestehen in der Regel aus Baumwolle und werden für Spitzenbänder, Spitzendeckchen und Gardinen verwendet. Sie werden in verschiedenen Garnstärken angeboten, sodass jede Form von Spitze – von der feinsten Taschentuchspitze bis zur grobmaschigen Regalborte – hergestellt werden kann. Die Standardqualitäten gibt es meist in einer großen Farbenvielfalt.

Lurexgarne sind feine metallisierte Synthetikgarne, die Spitzen einen festlichen Charakter verleihen.

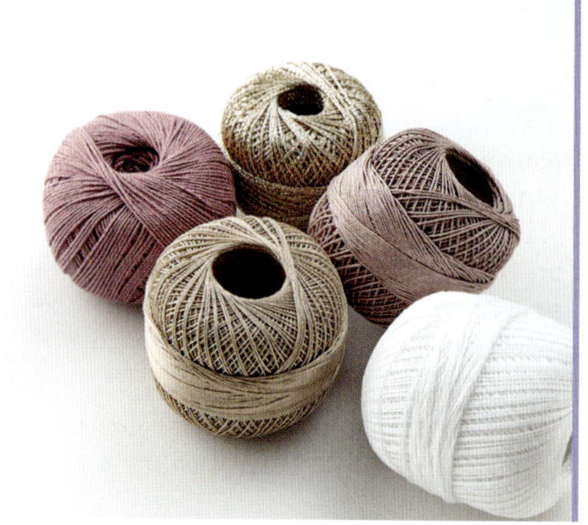

Kreatives Häkeln

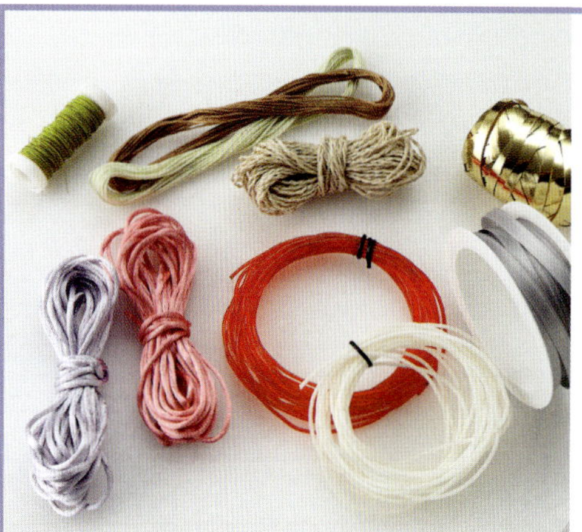

Für besonders Experimentierfreudige bieten sich eine Reihe von Materialien an, die nicht sofort ans Häkeln denken lassen. Dazu gehören z. B. Lederbänder, Paket- oder Hanfschnüre, Bast sowie dünne Streifen, die aus einem Stück Stoff geschnitten oder gerissen werden. Grundsätzlich lässt sich alles, was irgendwie zu einem „Faden" verarbeitet werden kann, auch verhäkeln. Das gilt auch für Folie oder Draht.

Häkelnadeln

Die Stärke einer Häkelnadel ist in Millimetern angegeben. Häkelnadeln sind in unterschiedlichen Ausführungen erhältlich. Für welche Nadel Sie sich entscheiden, hängt vom verwendeten Garn ab und davon, welcher Nadelform Sie persönlich den Vorzug geben.

Garnhäkelnadeln (1-3) werden alle feinen Häkelnadeln genannt, die vor allem für filigrane Spitzen verwendet werden. Sie haben einen dünnen und stabilen Haken aus Stahl und ermöglichen eine angenehme Verarbeitung feinster Garne. Das Angebot reicht von Stärke 0,6 mm bis 1,75 mm bei den Nadeln mit Schutzhülse und Umstecker, von 0,6 mm bis 2,5 mm bei den Nadeln mit Führungsfläche.

Von unten nach oben:

1 Garnhäkelnadel aus Stahl mit Führungsfläche

2 Garnhäkelnadel aus Stahl mit Schutzhülse und Kunststoffgriff

3 Garnhäkelnadel aus Stahl mit Umstecker und farbigem Kunststoffgriff (der Kunststoffgriff kann zur Schutzhülse umgesteckt werden)

Wollhäkelnadeln (4-7) sind stärkere Nadeln, die für Wolle und kräftigere Garne verwendet werden. Das Angebot reicht von den Stärken 2,0 mm bis 6,0 mm bei den Nadeln mit Kunststoffgriff und von 2,0 mm bis 5,0 mm bei den Nadeln mit Führungsfläche. In größeren Stärken erhalten Sie nur Kunststoffnadeln, die weniger schwer sind als Nadeln aus Stahl. Es gibt sie in den Stärken 6,0 mm bis 10,0 mm sowie 12,0 mm und 15,0 mm.

Von rechts nach links:

4 Wollhäkelnadel mit Kunststoffgriff

5 Wollhäkelnadel mit Führungsfläche, violett-durchsichtig, matt

6 Wollhäkelnadel mit Führungsfläche, merallisch, glänzend

7 Wollhäkelnadel aus Kunststoff mit ergonomischem Griff

Bambushäkelnadeln (8) erfreuen sich zunehmender Beliebtheit. Sie sind sehr leicht, sehr hautfreundlich und ermöglichen ein angenehmes Arbeiten. Es gibt sie in den Stärken 2,0 mm bis 12,0 mm. Zunehmend werden auch hochwertige Häkelnadeln aus anderen Hölzern angeboten, darunter Rosenholz, Ebenholz und Veilchenholz.

Tunesische Häkelnadeln (9) sind sehr viel länger als gewöhnliche Häkelnadeln und im Schaft gleichmäßig dick, sodass die vielen entstehenden Schlingen bequem auf die Häkelnadel genommen werden können. Es gibt sie auch mit flexiblem Seil oder als Sets mit austauschbaren Spitzen und Seilen. Angeboten werden die Stärken 2,0 mm bis 10,0 mm.

Tipps & Tricks

✦ Personen, die auf Nickel allergisch reagieren, sollten auf Bambus- oder Holznadeln zurückgreifen. Diese sind leichter als Nadeln aus Metall, gleiten gut und geben etwas nach. Die Handgelenke werden dadurch weniger belastet.

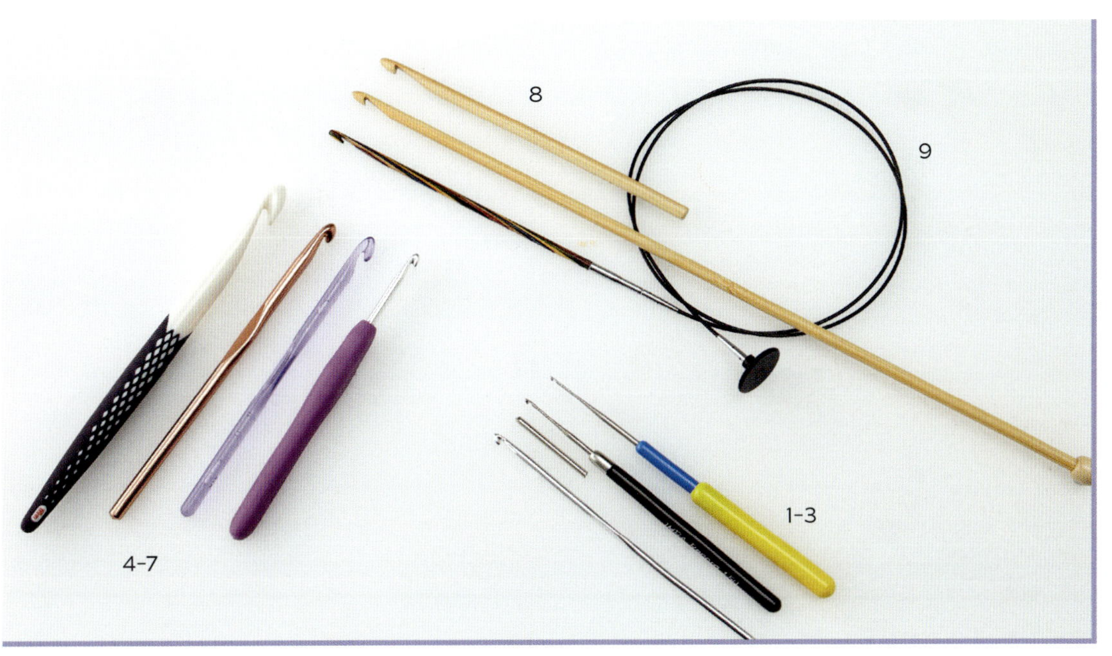

Grund-aus-stat-tung

In den Materiallisten zu den Modellen finden Sie jeweils genaue Angaben zum verwendeten Garn und zur Nadelstärke sowie besondere Materialien, wie z. B. Knöpfe, Perlen etc.
Folgendes Zubehör wird in den Materiallisten nicht mehr extra aufgeführt. Sie sollten diese also immer griffbereit haben:

- Wollnadel oder dicke stumpfe Sticknadel
- Schere
- Maßband
- Stecknadeln
- Bügeleisen

Zubehör

Viele nützliche Hilfsmittel, die Ihnen das Häkeln erleichtern, sollten Sie stets griffbereit haben.

1 Eine **Allzweckschere** mit stumpfer Spitze eignet sich zum Abschneiden der Fäden. Um sehr feine Spitzengarne zu schneiden, ist eine kleine Schere mit Spitze besser geeignet (Vorsicht: Verletzungsgefahr!). Auch bei der Ausarbeitung ist eine kleine Schere oftmals praktischer.
2 Das **Maßband** ist ein unverzichtbares Hilfsmittel. Maschenproben müssen ausgemessen und die Größe eines Häkelteils sollte mehrmals kontrolliert werden.
3 Wollnadeln oder dicke stumpfe **Sticknadeln** werden zum Vernähen der Fäden gebraucht. Sie sind in unterschiedlichen Stärken erhältlich. Sie sollten die Wollnadel jeweils der Stärke des verwendeten Garns anpassen.
4 Nähnadeln werden für sehr feine Arbeiten benötigt, z. B. wenn Häkelteile mit Perlen oder Pailletten bestickt oder kleine Details wie Knöpfe oder Applikationen aufgenäht werden sollen.
5 Stecknadeln sind sehr hilfreich, wenn Teile zusammengenäht werden. Die Teile vor dem Zusammennähen passgenau aufeinanderlegen und dann zusammenstecken.
6 Spannstecknadeln sind längere und stärkere Stecknadeln, die zum Spannen von Häkelteilen eingesetzt werden.
7 Spannunterlagen erleichtern das Spannen von Häkelteilen. Sie sind mit einem Raster versehen, sodass die Teile maßgenau gespannt werden können.
8 Wollspulen sind kleine Plastikspulen. Beim Häkeln mit mehreren Farben (z. B. bei der Intarsientechnik) werden die benötigten Garnmengen auf die Plastikspulen gewickelt. So lässt sich vermeiden, dass sich die Fäden während des Häkelns verheddern.

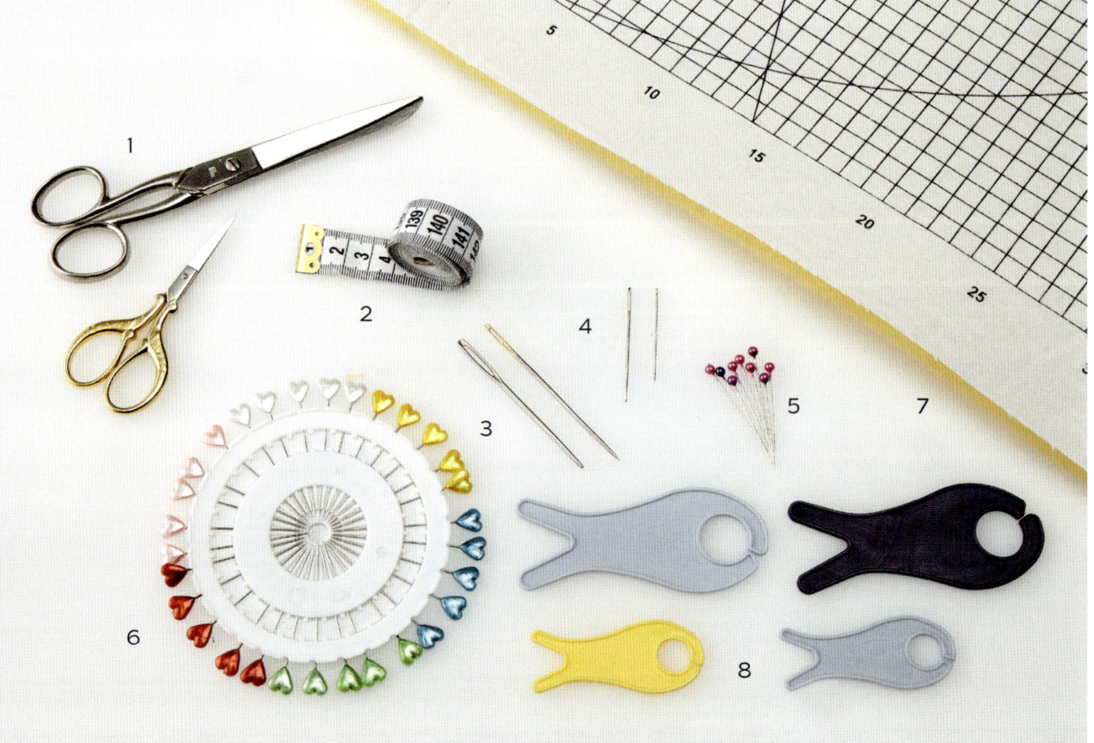

Hinweis

» Alle hier aufgeführten Hilfsmittel finden Sie im Fachgeschäft oder in Online-Shops.

Pflegetipps

Auf der Banderole Ihres Garnes können Sie zahlreiche Pflegesymbole entdecken. Wenn Sie die Hinweise beim Waschen, Trocknen und Bügeln beachten, werden Sie lange Freude an Ihrem gehäkelten Modell haben.

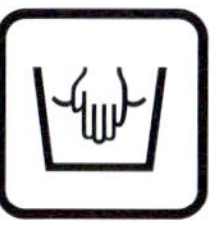

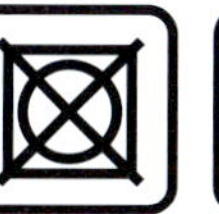
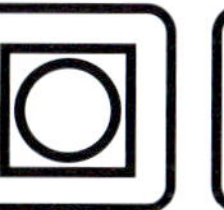

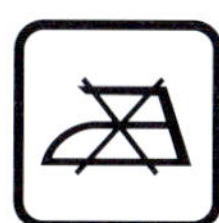

Waschen in der Maschine (1)
Das Symbol für die Waschhinweise ist ein Waschbottich. Ist das Signet nicht durchgestrichen, kann das Häkelteil in der Maschine gewaschen werden. Eine Zahl im Bottich gibt Ihnen die maximale Waschtemperatur an (Grad Celsius).

Nicht waschen (2)
Häkelteile aus diesem Garn müssen chemisch gereinigt werden.

Handwäsche (3)
Waschen Sie Ihr Häkelteil besonders sanft und bei niedrigen Temperaturen. Nicht reiben, nur vorsichtig ausdrücken.

Feinwäsche (4)
Erkennen Sie einen Balken unter dem Waschbottich, wählen Sie das Feinwaschprogramm bei Ihrer Waschmaschine.

Schonwaschgang (5)
Ein unterbrochener Balken unter dem Waschbottich weist darauf hin, dass besonders schonend gewaschen werden muss.

Trocknen
Von Hand gehäkelte Kleidungsstücke sind wertvolle Textilien. Sie sollten generell ausgebreitet liegend getrocknet werden (niemals bei direkter Sonneneinstrahlung!). Einige Baumwollgarne vertragen die Hitze des Wäschetrockners.

Nicht im Wäschetrockner trocknen (6)
Dies gilt für alle Garne, auf deren Banderole das Trocknersymbol (Kreis im Quadrat) durchgestrichen ist.

Trocknen im Wäschetrockner erlaubt (7)
Ist das Trocknersymbol nicht durchgestrichen, darf das Häkelteil im Wäschetrockner getrocknet werden. Erkennen Sie einen Punkt innerhalb des Kreissymbols, so bedeutet dies, dass bei Temperaturen nicht über 60 Grad Celsius getrocknet werden darf. Stehen zwei Punkte im Kreis, sind auch höhere Temperaturen zulässig.

Bügeln (8)
Ein Punkt im Symbol des Bügeleisens zeigt an, dass auf der niedrigsten Stufe gebügelt werden darf. Sind zwei Punkte eingezeichnet, dürfen Sie auf mittlerer Stufe und bei drei Punkten auf höchster Stufe bügeln (z. B. Baumwolle, Leinen).

Nicht bügeln (9)
Ist das Bügeleisen durchgestrichen, darf das Häkelteil nicht gebügelt werden. Hängen Sie es an die frische Luft auf (am besten über Nacht) oder im Badezimmer. Luftfeuchtigkeit glättet Falten.

Garnbanderole

Die Banderole verrät Wissenswertes zum Garn: Sie finden darauf neben dem Namen des Garns und der Herstellerfirma sowie den oben erwähnten Pflegesymbolen auch Angaben zur benötigten Materialmenge (meist pro Pullover für eine erwachsene Person), die richtige Nadelstärke, das Gewicht in Gramm, die Lauflänge in Meter, die Zusammensetzung des Materials sowie die Farbnummer und Farbpartie-Nummer. Jede Farbe einer Garnqualität hat eine Farbnummer und alle Knäuel, die im selben Farbbad eingefärbt wurden, haben dieselbe Farbpartie-Nummer. Verhäkeln Sie für ein Modell nur Knäuel mit derselben Farbpartie-Nummer, da es ansonsten zu Farbunterschieden kommen kann. Kaufen Sie also lieber mehr als weniger Knäuel einer Farbe ein.

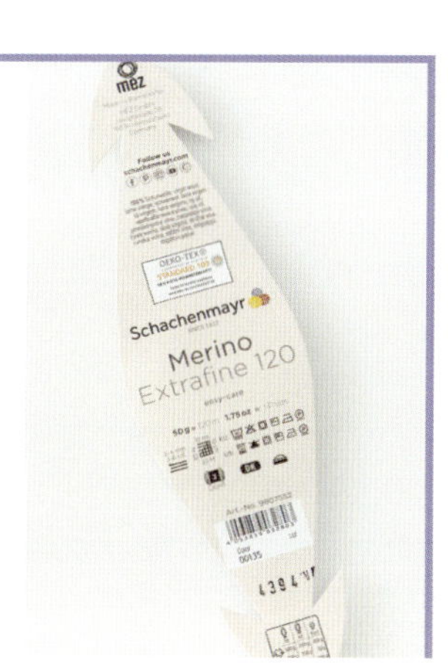

Hinweis

» Die Lauflänge (LL) benennt die Länge des Garns (Meter pro Knäuel). Dickere oder schwerere Garne laufen weniger weit als die dünnen, feinen. Die Angabe der Lauflänge ist sehr wichtig, wenn Sie für Ihr Modell ein anderes Garn verwenden möchten, als das in der Anleitung angegebene. In diesen Fällen ist eine Umrechnung nötig.

Tipps & Tricks

+ Bewahren Sie immer eine Banderole des Garns auf, mit dem Sie gerade häkeln, damit Sie ggf. beim Nachkaufen die richtige Farbpartie erhalten.

2 **Feste** Maschen

Häkeln gehört zu den einfachsten Handarbeitstechniken. Im Gegensatz zum Stricken liegt immer nur eine Schlinge auf der Nadel, sodass die Handhabung sehr einfach ist. Jede Häkelarbeit beginnt mit einer Anfangsschlinge und Luftmaschen, in die die Maschen gehäkelt werden. Die feste Masche ist die einfachste Grundmasche, mit der sich schon komplette Häkelteile anfertigen lassen. Mithilfe der ausführlichen Schritt-für-Schritt-Erklärungen werden Sie schnell in der Lage sein, sich mit der Technik vertraut zu machen. Neben den festen Maschen finden Sie auch Erklärungen zu Häkelproben, zum Vernähen von Fäden und zum Spannen von Häkelteilen. So wird es Ihnen schnell gelingen, einfache und ansprechende Modelle zu häkeln. In der Ideeninsel auf den Seiten 24 und 25 entdecken Sie einfache und kleine Beispiele bzw. Vorschläge, die Sie mühelos nacharbeiten können.

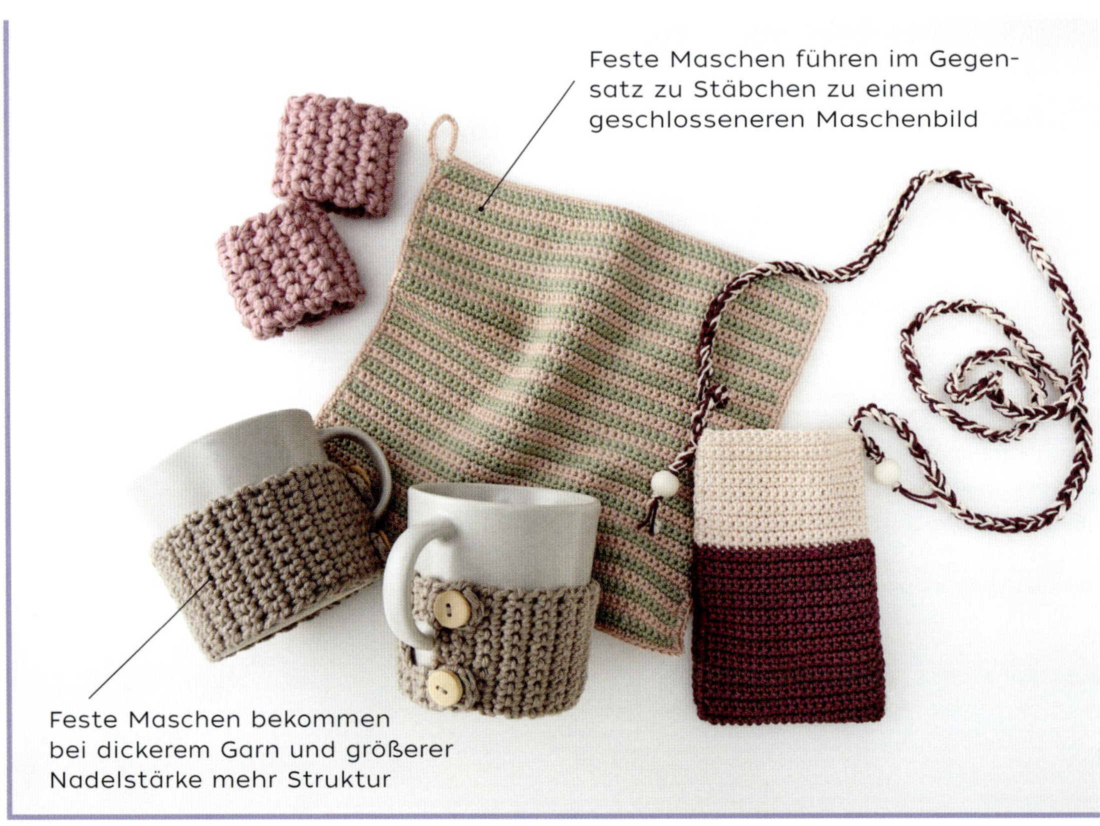

Handhaltung

Halten der Häkelnadel

Üblicherweise wird die Häkelnadel in der rechten Hand gehalten. Es gibt 2 Möglichkeiten, die Häkelnadel zu halten.

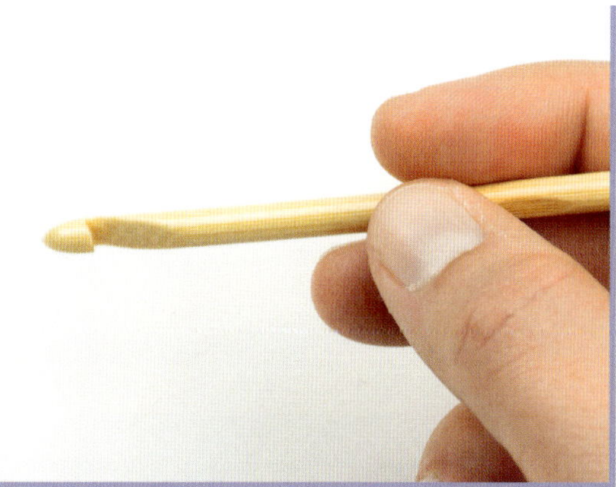

Die Häkelnadel von unten halten wie einen Stift, dabei liegt der Haken ca. 3 cm vor dem Mittelfinger.

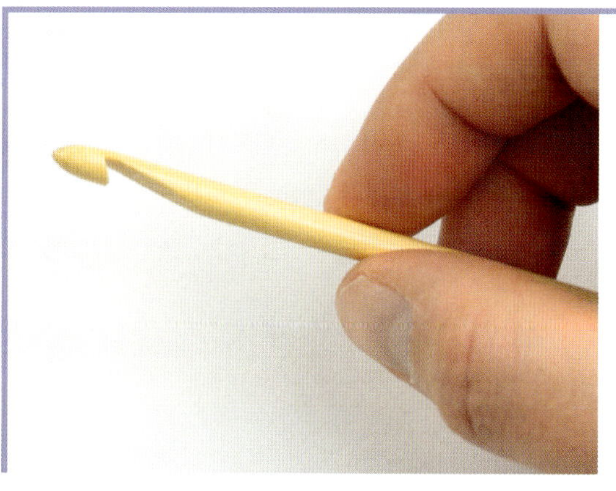

Die Häkelnadel von oben halten, z. B. wie ein Schneidemesser, dabei liegt der Haken ca. 3 cm vor dem Zeigefinger.

Tipps & Tricks

✦ Das Fadenende des Anfangsfadens sollte ca. 20 cm lang sein. Das reicht aus, um es vernähen zu können. Mit einem längeren Anfangsfaden kann das Häkelteil später noch zusammengenäht werden. Damit erspart man sich zusätzliche Arbeit.

Faden um die Hand schlingen

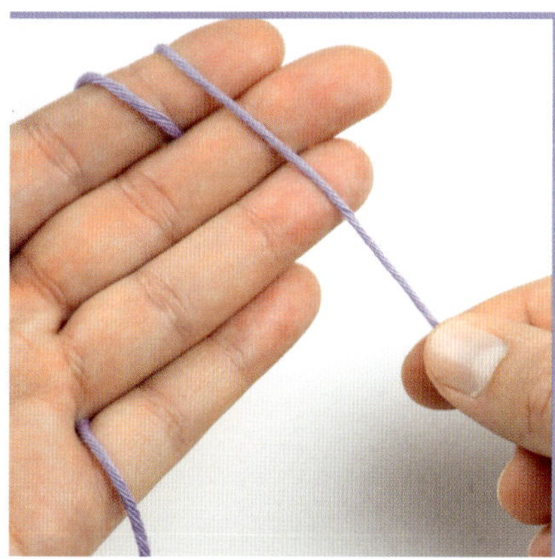

1 **Faden um die Hand führen**
Etwas Garn vom Knäuel abwickeln. Den Faden zwischen Ringfinger und kleinem Finger der linken Hand von vorne nach hinten führen und dann von hinten kommend 2x um den Zeigefinger wickeln. Der Faden sollte gleichmäßig durch die Finger der Hand gleiten können. Die linke Hand korrigiert auch die Spannung des Fadens während des Häkelns.

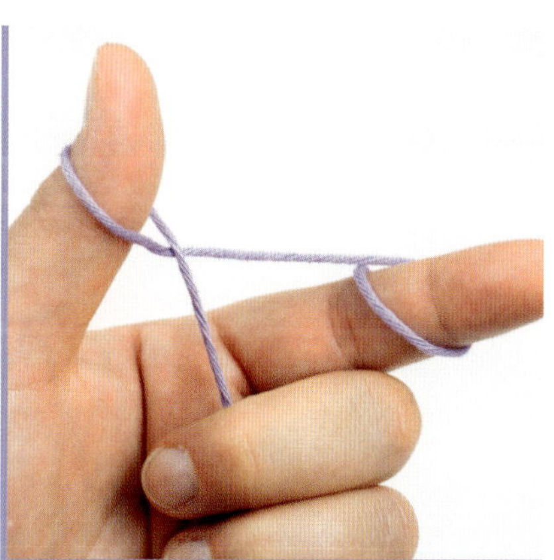

2 **Daumenschlinge**
Für das Fassen der Anfangsschlinge nun den Faden von rechts nach links um den Daumen wickeln und das Fadenende mit den übrigen 3 Fingern festhalten. Der Faden kreuzt sich zwischen Daumen und Zeigefinger.

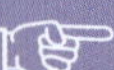

Hinweis

» Bei den Luftmaschen stets darauf achten, dass der Faden gleichmäßig angezogen wird. Sind die Maschen zu fest, ist es schwierig, für die nachfolgenden Maschen in die Luftmaschen einzustechen. Sind sie zu locker gehäkelt, entstehen unschöne, große Schlingen an der Anschlagkante.

Luftmasche

Die Anfangsschlinge und die Luftmaschenkette sind der Anschlag beim Häkeln. Die Luftmaschenkette bildet die Basis eines Häkelteils. Für jede feste Masche, die später gehäkelt wird, wird 1 Luftmasche angeschlagen. Auf der Vorderseite der Luftmaschenkette sind Vs zu sehen, auf der Rückseite bilden sich zwischen den einzelnen Maschen kleine Rippen.

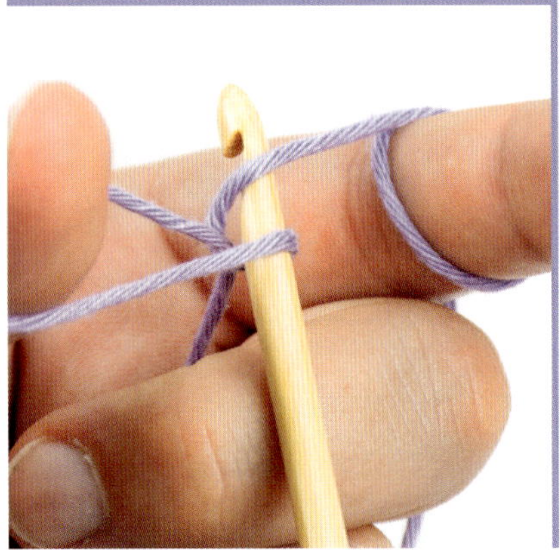

1 **Nadel durch die Schlinge führen**
Für die Anfangsschlinge hinter dem Daumen die Häkelnadel von unten nach oben durch die Schlinge führen, über die Fadenkreuzung gehen und den Faden mit dem Haken fassen. Dabei legt sich dieser um die Nadel.

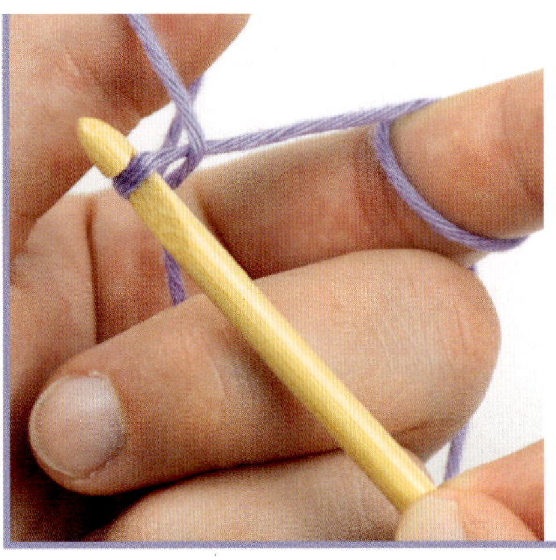

2 **Faden durchholen**
Nun den Faden durch die Schlinge holen und gleichzeitig den Daumen aus der Schlinge ziehen. Dabei darauf achten, dass die Schlinge nicht von der Nadel rutscht. Die Anfangsschlinge anziehen, sodass sie locker auf der Nadel liegt.

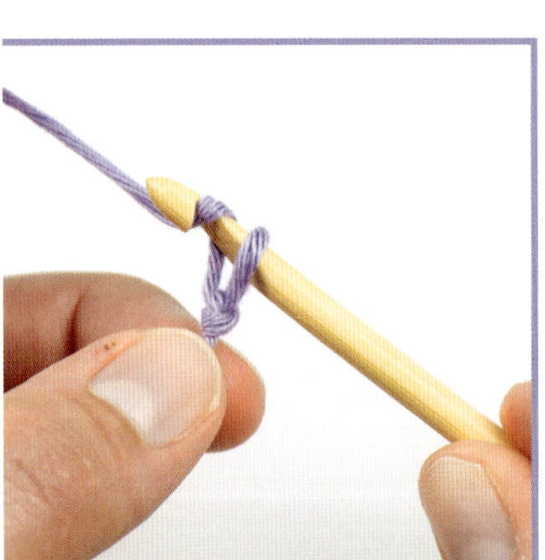

3 **Faden mit der Häkelnadel fassen**
Für die 1. Luftmasche nun den Faden erneut fassen, dabei wird die Nadel von links nach rechts um den Faden bewegt. Der Faden liegt nun über der Nadel. Dies wird auch als Umschlag bezeichnet.

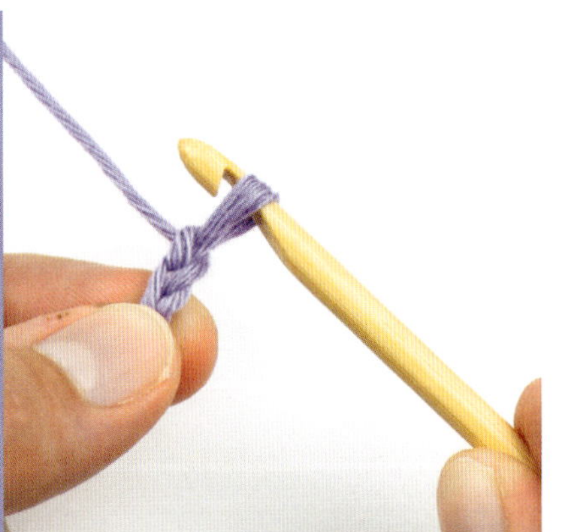

4 **Fertige Luftmasche**
Den Faden durch die Anfangsschlinge ziehen. Es bildet sich eine V-förmige Schlinge unter der Nadel (= 1. Luftmasche). Für jede weitere Luftmasche den Faden jeweils mit einem erneuten Umschlag holen und durch die bestehende Schlinge auf der Nadel ziehen. Beim Abzählen der Luftmaschen wird mit der zuletzt gehäkelten Luftmasche begonnen und zum Anschlagbeginn zurückgezählt.

Feste Maschen

Die feste Masche ist eine kleine Masche, deren Maschenbild sehr dicht und kompakt ist. Beim Häkeln von festen Maschen in Reihen ergibt sich ein typisches Maschenbild: Jeweils 2 Reihen sehen so aus, als würden kleine Sternchen oder Blümchen nebeneinanderliegen.

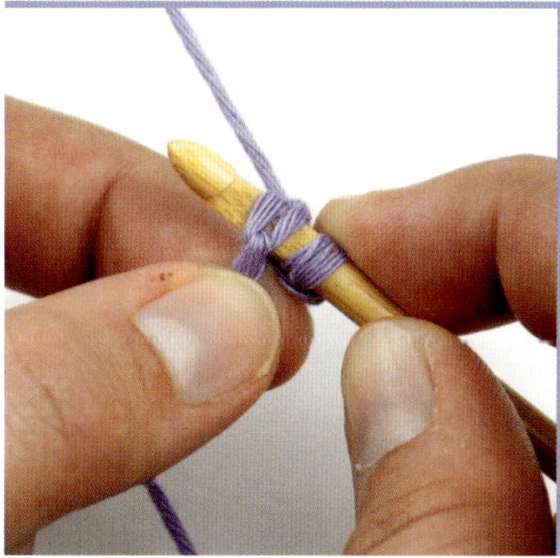

1 Nadel einstechen
Zuerst eine Luftmaschenkette aus entsprechend vielen Luftmaschen häkeln und 1 Luftmasche zusätzlich anschlagen. Die zusätzliche Luftmasche ist die Wendeluftmasche (siehe auch Seite 20). Nun für die 1. feste Masche in die 2. Luftmasche von der Nadel aus einstechen. Dabei darauf achten, dass 2 Schlingen der Luftmasche über der Nadel liegen und 1 Schlinge unter der Nadel liegt.

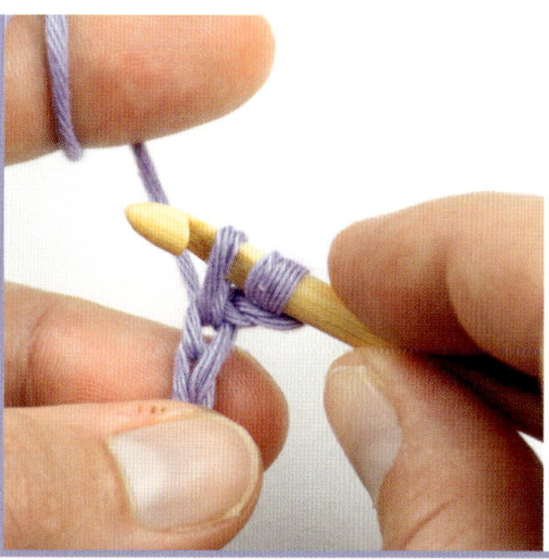

2 Faden durchholen
Anschließend mit einem Umschlag den Faden holen und diesen durch die Luftmasche ziehen. Es liegen nun 2 Schlingen auf der Nadel.

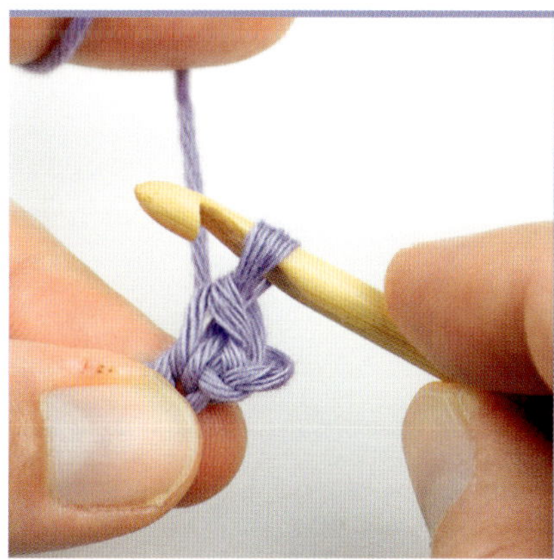

3 Fertige feste Masche
Dann mit einem Umschlag den Faden holen und durch beide auf der Nadel befindlichen Schlingen ziehen. Dies bezeichnet man auch als Abmaschen. Die 1. feste Masche ist fertig.

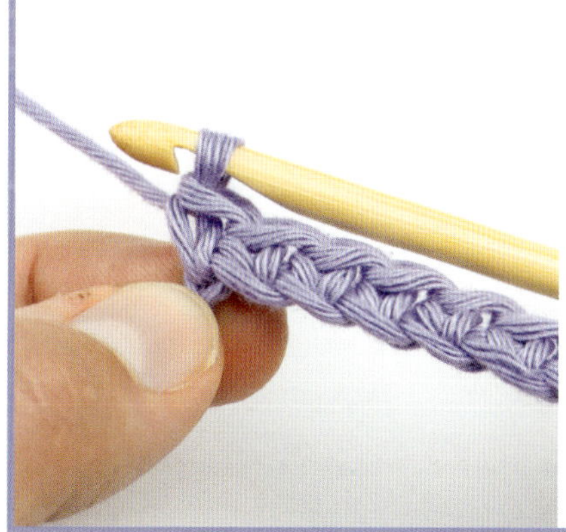

4 Mehrere feste Maschen häkeln
Nun in jede Luftmasche je 1 feste Masche arbeiten. Dabei in die Luftmasche, wie in Schritt 1 gezeigt, einstechen und die Schritte 2 und 3 ausführen.

Hinweise

» Feste Maschen sind sehr stabil und haben ein kompaktes Maschenbild.

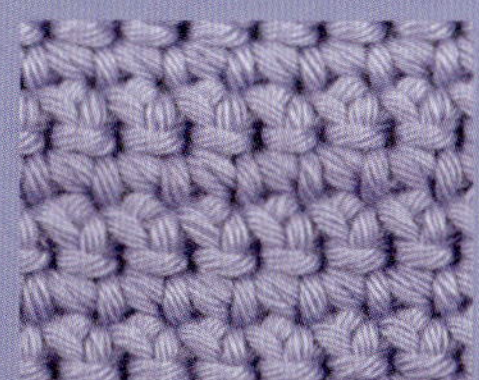

» Besonders schön werden feste Maschen, wenn sie aus sehr dicken Garnen und mit einer Häkelnadel in entsprechend großer Nadelstärke gehäkelt werden, weil dann die grobmaschige Struktur sehr dekorativ eingesetzt werden kann.

» Sollen feste Maschen etwas lockerer erscheinen, so empfiehlt es sich, das Garn mit einer dickeren Häkelnadel zu häkeln, als angegeben.

Hinweise

» Sind die Streifen sehr breit, ist es ratsam, die Fäden nach Beenden der Streifen abzuschneiden und zu vernähen. Die Fäden nicht zu kurz abschneiden, sodass Sie eventuell auch noch zum Zusammennähen verwendet werden können.

» Sind die Streifen schmal, kann der stillgelegte Faden der 1. Farbe mit dem Faden der in Arbeit befindlichen 2. Farbe gekreuzt und nach oben gespannt werden. Dann den Farbwechsel, wie erklärt, ausführen. Dabei darauf achten, dass der gespannte Faden nicht zu kurz ist, da sich sonst die Kante des Häkelteils zusammenzieht.

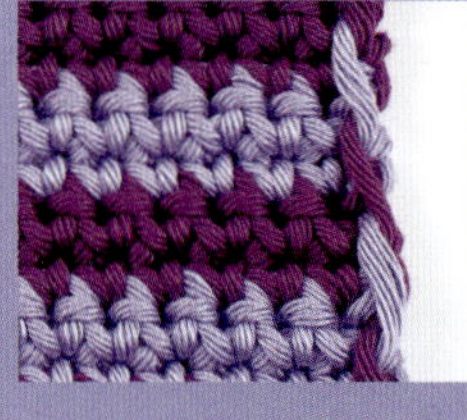

Reihenbeginn

Wendeluftmasche

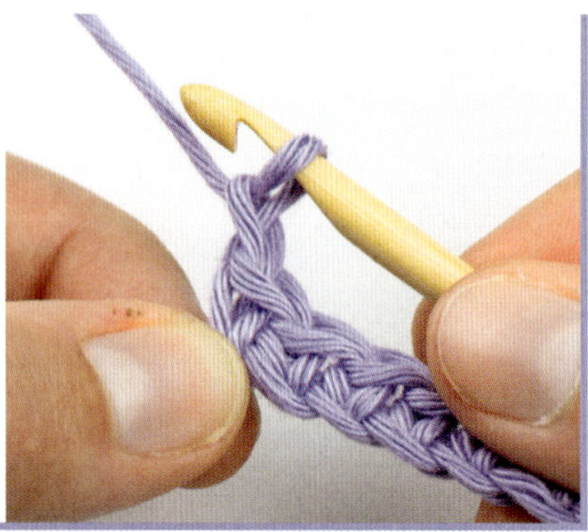

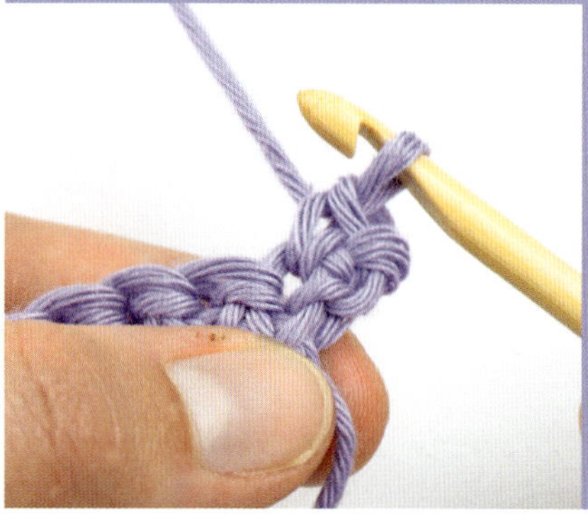

1 **Wendeluftmaschen häkeln**
Am Ende jeder Reihe stets eine zusätzliche Luftmasche als Wendeluftmasche häkeln. Sie wird benötigt, da jede Grundmasche eine bestimmte Höhe hat. Mithilfe der Luftmasche erreicht man die Arbeitshöhe von festen Maschen. Nach der Wendeluftmasche das Häkelteil wenden.

2 **Neue Reihe häkeln**
Nun in der 2. und jeder weiteren Reihe in jede feste Masche je 1 feste Masche häkeln, dabei jeweils unter den quer liegenden Schlingen am oberen Rand einstechen und die feste Masche häkeln.

Farbwechsel mit Streifen

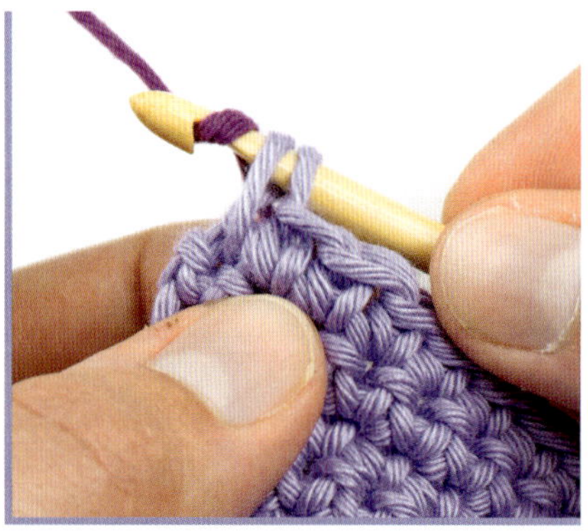

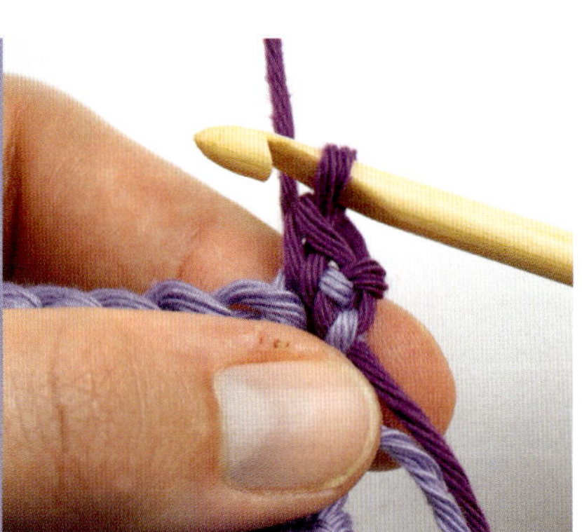

1 **Mit neuer Farbe abmaschen**
Um für ein Streifenmuster die Garnfarbe zu wechseln, bei der letzten festen Masche der Vorreihe den Faden der alten Farbe mit einem Umschlag durchholen, sodass 2 Schlingen auf der Nadel liegen. Nun diese beiden Schlingen mit dem Garn in der neuen Farbe abmaschen. Die letzte feste Masche ist so komplett in der alten Farbe gehäkelt, die Schlinge auf der Nadel hat bereits die neue Farbe.

2 **Mit neuer Farbe weiterarbeiten**
Nun wie gewohnt 1 zusätzliche Wendeluftmasche häkeln, das Häkelstück wenden und weiter feste Maschen arbeiten.

Maschenprobe

Die Maschenprobe oder Häkelprobe ist ein wichtiger Bestandteil jeder Häkelanleitung. Sie bezieht sich in der Regel auf ein Quadrat von 10 cm x 10 cm und gibt jeweils die Anzahl der Maschen in der Breite und die Anzahl der Reihen in der Höhe an. Zusätzlich werden Angaben über das gehäkelte Muster und die Nadelstärke gemacht. Auch wenn ein Garn mehrfädig verhäkelt werden soll, finden sich die Angaben in der Maschenprobe. Um sicherzugehen, dass Sie den Angaben entsprechend häkeln, ist es erforderlich, ein Läppchen von ca. 12 cm x 12 cm Größe gemäß Maschenprobe anzufertigen. Das Läppchen vorsichtig spannen und dann die Maschen bzw. Reihen auf einer Fläche von 10 cm x 10 cm auszählen.

Nun gibt es drei Möglichkeiten:

1. Ihre Maschen- und Reihenzahl entspricht genau den Angaben der Maschenprobe. Dann können Sie bei der gewählten Nadelstärke bleiben.

2. Ihre Maschen- und Reihenzahl ist größer. Das bedeutet, dass Sie fester als angegeben häkeln. Verwenden Sie eine Häkelnadel mit größerer Nadelstärke.

3. Ihre Maschen- und Reihenzahl ist kleiner. Das bedeutet, dass Sie lockerer als angegeben häkeln. Verwenden Sie eine Häkelnadel mit kleinerer Nadelstärke.

Die Fotos zeigen Maschenproben, die mit unterschiedlicher Nadelstärke gehäkelt wurden. Auf dem oberen Foto ergeben 25 feste Maschen eine Breite von 10 cm. Auf dem unteren Foto wurde eine Häkelnadel größerer Stärke verwendet. Das Häkelstück ist lockerer und nur 22 feste Maschen ergeben eine Breite von 10 cm.

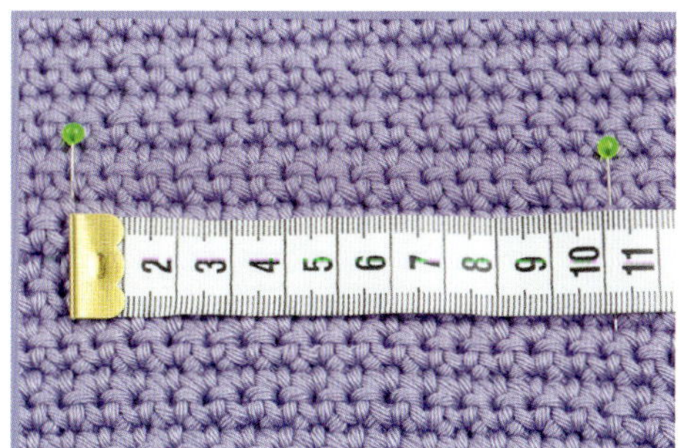

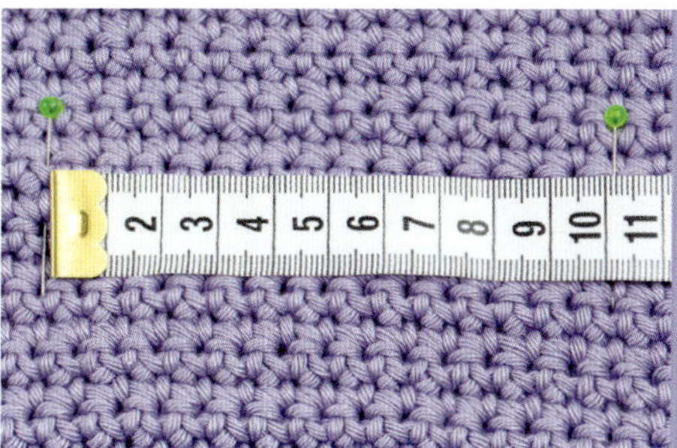

Tipps & Tricks

✦ Wenn Sie ohne Anleitung häkeln, sollten Sie auf die Angaben auf den Garnbanderolen achten.

✦ Häkeln Sie einen neuen Knäuel immer am Anfang einer neuen Reihe an.

✦ Vernähen Sie, wenn möglich, am Rand und nicht innerhalb eines Häkelteils. Bei feinen Garnen können die vernähten Fäden unschöne Verdickungen bilden.

✦ Sollten Sie doch einmal innerhalb eines Häkelteils vernähen müssen, so empfiehlt es sich, den Faden vorsichtig dem Maschenlauf folgend in das Häkelstück einzuziehen.

Fäden vernähen

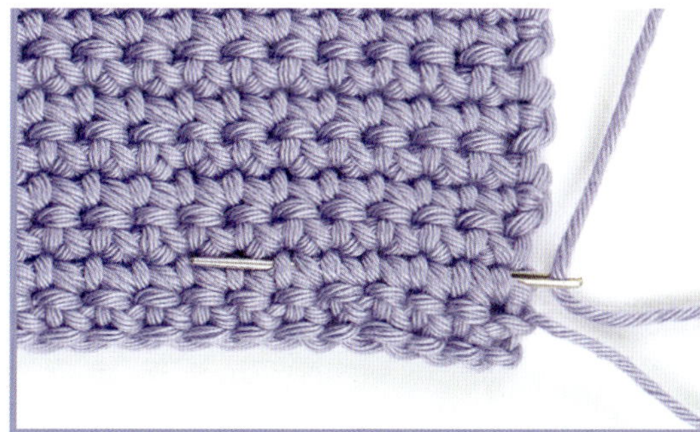

Anfangs- und Endfäden müssen stets gesichert werden. Hierfür eine Wollnadel oder eine stumpfe Sticknadel verwenden. Die Fäden jeweils auf eine Länge von ca. 3-4 cm in die Außenkante des Häkelteils einziehen. Sollen Häkelteile zusammengenäht oder -gehäkelt werden, so empfiehlt es sich, diesen Arbeitsschritt vorzuziehen und dann die Fäden in der Außenkante zu vernähen.

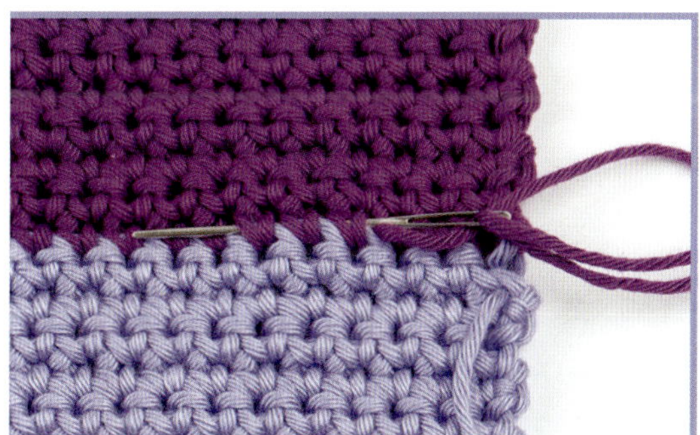

Es ist auch möglich, die Anfangs- und Endfäden auf der Rückseite eines Häkelteils zu vernähen. Dies geht bei festen Maschen recht gut, da diese dicht und kompakt sind. Es empfiehlt sich auch dann, wenn dicke, grobmaschige Häkelteile zusammengenäht oder -gehäkelt werden und die Außenkanten schon relativ dick sind, sodass vernähte Fäden zusätzlich auftragen würden.

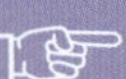

Hinweis

» Besonders plastische Muster sowie Häkelteile aus reinen Synthetikgarnen nicht dämpfen!

Tipps & Tricks

✦ Gardinen, Schneeflocken oder filigrane Deckchen nach dem Aufstecken mit Sprühstärke befeuchten und trocknen lassen. So bekommen die Häkelteile eine besondere Festigkeit.

✦ Werden Teile über Ecken hinweg zusammengehäkelt, in den Ecken jeweils 3 feste Maschen in 1 Einstichstelle häkeln. So bildet sich eine gleichmäßige Ecke.

✦ Ein dekorativer Effekt wird erzielt, wenn Sie zum Zusammenhäkeln ein Kontrastgarn verwenden.

Teile spannen und dämpfen

Einzelne Häkelteile sollten vor dem Zusammennähen den Maßen entsprechend gespannt werden. Es gibt Häkelmuster, die sich während des Häkelns etwas zusammenziehen und erst nach dem Spannen schön zur Geltung kommen. Als Spann- und Dämpfunterlage eignet sich eine großflächige Bügelunterlage, eine feste Schaumstoffplatte oder eine Styroporplatte. Um das maßgerechte Spannen zu erleichtern, gibt es im Fachhandel Unterlagen, die mit einem Rasteraufdruck und Maßangaben versehen sind.

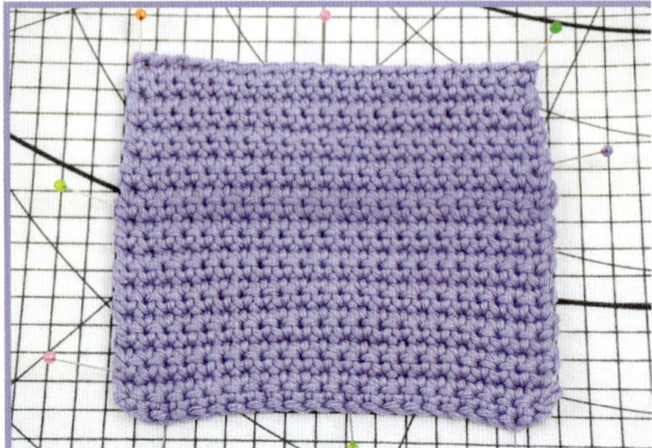

Das Häkelteil mit Stecknadeln oder Spannstecknadeln auf der Unterlage feststecken. Dabei darauf achten, dass die Ränder gleichmäßig flach liegen. Der Abstand der Stecknadeln richtet sich nach der Beschaffenheit der Außenkante. Bei manchen Mustern rollt sich der Rand nach innen ein. In diesem Falle müssen die Stecknadeln dichter gesteckt werden. Anschließend das Häkelteil mit einem Wassersprüher anfeuchten und trocknen lassen.

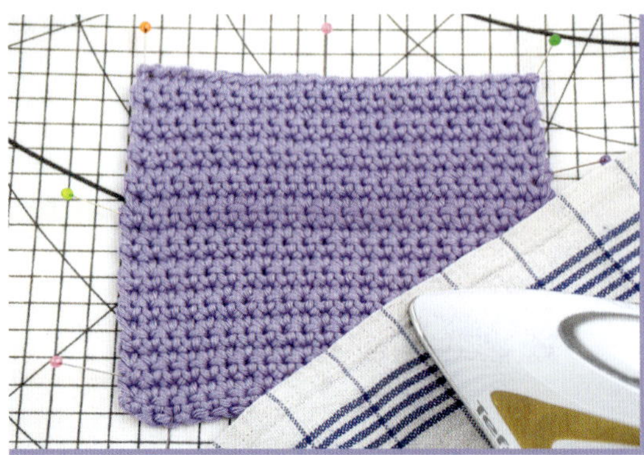

Wenn die Qualität des verwendeten Garns es zulässt, kann das Häkelteil auch mit dem Bügeleisen von der Rückseite leicht gedämpft werden. Jedoch muss zuvor ein trockenes Baumwoll- oder Leinentuch auf das Häkelteil gelegt werden. Das Bügeleisen ohne Druck über das Häkelteil gleiten lassen. Bei diesem Verfahren unbedingt die Angaben des Herstellers auf der Garnbanderole beachten!

Teile zusammenhäkeln

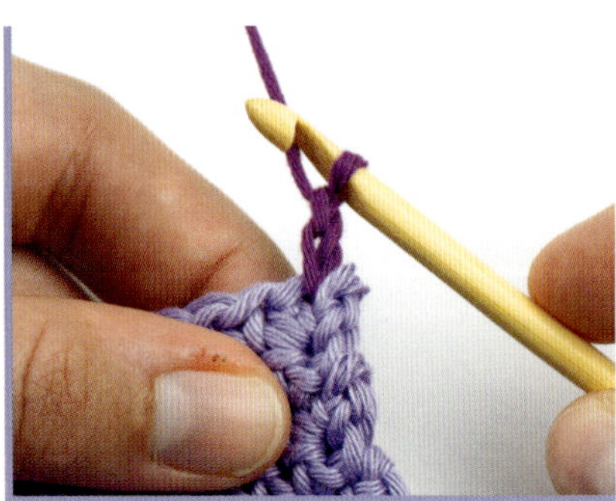

1 Faden anschlingen

Die Häkelteile an den Außenkanten aufeinanderlegen (die linken Seiten liegen innen). In einer Ecke beginnend den Faden durch beide Häkelteile anschlingen. Hierfür von vorne nach hinten durch beide Lagen stechen, den Faden durchholen und 2 Luftmaschen häkeln.

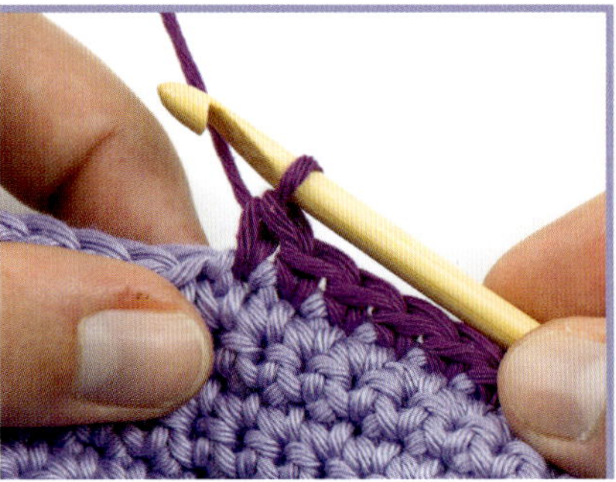

2 Mit festen Maschen zusammenhäkeln

Anschließend über die Außenkanten feste Maschen häkeln, dabei jeweils durch beide Lagen stechen. Achtung: Die festen Maschen stets in gleichmäßigen Abständen arbeiten! Liegen sie zu dicht nebeneinander, wellt sich die Außenkante, sind die Abstände zu groß, zieht sich die Außenkante zusammen.

Teile zusammennähen

Steppstich

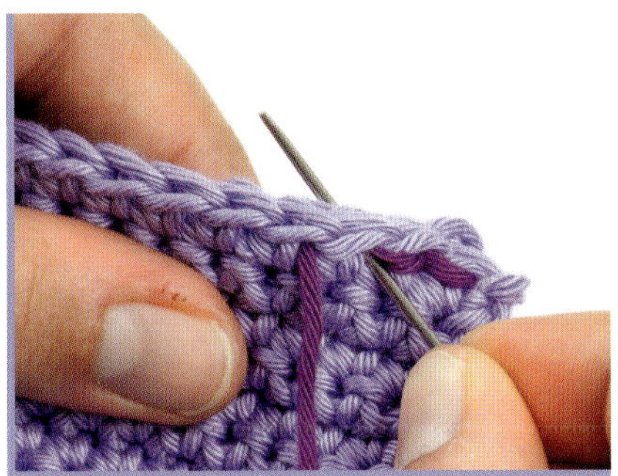

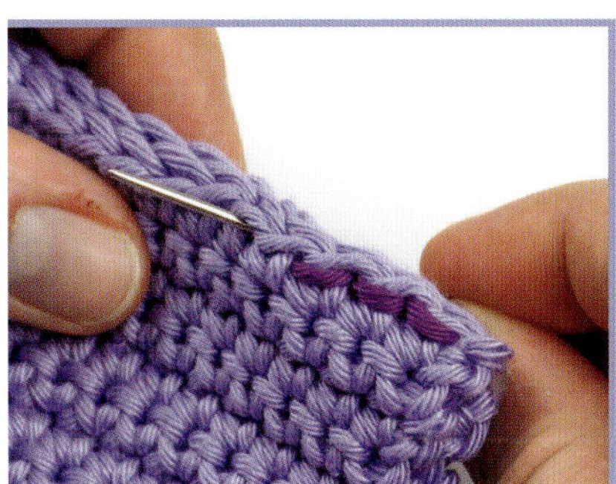

1 **Rückstich arbeiten**
Die Steppnaht wird dicht entlang der Außenkante gearbeitet. Die Häkelteile genau aufeinanderlegen (die rechten Seiten liegen innen) und eventuell mit Stecknadeln fixieren. Nun mit der Nadel ca. 5-6 mm vom seitlichen Rand entfernt von hinten nach vorne ausstechen und 4-5 mm weiter rechts wieder einstechen. Dabei jeweils senkrecht durch beide Lagen stechen.

2 **Steppnaht arbeiten**
Nun auf der Rückseite 8-10 mm weiter links wieder ausstechen, an der vorhergehenden Ausstichstelle wieder einstechen und den Faden durchziehen. Diesen Vorgang fortlaufend wiederholen. Nach dem Beenden der Naht, die rechten Seiten nach außen wenden.

Hinweise

» Steppnähte sind sehr stabile Nähte. Sie eignen sich am besten für große, schwere Häkelteile.

Überwendlingsstich

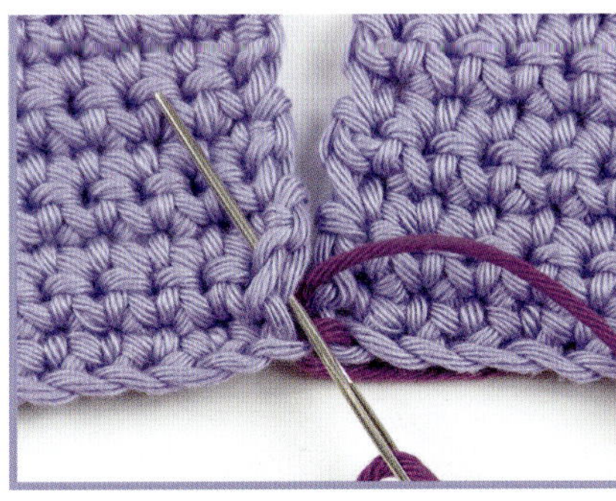

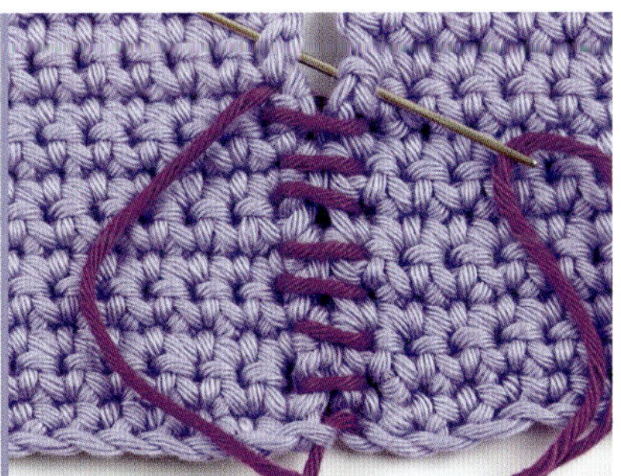

1 **Überwendlingsstich ausführen**
Die Außenkanten der Häkelteile flach aneinanderlegen, sodass die Teile genau aufeinandertreffen. In der unteren Ecke des linken Häkelteils ausstechen, die Nadeln waagerecht zum rechten Häkelteil führen und einstechen. Ein kleines Stück weiter oben am linken Häkelteil wieder ausstechen. Die Nadel wird dabei leicht schräg geführt. Den Faden durchziehen.

2 **Flache Naht arbeiten**
Den Vorgang über die gesamte Naht fortlaufend wiederholen. Dabei darauf achten, dass die Stiche gleichmäßig angezogen werden.

IDEENINSEL

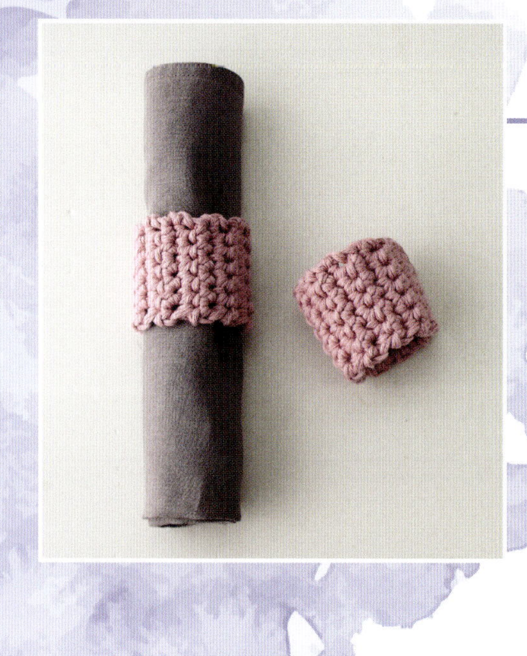

Serviettenringe

Anleitung
Mit doppeltem Faden 6 Lm + 1 Wende-Lm anschlagen. Dann 16. R fM häkeln. Die Anschlag- und Abschlusskante mit fM zusammenhäkeln.
Den 2. Serviettenring ebenso häkeln. Alle Fäden vernähen.

Größe
5,5 cm x 13 cm

Material
- Lana Grossa Star (LL 90 m/50 g) in Altrosa (Fb 56), 50 g
- Häkelnadel 6,0 mm

Tipps & Tricks

✦ Für den doppelten Faden je 1 Faden von innen und 1 Faden von außen vom Knäuel abwickeln.

Tassenwärmer

Anleitung
12 Lm + 1 Wende-Lm anschlagen. 41 R fM häkeln. In der 42. R für die obere Knopflasche 3 fM häkeln, die restlichen M bleiben unbehäkelt. Weiter 3 R fM mit je 3 fM häkeln. Für das Knopfloch in der 46. R 1 fM, 1 Lm, 1 M übergehen, 1 fM arb. In der 47. R 3 fM häkeln, dabei in die fM und die Lm der Vor-R arb. Den Faden abschneiden und durchziehen. Für die untere Knopflasche die mittleren 4 M der 42. R unbehäkelt lassen, in der 5. M mit 1 Lm neu anschlingen und eine Knopflasche wie zuvor über die letzten 3 M der R häkeln.
Die beiden Knöpfe an die unteren beiden Kanten nähen. Den zweiten Tassenwärmer ebenso häkeln. Alle Fäden vernähen.

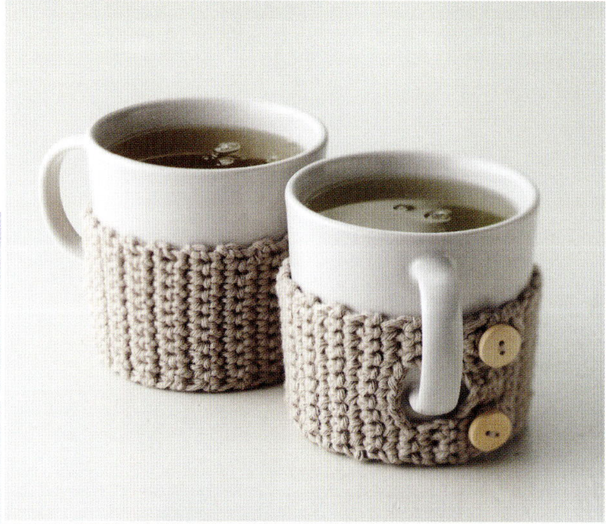

Größe
6 cm hoch, 26 cm Umfang

Material
- Lana Grossa Star (LL 90 m/50 g) in Taupe (Fb 59), 50 g
- Häkelnadel 4,5 mm
- 2 Holzknöpfe, ø ca. 1,5 cm

Handytasche

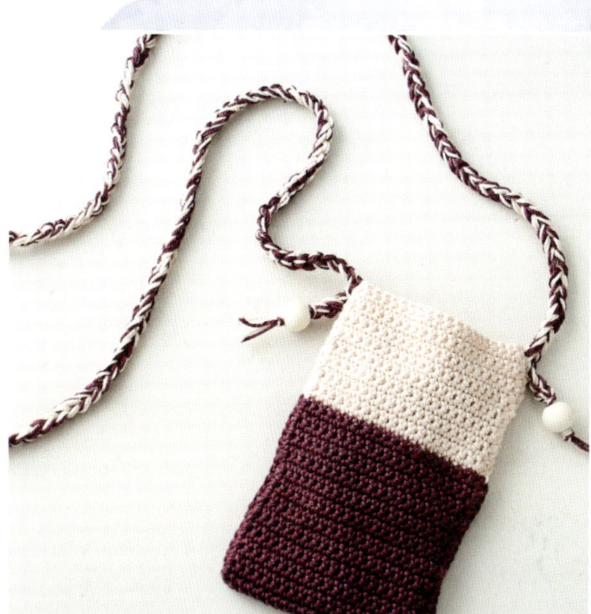

Anleitung
Mit Häkelnd 3,0 mm in Soft Apricot 20 Lm + 1 Wende-Lm anschlagen. 16 R fM in Soft Apricot, dann noch 46 R in Burgund und weitere 16 R in Soft Apricot häkeln. Einen langen Endfaden hängen lassen. Das Rechteck spannen, anfeuchten und trocknen lassen. An der kurzen Seite zur Hälfte falten und die Seiten in der passenden Fb mit fM zusammenhäkeln. Für die Kordel mit 4 Fäden (2 Fäden pro Fb) und Häkelnd 6,0 mm eine Lm-Kette von ca. 130 cm Länge häkeln.
Die Enden der Lm-Kette verknoten, auf jedes Ende eine Holzperle fädeln, die Perlen auch mit einem Knoten sichern. Die Kordel rechts und links der Öffnung annähen. Alle Fäden vernähen.

Größe
9 cm x 14 cm

Material
- Schachenmayer Catania (LL 125 m/ 50 g) in Soft Apricot (Fb 263) und Burgund (Fb 394), je 50 g
- Häkelnadel 3,0 mm und 6,0 mm
- 2 Holzperlen, ø ca. 14 mm

Tipps & Tricks

✦ Die Taschengröße kann beliebig verändert werden. Dafür einfach mehr oder weniger Lm anschlagen und mehr bzw. weniger R häkeln.

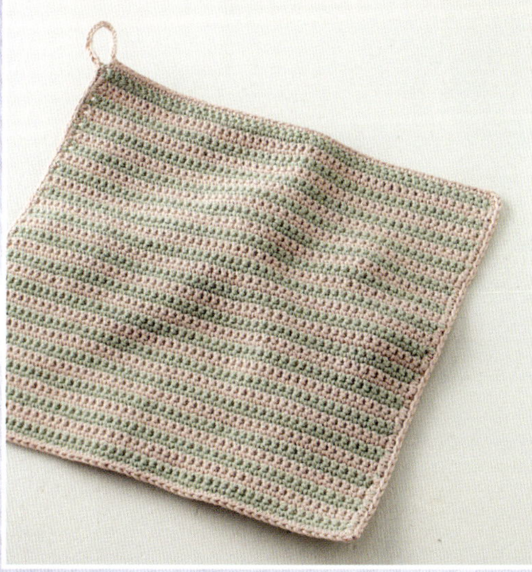

Spültuch

Anleitung
In Pastellgrün 55 Lm und 1 Wende-Lm anschlagen. 58 R fM häkeln, dabei 2 R in Pastellgrün und 2 R in Rosa Dunkel im Wechsel arb. In Rosa Dunkel 1 Rd fM um den Rand häkeln, dabei an den Seiten über 4 R 3 fM häkeln. In die Ecken jeweils 3 fM in eine Einstichstelle arb und für den Aufhänger an einer Ecke anstelle der 3 fM 20 Lm häkeln.
Das Spültuch auf die angegebene Größe spannen, anfeuchten und trocknen lassen. Alle Fäden vernähen.

Größe
23 cm x 23 cm

Material
- Lang Yarns Baby Cotton (LL 180 m/50 g) in Rosa Dunkel (Fb 209) und Pastellgrün (Fb 91), je 50 g
- Häkelnadel 3,0 mm

3 Stäbchen

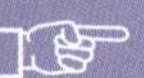 **Hinweis**

» Das einfache Stäbchen wird meist nur Stäbchen genannt.

Die Bezeichnung Stäbchen beschreibt eine große Familie ähnlicher Grundmaschen, die sich in der Höhe der einzelnen Maschen unterscheiden. Das einfache Stäbchen ist, neben der festen Masche, die am häufigsten verwendete Grundmasche. Daneben gibt es die sogenannten Mehrfachstäbchen. Im Unterschied zu festen Maschen werden bei den Stäbchen vor dem Einstechen und Häkeln der Maschen ein oder mehrere zusätzliche Umschläge auf die Häkelnadel genommen, die nacheinander abgemascht werden. Mit zunehmender Anzahl der Umschläge werden die Maschen höher. Im Folgenden finden Sie die genauen Schritt-für-Schritt-Anleitungen zum einfachen Stäbchen und zu Mehrfachstäbchen. Um Ihnen die Vielfalt der Stäbchen zu veranschaulichen, entdecken Sie in der Ideeninsel auf den Seiten 30 und 31 praktische und dekorative Modelle, die aus einfachen Stäbchen, aber auch aus kombinierten Maschen der Stäbchenfamilie gehäkelt sind.

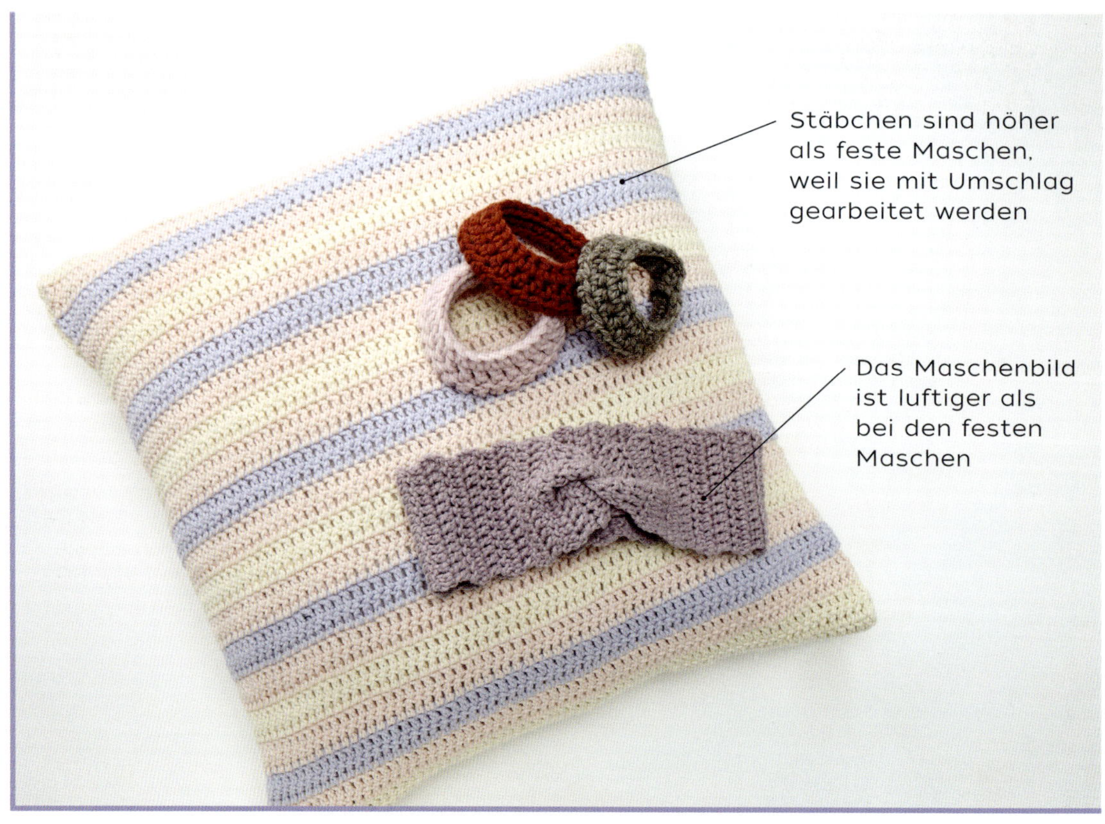

Einfaches Stäbchen

Zu Beginn der Arbeit eine Luftmaschenkette anschlagen. Dann noch 3 Luftmaschen als Ersatz für das 1. Stäbchen anschlagen. Diese Luftmaschen sind auch Wendeluftmaschen, die benötigt werden, um die Arbeitshöhe der Stäbchen zu erreichen.

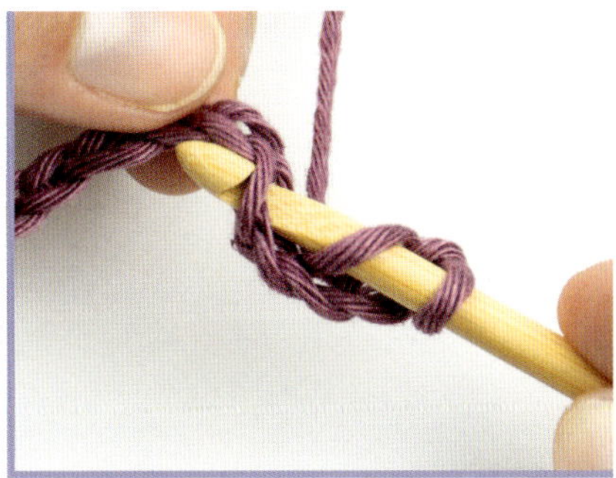

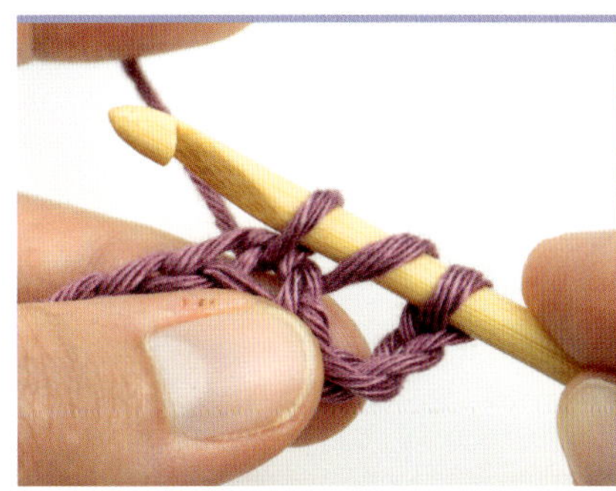

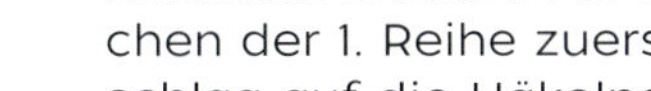

1 Einstechen
Das 1. Stäbchen wird durch 3 Luftmaschen ersetzt. Für das 2. Stäbchen der 1. Reihe zuerst einen Umschlag auf die Häkelnadel legen und in die 5. Luftmasche von der Nadel aus einstechen.

2 Faden durchholen
Den Faden durch die Luftmasche holen. Es liegen nun 3 Schlingen auf der Nadel.

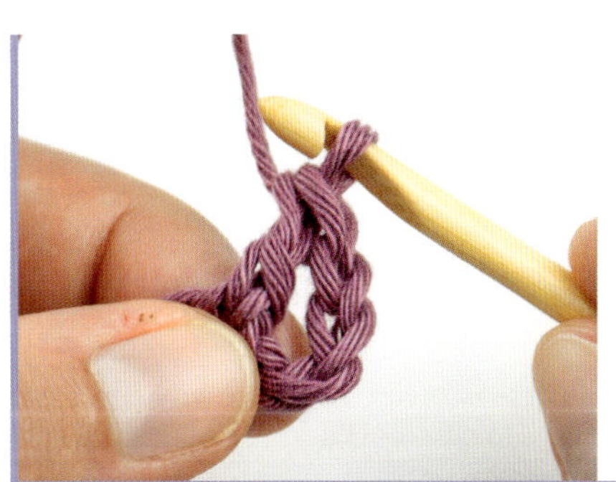

3 Abmaschen von 2 Schlingen
Den Faden erneut holen und nur die 1. und 2. Schlinge auf der Nadel zusammen abmaschen.
Es verbleiben 2 Schlingen auf der Nadel.

4 Stäbchen fertigstellen
Nun den Faden ein weiteres Mal holen und die beiden auf der Nadel befindlichen Schlingen zusammen abmaschen. Das Foto zeigt das 1. und 2. Stäbchen, dabei ist das 1. Stäbchen durch 3 Luftmaschen ersetzt.
Für das nächste Stäbchen wieder 1 Umschlag auf die Nadel nehmen, in die nächste Luftmasche einstechen und die Schritte 2-4 wiederholen.

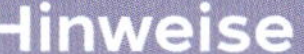

Hinweise

» Das Maschenbild von einfachen Stäbchen erscheint lockerer als bei festen Maschen. Aufgrund der länglichen Form der Maschen entsteht die typische lineare Struktur.

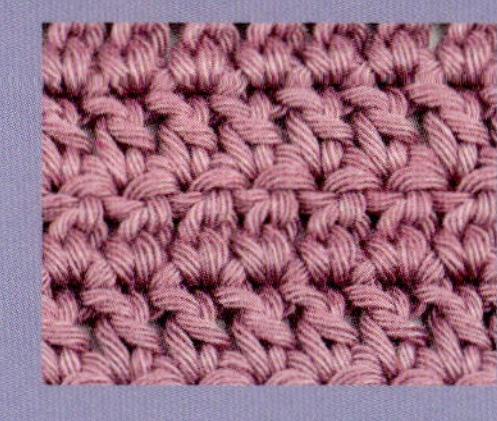

Hinweis

» Wie viele Luftmaschen am Reihenanfang ein bestimmtes Stäbchen aus der Stäbchenfamilie ersetzen, können Sie der Tabelle auf Seite 29 entnehmen.

Tipps & Tricks

✦ Soll bei Stäbchen ein Farbwechsel für Streifen stattfinden, geschieht das am Ende einer Reihe. Dafür das letzte Stäbchen so lange abmaschen, bis nur noch 2 Schlingen auf der Nadel liegen. Diese beiden Schlingen zusammen mit der neuen Farbe abmaschen (siehe auch Farbwechsel bei festen Maschen, Seite 20).

Halbes Stäbchen

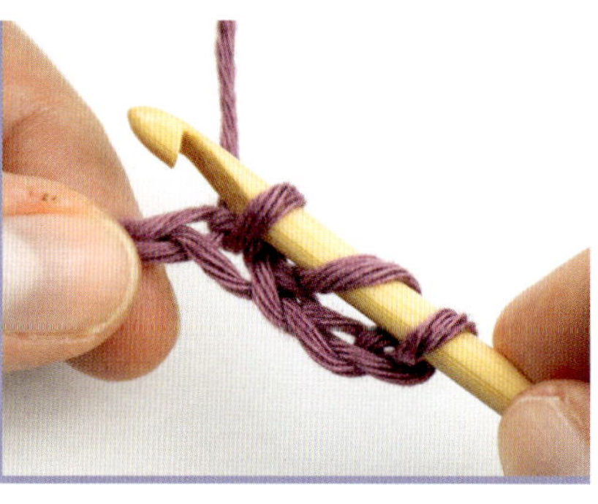

1 **Einstechen und Faden durchholen**
Eine Luftmaschenkette plus 2 Luftmaschen für das 1. halbe Stäbchen anschlagen. Nun zuerst 1 Umschlag auf die Nadel legen, dann in die 4. Luftmasche von der Nadel aus einstechen und den Faden durchholen. Es liegen 3 Schlingen auf der Nadel.

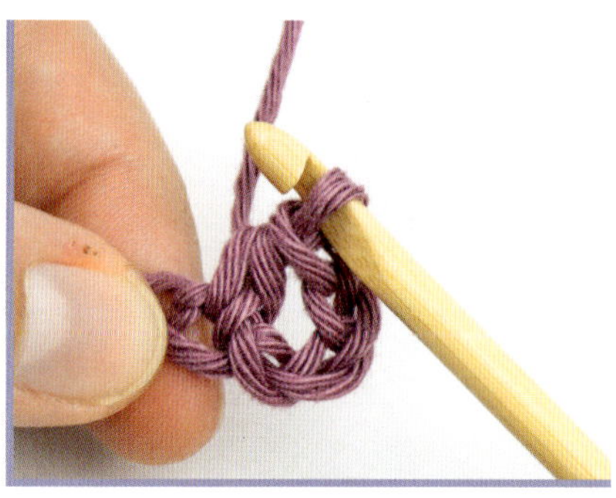

2 **Abmaschen der Schlingen**
Den Faden erneut holen und alle 3 auf der Nadel befindlichen Schlingen zusammen abmaschen. Das Foto zeigt das 1. und 2. halbe Stäbchen, dabei ist das 1. halbe Stäbchen durch 2 Luftmaschen ersetzt.

Doppelstäbchen

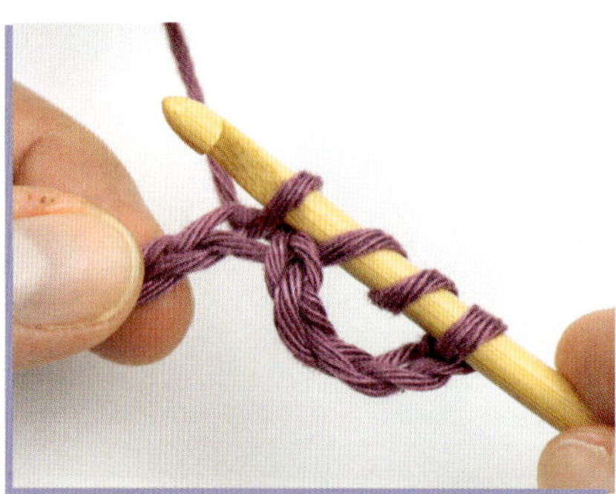

1 **Einstechen und Faden durchholen**
Eine Luftmaschenkette plus 4 Luftmaschen für das 1. Doppelstäbchen anschlagen. Nun zuerst 2 Umschläge auf die Nadel legen und in die 6. Luftmasche von der Nadel aus einstechen. Den Faden durch die Luftmasche holen. Es liegen nun 4 Schlingen auf der Nadel.

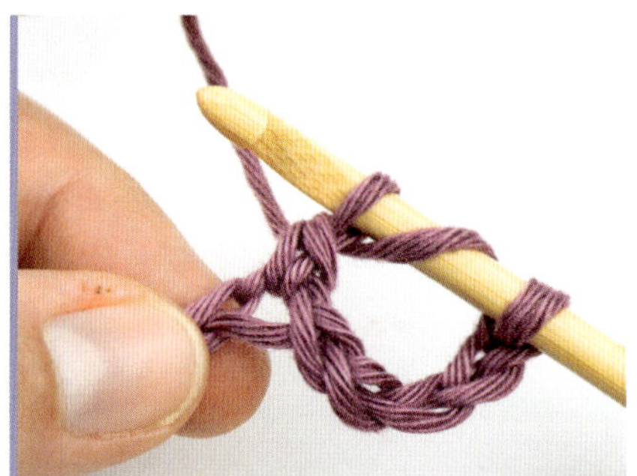

2 **Abmaschen von 2 Schlingen**
Den Faden erneut holen und die ersten 2 Schlingen zusammen abmaschen. Es verbleiben noch 3 Schlingen auf der Nadel.

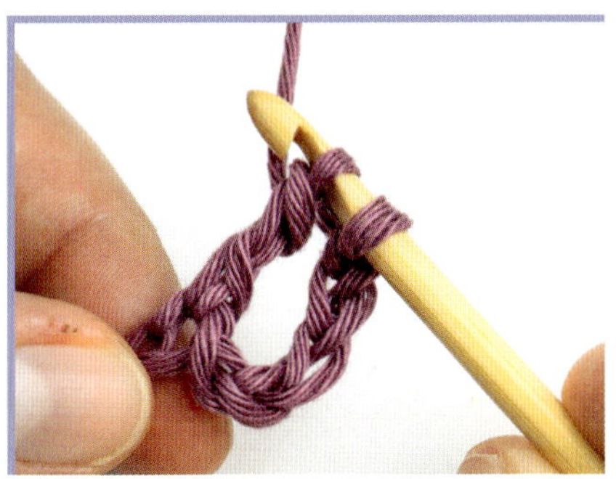

3 Abmaschen von 2 weiteren Schlingen
Den Faden erneut holen und die ersten 2 Schlingen zusammen abmaschen. Es verbleiben noch 2 Schlingen auf der Nadel.

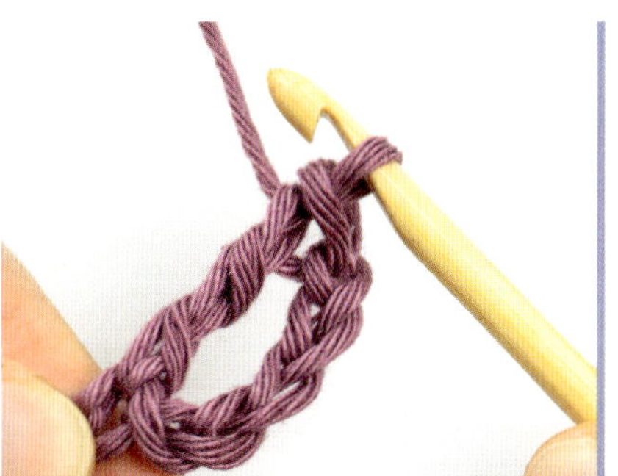

4 Doppelstäbchen fertigstellen
Den Faden erneut holen und die auf der Nadel befindlichen 2 Schlingen zusammen abmaschen. Das Foto zeigt das 1. und 2. Doppelstäbchen, dabei ist das 1. Doppelstäbchen durch 4 Luftmaschen ersetzt.

Tipps & Tricks

✦ Wendeluftmaschen: Es ist auch möglich, die Luftmaschen, die die 1. Masche ersetzen sollen, als zusätzliche Wendeluftmaschen zu häkeln. Hierfür die entsprechende Anzahl Luftmaschen plus Wendeluftmaschen anschlagen und in jeder Reihe die 1. Masche jeweils in die 1. Masche der Luftmaschenkette bzw. der Vorreihe häkeln. Es entsteht ein gebogener Rand, der sehr dekorativ wirkt, wenn das Häkelteil nicht zusammengenäht werden soll.

Mehrfachstäbchen

Bei Mehrfachstäbchen erhöht sich die Anzahl der Umschläge vor dem Einstechen jeweils um 1 Umschlag, d. h. bei Dreifachstäbchen sind es 3 Umschläge, bei Vierfachstäbchen 4 Umschläge usw. Das Foto zeigt rechts Dreifachstäbchen und links Vierfachstäbchen. Die Umschläge, die nacheinander abgemascht werden, sind in den Maschen am schräg verlaufenden Fadenlauf sichtbar.

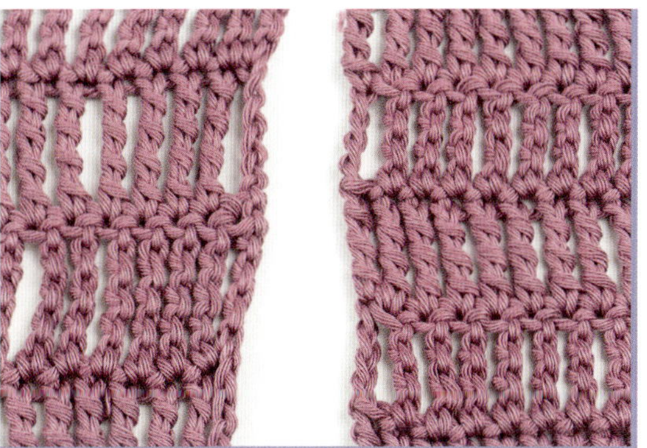

Tabelle für Steige- und Wendeluftmaschen

Maschenart	zusätzlich zur Luftmaschenkette anschlagen (= Ersatz für die 1. Masche)
Halbes Stäbchen	+ 2 Luftmaschen
Stäbchen	+ 3 Luftmaschen
Doppelstäbchen	+ 4 Luftmaschen
Dreifachstäbchen	+ 5 Luftmaschen
Vierfachstäbchen	+ 6 Luftmaschen

Die Einstichstelle für die 1. Masche der 1. Reihe entnehmen Sie jeweils der Anleitung.

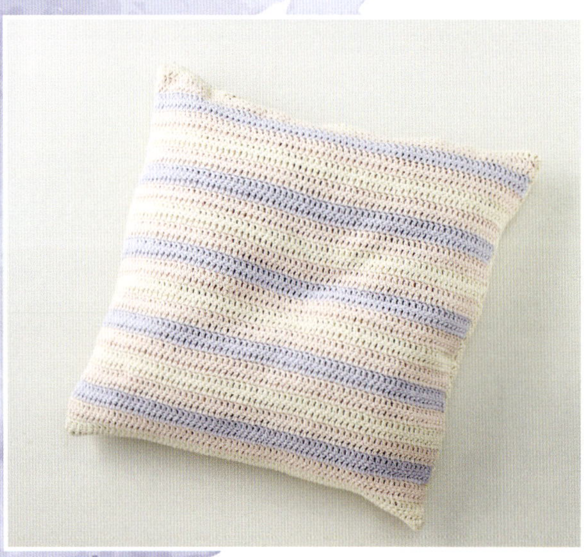

Kissen mit Streifen

Größe
50 cm x 50 cm

Material

- Lana Grossa Star (LL 90 m/50 g) in Natur (Fb 27), 200 g, Puderrosa (Fb 85), 100 g und in Lavendel (Fb 94), 50 g
- Häkelnadel 4,5 mm
- Füllkissen 50 cm x 50 cm
- 1 Reißverschluss nicht teilbar, ca. 30 cm lang

Maschenprobe
Mit Nd 4,5 mm und Stb
15 M und 8,5 R = 10 cm x 10 cm

Streifenfolge
2 R in Natur, 2 R in Puderrosa, 2 R in Lavendel, 2 R in Puderrosa

Anleitung
Die Hülle wird in einem Stück gehäkelt. In Natur 72 Lm + 3 Wende-Lm (= 1. Stb) anschlagen. Weiter in R häkeln, dabei in der 1. R das 1. Stb in die 4. Lm von der Nd aus häkeln. Am Ende jeder R 3 Wende-Lm arb. Für die Rückseite 42 R Stb häkeln. Für das Vorderteil die Streifenfolge 5x arb und noch 2 R in Natur häkeln. Den Faden abschneiden und durchziehen. Das Häkelstück spannen, anfeuchten und trocknen lassen. Anschlag- und Abschlusskante aufeinanderlegen. Die beiden Seitennähte im Überwendlingsstich schließen. Die kurze offene Naht ebenfalls schließen, dabei eine Öffnung in der Länge des Reißverschlusses lassen. Den Reißverschluss einnähen. Alle Fäden vernähen. Die Kissenfüllung in die Hülle schieben und mit dem Reißverschluss das Kissen schließen.

Stirnband

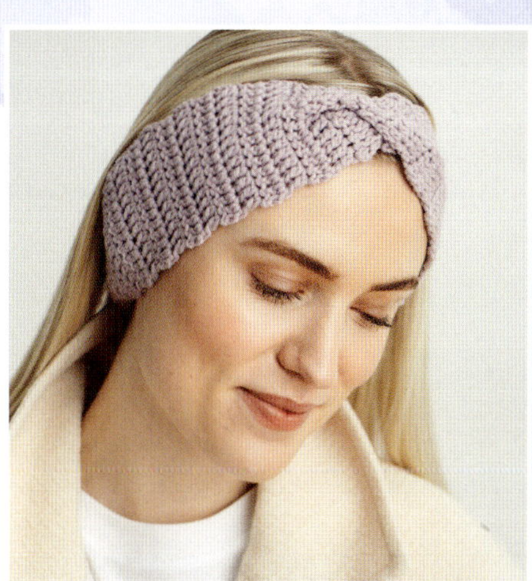

Anleitung
13 Lm und 3 Wende-Lm anschlagen. Weiter in R häkeln. Am Ende jeder R 3 Wende-Lm arb. 46 R Stb häkeln, dabei in der 1. R das 1. Stb in die 4. Lm von der Nd aus häkeln. Den Faden abschneiden und durchziehen.
Das Häkelstück an der langen Seite zur Hälfte legen und die Anschlagkante in die Abschlusskante schieben, sodass beide Kanten zusammen ein „S" bilden. Die 4 Kanten gut zusammennähen. Alle Fäden vernähen. Das Stirnband auf rechts ziehen.

Größe
10 cm x 54 cm (ungedehnt)

Material
- Lana Grossa Fourseason (LL 105 m/50 g) in Graulila (Fb 17), 50 g
- Häkelnadel 5,0 mm

Maschenprobe
Mit Nd 5,0 mm und Stb
16 M und 9 R
= 10 cm x 10 cm

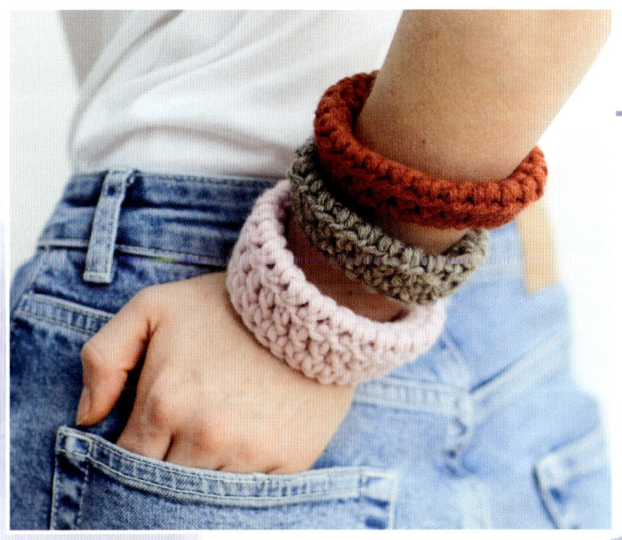

Armreifen

Breiter Armreif
23 Lm und 3 Wende-Lm anschlagen. Weiter 4 R Stb häkeln. Am Ende jeder R 3 Wende-Lm arb. Das Häkelstück der Länge nach zur Hälfte legen und mit fM zusammenhäkeln. Dann die kurzen Seite ebenfalls mit fM zusammenhäkeln, dabei darauf achten, dass alle M mitgefasst werden.Den Faden abschneiden und durchziehen.

Schmaler Armreif
23 Lm und 2 Wende-Lm anschlagen. Weiter 4 R hStb häkeln. Am Ende jeder R 2 Wende-Lm arb. Den schmalen Armreif wie den breiten beenden.

Größe
Breiter Armreif: 4 cm breit, 23 cm Umfang
Schmaler Armreif: 3 cm breit, 23 cm Umfang

Material
- Schachenmayr Boston (LL 55 m/50 g) in Rosa (Fb 134), Kupfer (Fb 13) und Sisal (Fb 04), Reste
- Häkelnadel 5,0 mm

4 In Runden häkeln

Tipps & Tricks 

✦ Beim Häkeln in Spiralrunden (siehe Seite 34) sollten Sie immer daran denken, einen Kontrastfaden einzulegen, um den Rundenanfang zu kennzeichnen.

Neben rechteckigen Häkelteilen kann auch eine Vielzahl von runden Formen gehäkelt werden. Sie beginnen jeweils in der Mitte und häkeln in Runden nach außen. Die runde Form entsteht dabei durch gleichmäßiges Zunehmen von Maschen innerhalb der Runden. Es können grundsätzlich alle Grundmaschen in Runden gehäkelt werden. Im Folgenden finden Sie ausführliche Erläuterungen, wie Sie runde Häkelteile beginnen. Außerdem werden die Zu- und Abnahmen von einzelnen Maschen erklärt sowie zusätzlich die Zu- und Abnahmen von mehreren Maschen zu Beginn und am Ende einer Reihe. In der Ideeninsel auf den Seiten 38 und 39 haben wir kleine Modelle versammelt, die Ihnen Lust auf ein erstes einfaches Übungsstück machen sollen.

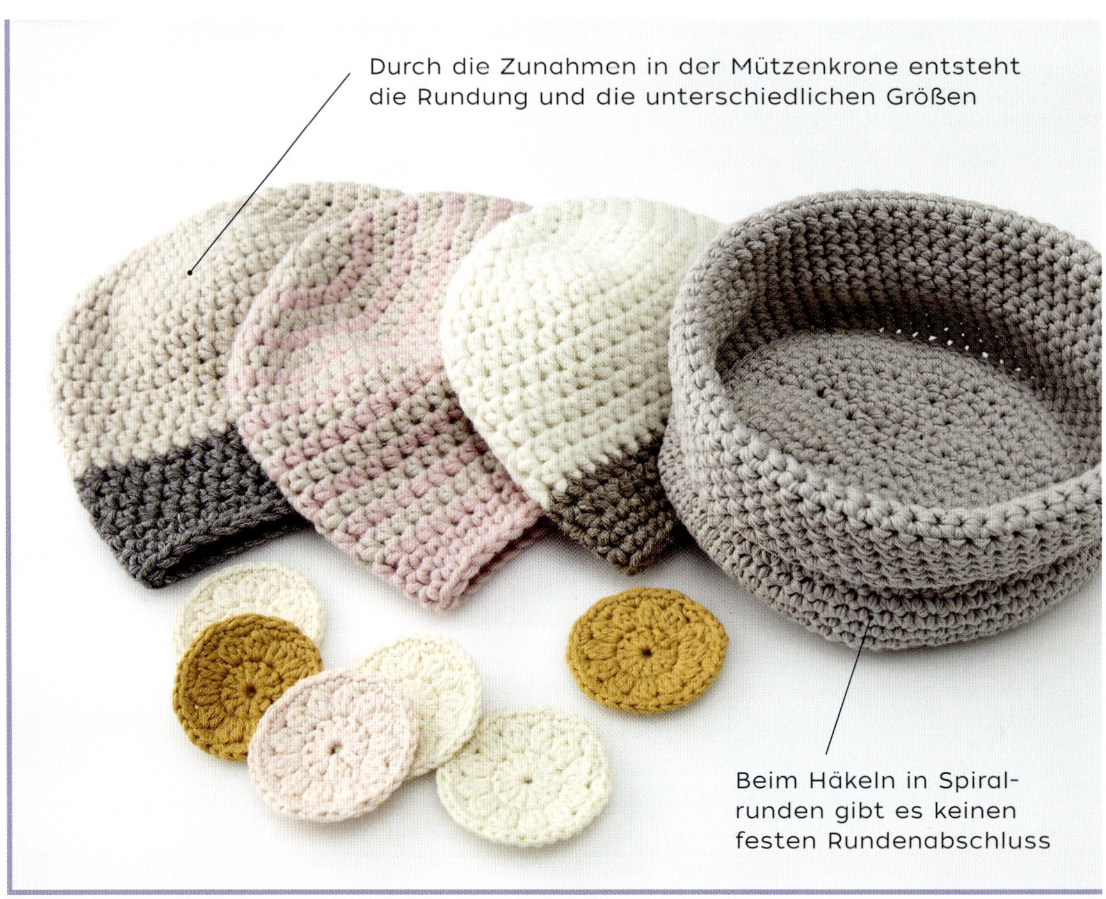

Durch die Zunahmen in der Mützenkrone entsteht die Rundung und die unterschiedlichen Größen

Beim Häkeln in Spiralrunden gibt es keinen festen Rundenabschluss

In Runden häkeln

Rundhäkeln mit 2 Luftmaschen

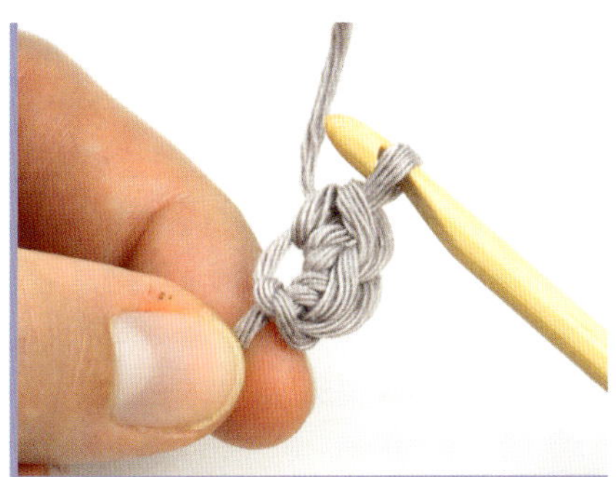

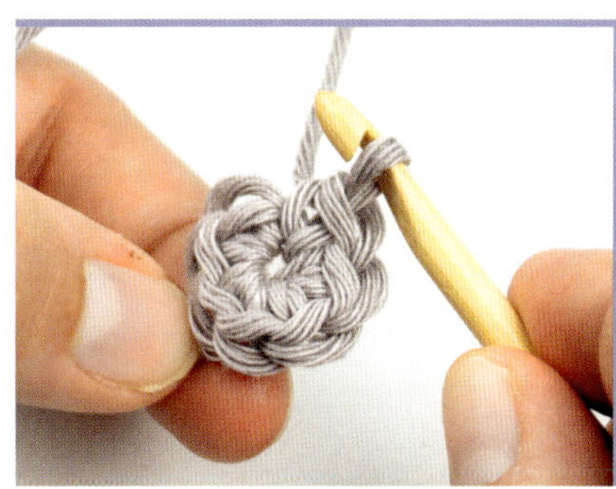

1 **Einstechen in die 2. Luftmasche**
Zuerst 2 Luftmaschen anschlagen. Danach für die 1. Runde stets in die 2. Luftmasche von der Nadel aus einstechen und feste Maschen häkeln.

2 **Maschenkreis fertigstellen**
Nach der Ausführung von mehreren Häkelmaschen entsteht ein kleiner Maschenkreis. Das Rundhäkeln mit 2 Luftmaschen eignet sich dann, wenn nur wenige Maschen am Rundenanfang gehäkelt werden sollen (8–10 feste Maschen maximal). Der Rundenanfang bleibt dicht geschlossen. Es entsteht nur ein ganz kleines Loch, das mit dem Anfangsfaden beim Vernähen ggf. noch zusammengezogen werden kann.

Rundhäkeln mit Luftmaschenkette

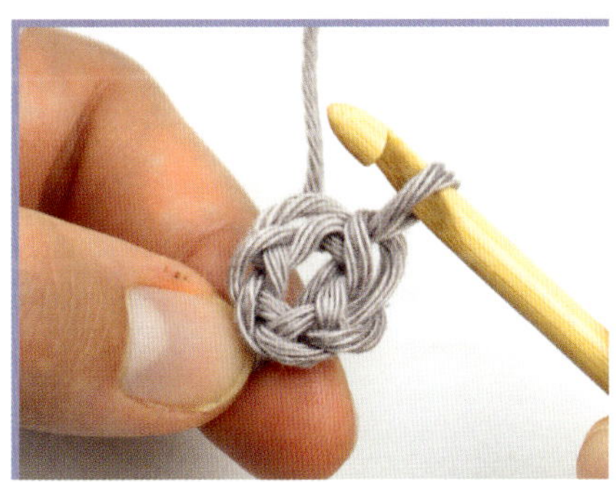

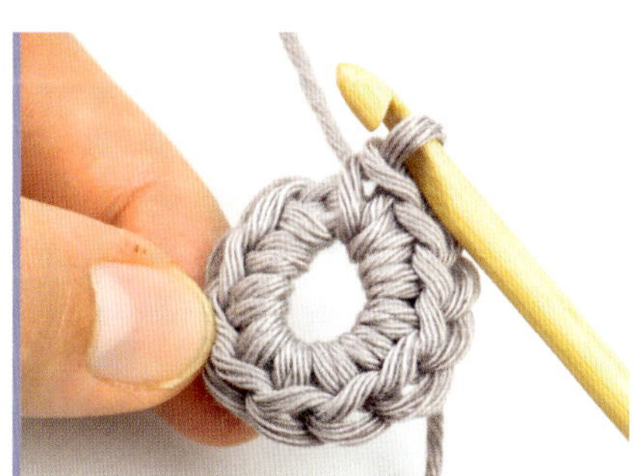

1 **Luftmaschenkette zum Kreis schließen**
Zuerst eine Luftmaschenkette anschlagen. Diese mit 1 Kettmasche zur Runde schließen, d. h. die Luftmaschenkette zu einem Kreis legen, in die letzte Luftmasche einstechen und den Faden durch die Luftmasche und danach durch die Schlinge auf der Nadel ziehen. Anfang und Ende der Luftmaschenkette sind nun verbunden.

2 **Häkeln der 1. Runde**
Nun 1 zusätzliche Luftmasche häkeln, um die Arbeitshöhe der festen Maschen zu erreichen. Dann feste Maschen häkeln, dabei stets durch die Mitte von vorne nach hinten einstechen und den Faden um den Luftmaschenring durchholen. Das Rundhäkeln mit Luftmaschenkette eignet sich, wenn viele Maschen am Rundenanfang gehäkelt werden sollen. In der Mitte entsteht ein Loch.

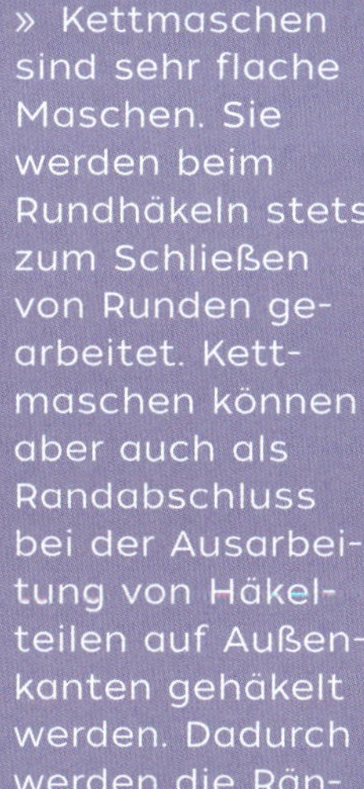

Hinweise

» Kettmaschen sind sehr flache Maschen. Sie werden beim Rundhäkeln stets zum Schließen von Runden gearbeitet. Kettmaschen können aber auch als Randabschluss bei der Ausarbeitung von Häkelteilen auf Außenkanten gehäkelt werden. Dadurch werden die Ränder stabiler.

» Eine weitere Möglichkeit für den Beginn von runden Formen ist das Arbeiten der ersten Maschen in einen Fadenring. Hierfür den Faden zur Schlinge legen und wie für einen einfachen Knoten verschlingen. Danach 1 Luftmasche häkeln und die entsprechende Anzahl fester Maschen in die Fadenschlinge häkeln. (Für höhere Maschen entsprechend mehr Luftmaschen anschlagen.) Die Fadenschlinge am Anfangsfaden zusammenziehen. Der Vorteil: Das Loch in der Mitte bleibt klein.

☞ **Hinweis**

» Beim Häkeln von Spiralrunden ist zu beachten, dass der Rundenanfang sich nach oben verlaufend leicht nach rechts verschiebt. Wird ein gerade nach oben laufender Rundenanfang gewünscht, so ist es ratsam, jede Runde mit 1 Kettmasche in die 1. feste Masche zu schließen, am Beginn der folgenden Runde 1 zusätzliche Luftmasche zu häkeln und dann die neue Runde zu arbeiten.

Stäbchen in Runden

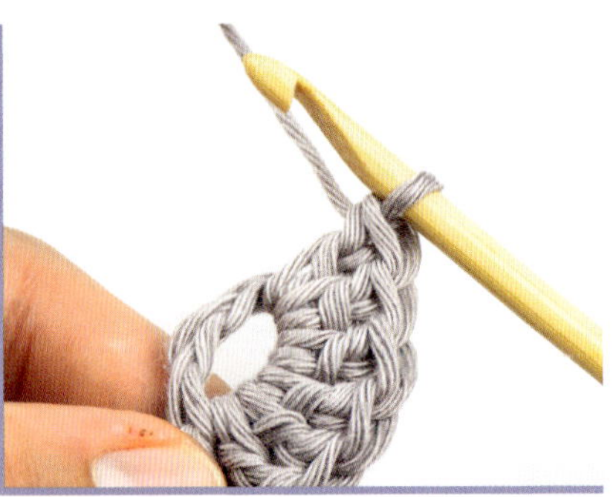

1 **Stäbchen in Luftmaschenkreis arbeiten**
Zuerst eine Luftmaschenkette anschlagen, diese mit 1 Kettmasche zur Runde schließen und in der 1. Runde dicht nebeneinander Stäbchen in den Luftmaschenring häkeln, dabei das 1. Stäbchen durch 3 Luftmaschen ersetzen.

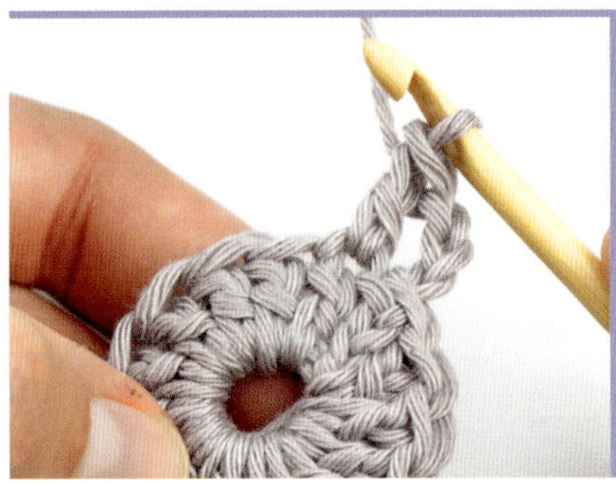

2 **Beginn der 2. Runde**
Nun diese und jede weitere Runde mit 1 Kettmasche in die oberste Luftmasche des 1. Stäbchens schließen. In der 2. und jeder folgenden Runde 3 Luftmaschen für das 1. Stäbchen anschlagen und weiter in Runden Stäbchen häkeln.

Spiralrunden

In der Regel werden Spiralrunden nur mit festen Maschen gehäkelt, weil diese Maschen sehr niedrig sind. In Spiralrunden werden die Maschen spiralförmig über den Rundenanfang hinweg fortlaufend gehäkelt. Der Vorteil ist, dass es keine sichtbaren Übergänge gibt. Dadurch erscheint das Maschenbild gleichmäßig.

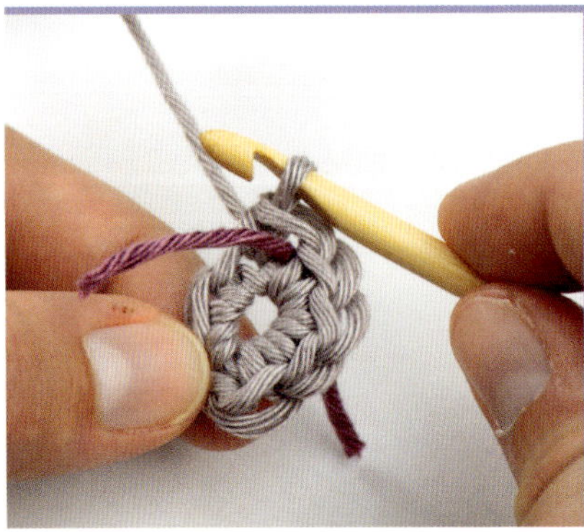

1 **Kontrastfaden einlegen**
Um den Rundenanfang sichtbar zu machen, zunächst zwischen der letzten Masche der 1. Runde und der 1. Masche der folgenden Runde einen Kontrastfaden einlegen.

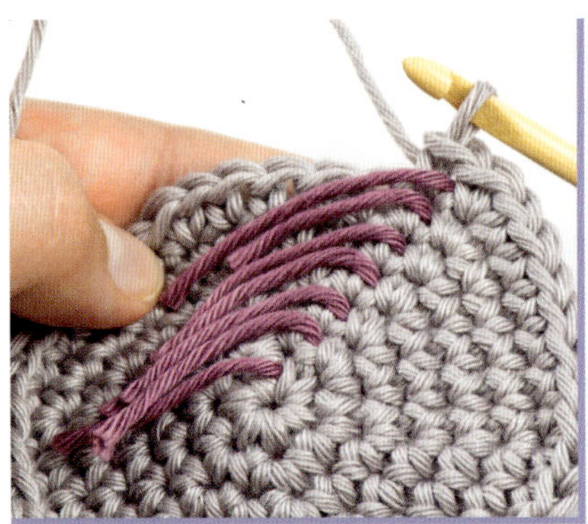

2 **Weitere Kontrastfäden einfügen**
Danach mit festen Maschen weiterhäkeln. Es empfiehlt sich, in regelmäßigen Abständen weitere Kontrastfäden einzulegen. Das erleichtert das Abzählen der Runden.

Maschenzunahme

Maschen verdoppeln

Soll eine einzelne Masche zugenommen werden, wird eine bereits gehäkelte Masche „verdoppelt", d. h. in die Einstichstelle der zuletzt gehäkelten Masche wird eine 2. Masche gehäkelt.
Alle Arten von Grundmaschen können so zugenommen werden. Diese Zunahme kann in Runden und in Reihen erfolgen. Die Maschenzahl vergrößert sich.

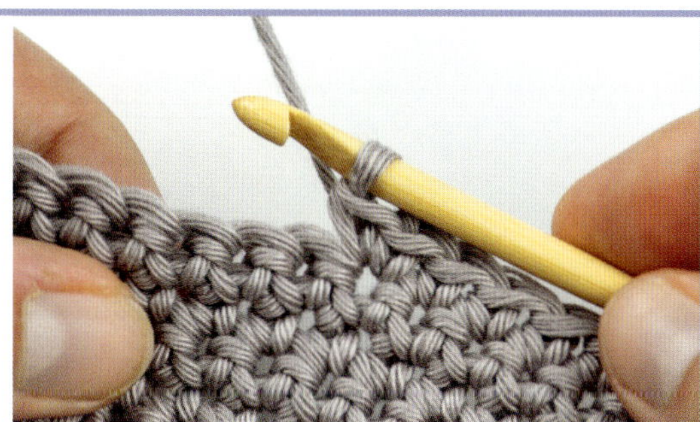

Tipps & Tricks

✦ Es ist auch möglich, 3 oder mehr Maschen in 1 Einstichstelle zu häkeln, jedoch wölbt sich dann der Rand. Dieser Effekt kann ganz gezielt eingesetzt werden (siehe z. B. Häkelfransen auf Seite 46).

Zunahme mehrerer Maschen am rechten Rand

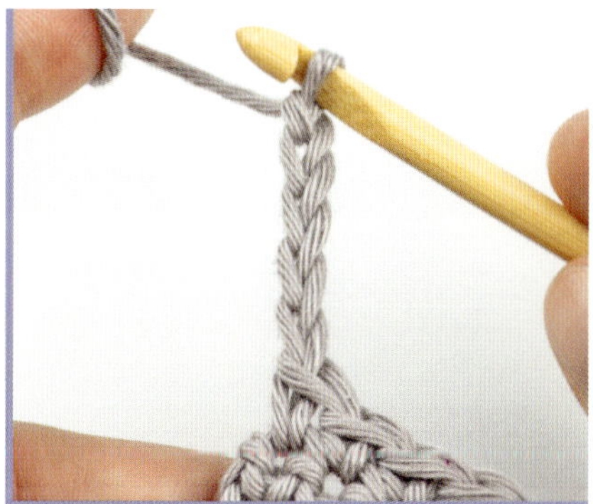

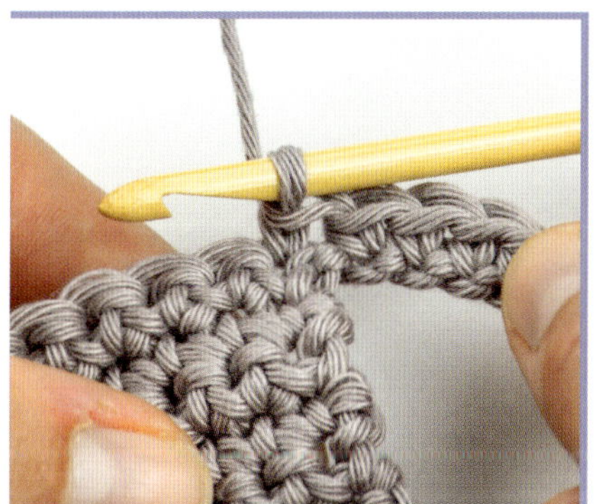

1 **Luftmaschen häkeln in der Vorreihe**
Die Zunahme am rechten Rand (von der Vorderseite aus gesehen) beginnt bereits in der Vorreihe. Hierfür am Ende der Vorreihe so viele Luftmaschen zusätzlich häkeln, wie neue Maschen benötigt werden.

2 **Luftmaschen behäkeln**
Die Vorreihe mithilfe 1 Wendeluftmasche wenden und in jede Luftmasche je 1 feste Masche häkeln, dabei die 1. feste Masche in die 2. Luftmasche von der Nadel aus arbeiten.

Tipps & Tricks

✦ Die Zunahme mit einer Fußschlinge kann ebenso mit Stäbchen gehäkelt werden. Hier jedoch vor dem Einstechen und Häkeln der Fußschlinge bereits den Umschlag für das Stäbchen auf die Nadel nehmen.

✦ Es ist auch möglich, den Maschenanschlag mit Fußschlingen zu häkeln. Bei festen Maschen zuerst 2 Luftmaschen anschlagen und 1 feste Masche in die 2. Luftmasche von der Nadel aus häkeln. Anschließend wie beschrieben feste Maschen aus den Fußschlingen häkeln. Vorteil: Die Anschlagkante wird dehnbar.

Zunahme mehrerer Maschen am linken Rand

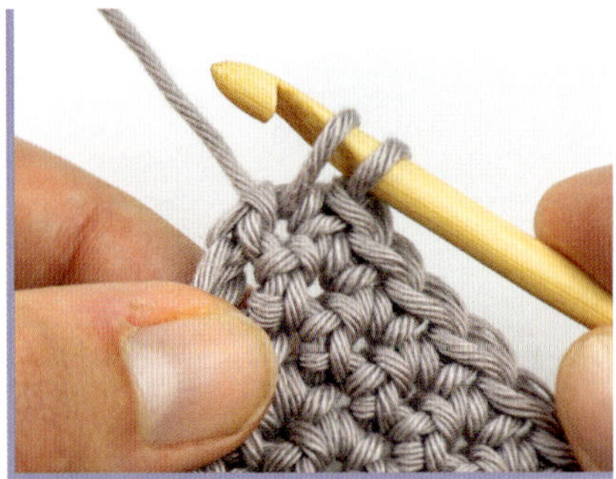

1 **Einstechen in dieselbe Einstichstelle**
Für die 1. feste Masche, die zugenommen wird, zuerst in dieselbe Einstichstelle einstechen, in welche die letzte feste Masche gehäkelt wurde, und den Faden durchholen. Auf der Häkelnadel liegen 2 Schlingen.

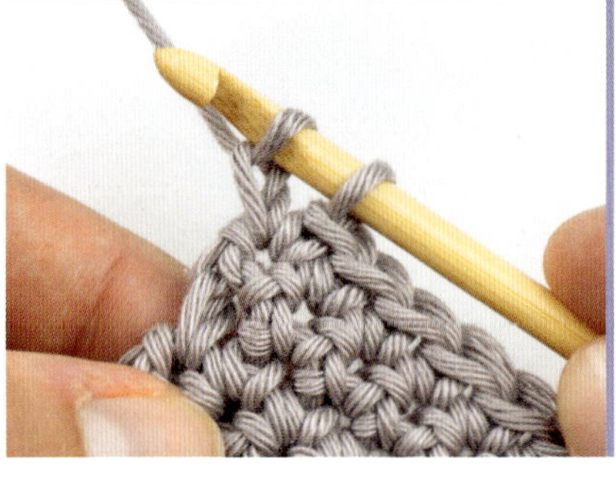

2 **Fußschlinge arbeiten**
Nun mit 1 Umschlag den Faden durch die 1. Schlinge ziehen. Diese abgemaschte Schlinge bildet die Fußschlinge für die neue feste Masche. Auf der Häkelnadel liegen wieder 2 Schlingen.

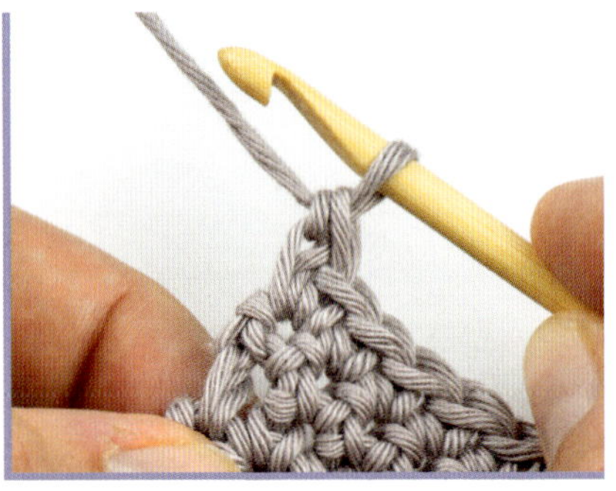

3 **Neue Masche am linken Rand fertigstellen**
Danach den Faden mit einem neuen Umschlag durch beide auf der Nadel befindlichen Schlingen ziehen.
Die neue feste Masche ist fertig.

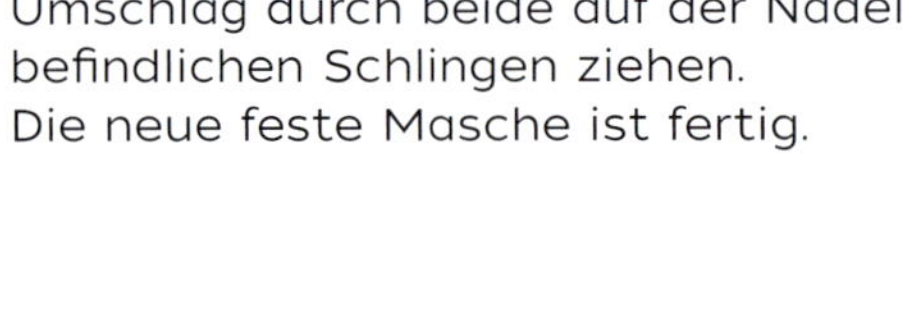

4 **Weitere neue Maschen am linken Rand häkeln**
Nun für die nächste neue feste Masche in die Fußschlinge der vorhergehenden Masche einstechen und, wie in Schritt 2 und 3 gezeigt, zuerst die Fußschlinge und dann die neue feste Masche abmaschen. Diesen Vorgang so lange wiederholen, bis die erforderliche Anzahl fester Maschen erreicht ist.

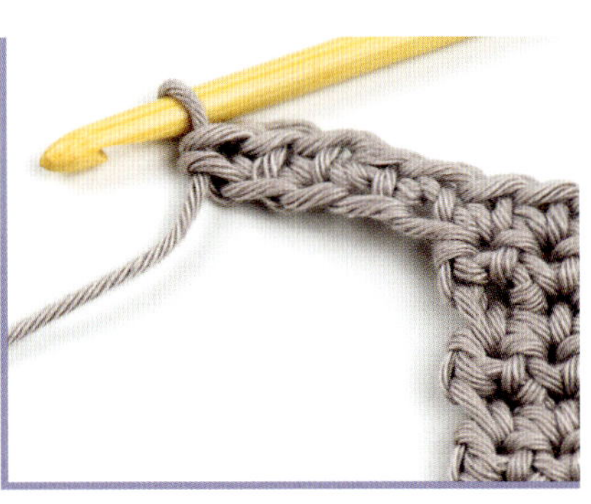

5 **Fertige Zunahme mehrerer Maschen**
Das Foto zeigt mehrere zugenommene feste Maschen am linken Rand.

Maschenabnahme

2 feste Maschen zusammen abmaschen

Soll 1 feste Masche abgenommen werden, für 2 feste Maschen je 1 Schlinge auf die Häkelnadel holen. Anschließend alle 3 auf der Nadel befindlichen Schlingen zusammen abmaschen. Die Maschenzahl verringert sich um 1 Masche.

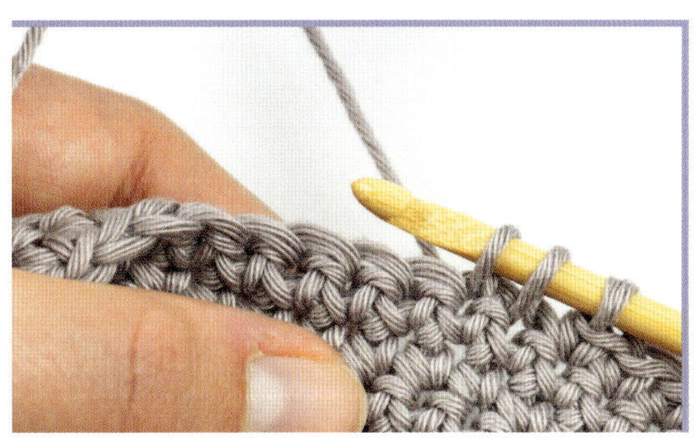

2 Stäbchen zusammen abmaschen

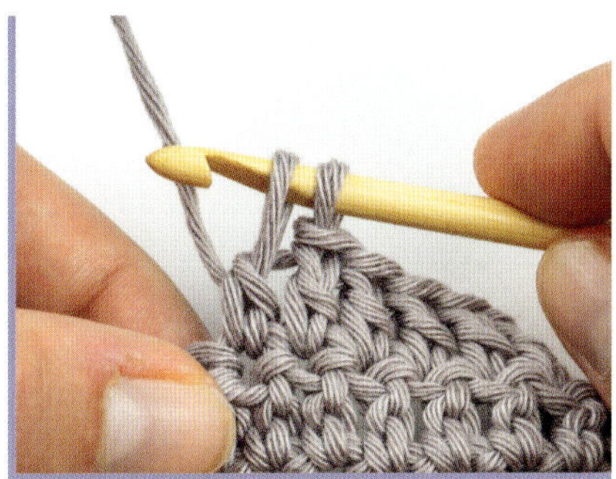

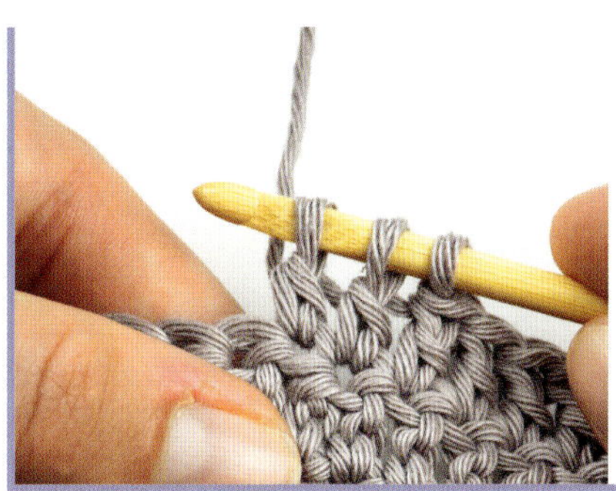

1 **Ein Stäbchen zur Hälfte abmaschen**
Zuerst das 1. Stäbchen zur Hälfte abmaschen. Es liegen 2 Schlingen auf der Nadel.

2 **Das 2. Stäbchen zur Hälfte abmaschen**
Anschließend das 2. Stäbchen häkeln und dieses ebenfalls nur zur Hälfte abmaschen. Es liegen 3 Schlingen auf der Nadel. Nun mit einem neuen Umschlag alle 3 Schlingen zusammen abmaschen. Die Maschenzahl verringert sich um 1 Masche.

Mehrere Maschen abnehmen

Bei Abnahmen am rechten Rand in jedes Stäbchen, das abgenommen werden soll, je 1 Kettmasche häkeln. Nach der entsprechenden Anzahl Kettmaschen zuerst 3 zusätzliche Luftmaschen arbeiten und danach die Reihe mit Stäbchen weiterhäkeln. Bei Abnahmen am linken Rand alle Stäbchen, die abgenommen werden sollen, nicht mehr häkeln. Man sagt, „die Maschen bleiben unbehäkelt stehen".

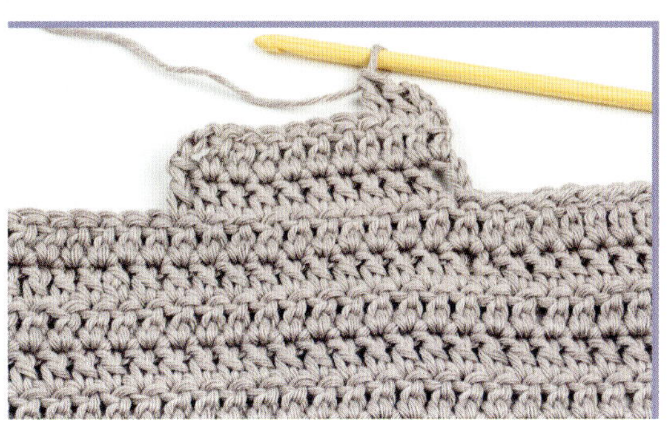

Hinweis

» Werden mehr als 2 Maschen zusammengehäkelt, wölbt sich das Häkelteil. Das kann gewünscht sein, nicht aber, wenn z. B. bei Pullovern oder Taschen gerade Kanten entstehen sollen.

Tipps & Tricks

✦ Eine einzelne Masche kann auch abgenommen werden, indem Sie 1 Masche übergehen, d. h. die neue Masche erst in die übernächste Masche häkeln. Dies eignet sich jedoch fast nur für feste Maschen, da sonst kleine Löcher entstehen können.

✦ Sollen Doppel- oder Mehrfachstäbchen zusammengehäkelt werden, jedes Doppel- oder Mehrfachstäbchen bis auf die letzten 2 Schlingen abmaschen. Dann mit einem neuen Umschlag alle auf der Nadel befindlichen Schlingen zusammen abmaschen.

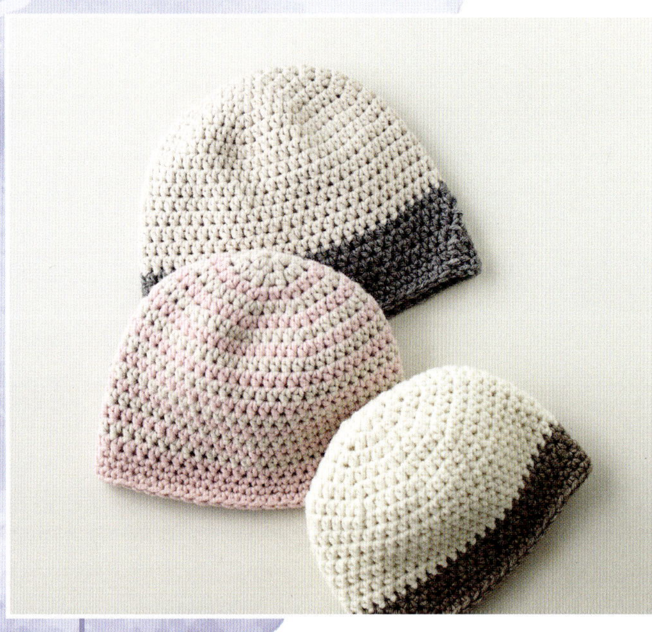

Größe

Kindermütze: Kopfumfang 50-52 cm
Damenmütze: Kopfumfang 54-56 cm
Herrenmütze: Kopfumfang 58-60 cm

Material

- Häkelnadel 7,0 mm

Kindermütze

- Schachenmayr Boston (LL 55 m/50 g) in Natur (Fb 02) und Sisal (Fb 04), je 50 g

Damenmütze

- Schachenmayr Boston (LL 55 m/50 g) in Leinen (Fb 05) und Rosa (Fb 134), je 50 g

Herrenmütze

- Schachenmayr Boston (LL 55 m/50 g) in Leinen (Fb 05) und Mittelgrau meliert (Fb 92), je 50 g

Maschenprobe

Mit Nd 7,0 mm hStb in Rd
11 M und 10 Rd = 10 cm x 10 cm

Häkelmützen

Streifenfolge

1 Rd in Leinen und 1 Rd in Rosa im Wechsel häkeln.

Herrenmütze

In Leinen 1 Lm und 2 Steige-Lm anschlagen und in Spiral-Rd häkeln:
1. Rd: In die 3. Lm von der Nd aus 8 hStb häkeln.
2. Rd: Jedes hStb verdoppeln. (= 16 M).
3. Rd: Jedes 2. hStb verdoppeln (= 24 M).
4. Rd: Jedes 3. hStb verdoppeln (= 32 M).
5. Rd: Jedes 4. hStb verdoppeln (= 40 M).
6. Rd: Jedes 5. hStb verdoppeln (= 48 M).
7. Rd: Jedes 6. hStb verdoppeln (= 56 M).
8.-15. Rd: Jeweils 56 hStb häkeln.
16.-19. Rd (Mittelgrau): Jeweils 56 hStb häkeln.
20.-22. Rd: Jeweils fM häkeln.
Den Faden abschneiden und durchziehen.

Damenmütze

Die 1.-6. Rd wie die Herrenmütze häkeln, dabei ab der 3. Rd in der Streifenfolge arb.
7. Rd: Jedes 12. Stb verdoppeln (= 52 M).
8.-18. Rd: Jeweils 52 hStb weiter in der Streifenfolge häkeln.
19.-21. Rd (Rosa): Jeweils 52 hStb häkeln.
Den Faden abschneiden und durchziehen.

Kindermütze

In Natur die 1.-6. Rd wie die Herrenmütze häkeln.
7.-13. Rd: Jeweils 48 hStb häkeln.
14.+15. Rd (Sisal): Jeweils 48 hStb häkeln.
16.-18. Rd: Jeweils 48 fM häkeln.
Den Faden abschneiden und durchziehen.

Fertigstellen

Die Mützen anfeuchten, in Form ziehen und trocknen lassen. Alle Fäden vernähen.

Abschminkpads

3 Stäbchen zusammen abmaschen
Für * 1 Stb 1 U auf die Nd nehmen, in die M einstechen, den Faden durchholen und die ersten 2 Schlingen abmaschen. Ab * noch 2x wdh. Es liegen 4 Schlingen auf der Nd. Den Faden holen und durch alle 4 Schlingen ziehen.

Anleitung
In beliebiger Fb 1 Lm und 3 Steige-Lm (= 1. Stb) anschlagen.
1. Rd: 12 Stb häkeln, die Rd mit 1 Km in die 3. Steige-Lm schließen.
2. Rd: 3 Steige-Lm, * 3 Stb zusammen abmaschen, 1 Lm, ab * noch 10x wdh. In die letzte M 2 Stb halb abmaschen, mit 1 Km in die 2. Steige-Lm zusammen abmaschen.
3. Rd: 1 Steige-Lm (= 1. fM), * um die Lm der Vor-Rd 2 fM häkeln, 1 fM in die zusammen abgemaschten Stb der Vor-Rd, ab * fortlaufend wdh, enden mit 1 Km in die Steige-Lm.
Den Faden abschneiden und durchziehen. Das Abschminkpad spannen, anfeuchten und trocknen lassen.

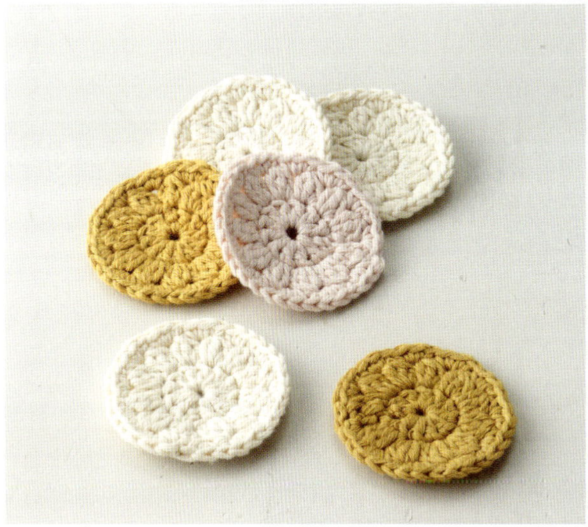

Größe
ø 6,5 cm

Material
- Lana Grossa Star (LL 90 m/50 g) in Puderrosa (Fb 85), Natur (Fb 27) und Sandgelb (Fb 74), Reste
- Häkelnadel 4,0 mm

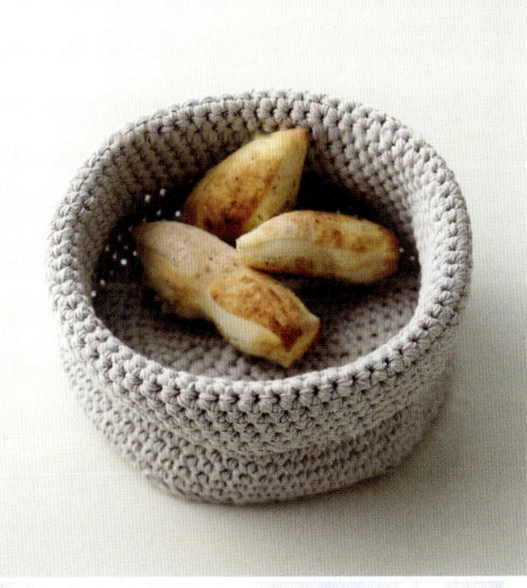

Brotkorb

Anleitung
Mit dreifachem Faden 2 Lm anschlagen und fM in Spiral-Rd häkeln.
1. Rd: In die 2. Lm von der Nd aus 6 fM häkeln.
2. Rd: Jede fM verdoppeln (= 12 M).
3. Rd: Jede 2. fM verdoppeln (= 18 M).
4. Rd: Jede 3. fM verdoppeln (= 24 M).
5. Rd: Jede 4. fM verdoppeln (= 30 M).
6.-12. Rd: Nach diesem Schema weiter fM verdoppeln. Nach der 12. Rd (= 72 M).
13. Rd: 72 fM häkeln, dabei jeweils in die fM der Vor-Rd einstechen.
14.-31. Rd: Jeweils 72 fM häkeln und immer mit 1 Km die Rd schließen.
Den Faden abschneiden und durchziehen. Den Korb anfeuchten, in Form ziehen und trocknen lassen. Die obere Kante nach außen umschlagen, sodass eine Höhe von ca. 10 cm bleibt.

Größe
ø 20 cm, 10 cm hoch

Material
- Lana Grossa Pima (LL 125 m/50 g) in Hellgrau (Fb 46), 150 g
- Häkelnadel 6,0 mm

Maschenprobe
Mit Nd 6,0 mm und fM mit dreifachem Faden 12 M und 14 Rd = 10 cm x 10 cm

5 Spezial-Techniken

Tipps & Tricks 

✦ Intarsien arbeitet man häufig nach einem Zählmuster, das die Verteilung der Farben zeigt, ein Beispiel dafür finden Sie bei der Clutch von Seite 94/95.

In diesem Kapitel lernen Sie weitere Techniken kennen, die bei der Anfertigung eines Häkelmodells zur Anwendung kommen können. Bei Kleidungsstücken ist es erforderlich, entsprechend dem Schnitt und der Passform Arm- bzw. Halsausschnitte zu häkeln. Für Verschlüsse an Jacken oder auch Pullovern sind Knopflöcher unerlässlich. Außerdem zeigen wir Ihnen, wie Sie mithilfe der Intarsientechnik Muster in ein Häkelstück einarbeiten können. Schließlich gibt es eine Vielzahl von Verzierungen, die es Ihnen ermöglichen, Ihrem Lieblingsstück eine ganz individuelle Note zu geben. Das können besondere Abschlusskanten sein oder auch kleine, witzige Details wie Pompons, Fransen, Kordeln, Quasten etc. Anhand der detaillierten Anleitungen werden Sie schnell mit den Techniken vertraut und können dann Ihrer Fantasie freien Lauf lassen!

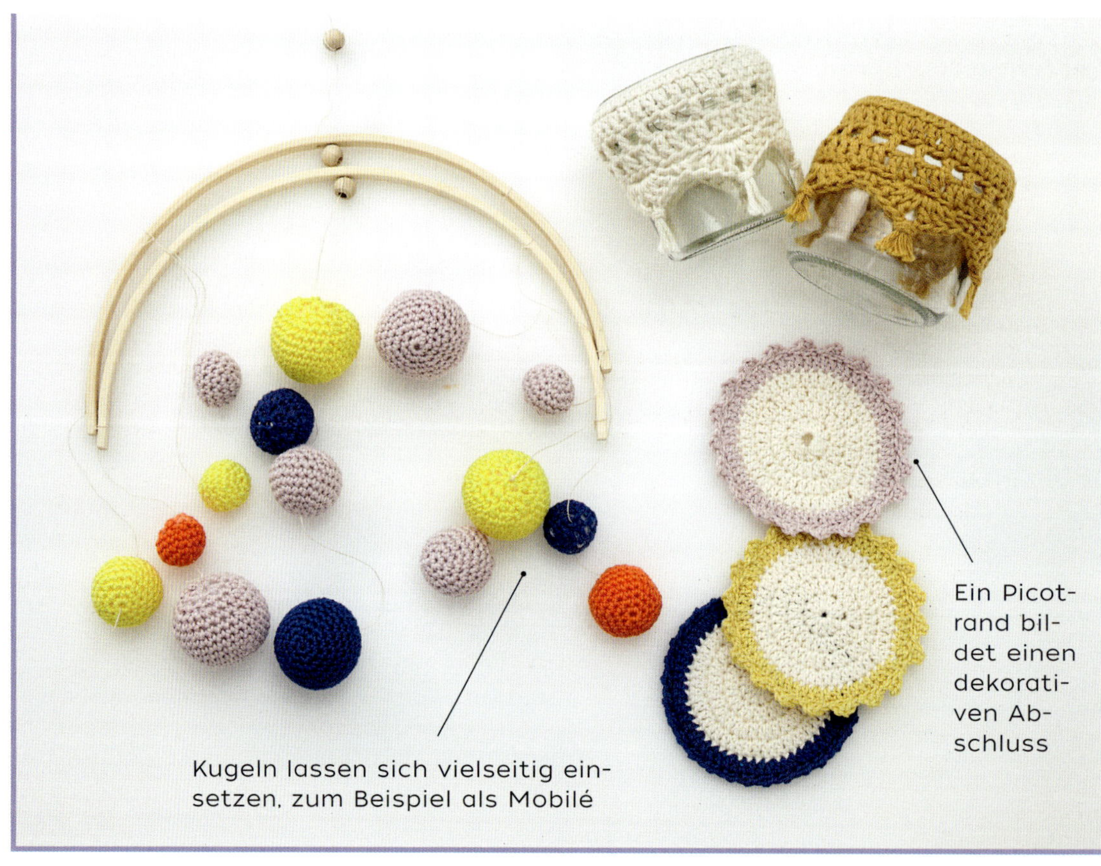

Kugeln lassen sich vielseitig einsetzen, zum Beispiel als Mobilé

Ein Picotrand bildet einen dekorativen Abschluss

Knopflöcher

Waagerechte Knopflöcher

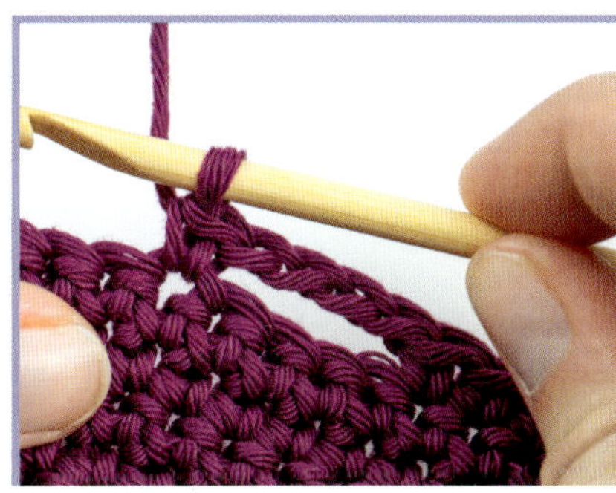

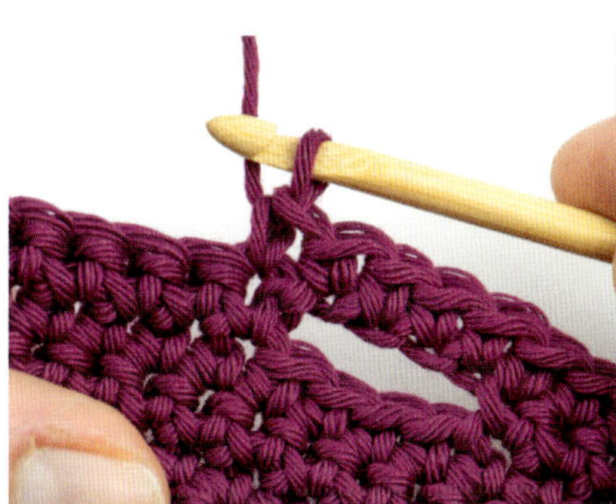

1 Maschen mit Luftmaschen übergehen
Bei waagerechten Knopflöchern in einer Reihe an der Stelle, an der das Knopfloch liegen soll, eine entsprechende Anzahl feste Maschen mit Luftmaschen übergehen, dabei für jede übersprungene feste Masche je 1 Luftmasche anschlagen.

2 Feste Maschen darüberhäkeln
In der folgenden Reihe feste Maschen häkeln, dabei in jede Luftmasche je 1 feste Masche arbeiten.

Hinweis

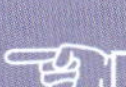

» Waagerechte Knopflöcher sind einfacher zu häkeln, weil die Reihen nicht unterbrochen werden müssen und im Gegensatz zu den senkrechten Knöpflöchern kein neuer Faden angeschlungen werden muss.

» Bei senkrechten Knopflöchern empfiehlt es sich, den Rand mit kleinen Überwendlingsstichen zu befestigen. Dies verhindert, dass das Knopfloch ausleiert.

Senkrechte Knopflöcher

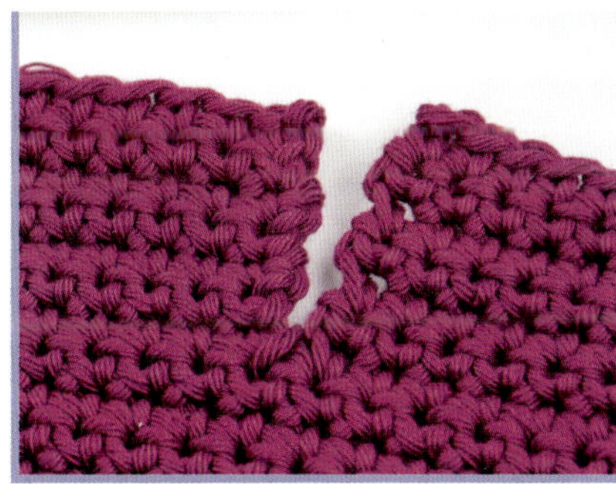

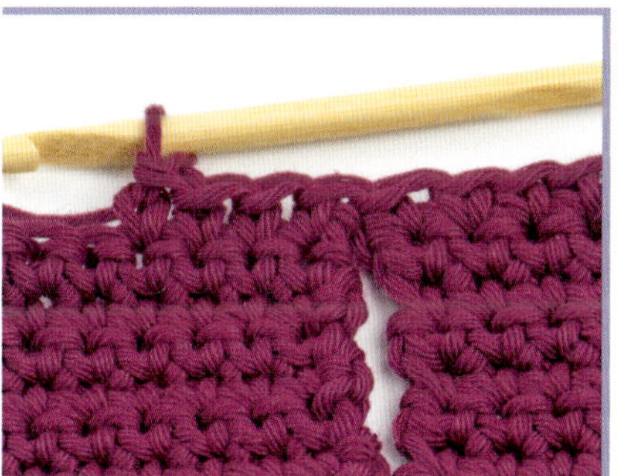

1 Häkelarbeit teilen
Bei senkrechten Knopflöchern an der Stelle, an der das Knopfloch liegen soll, die Arbeit teilen und rechts und links des Knopflochs getrennt häkeln, bis die gewünschte Höhe erreicht ist.

2 Die beiden Teile wieder verbinden
In der folgenden Reihe die getrennt gehäkelten Teile wieder verbinden, indem eine komplette Maschenreihe darüber gearbeitet wird. Wie gewohnt weiterhäkeln.

Armausschnitt

In der Regel werden am Armausschnitt in der 1. Reihe mehrere Maschen nacheinander abgenommen. Zuerst am rechten Rand am Beginn der Reihe die Anzahl der Maschen mit Kettmaschen übergehen und am linken Rand die entsprechende Anzahl Maschen unbehäkelt stehen lassen. Danach für die Armausschnittrundung in der Höhe in gleichmäßigen Abständen jeweils 1 Masche abnehmen, d. h. je 2 Maschen zusammenhäkeln. Das linke Foto zeigt die Abnahme am linken Rand, das rechte Foto die Abnahme am rechten Rand. Danach wurden 2x in jeder 2. Reihe und 2x in jeder 4. Reihe je 2 feste Maschen zusammengehäkelt.

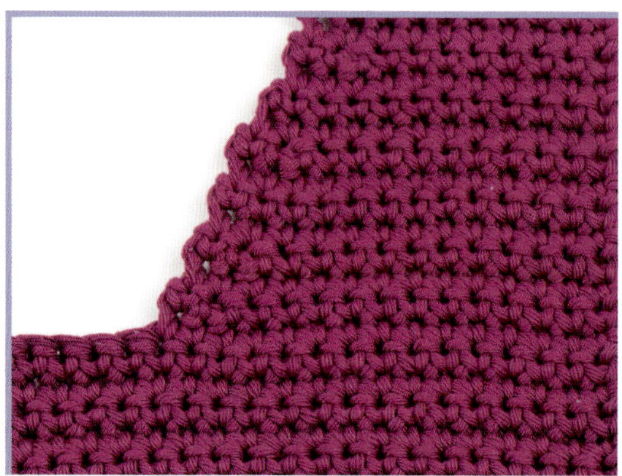

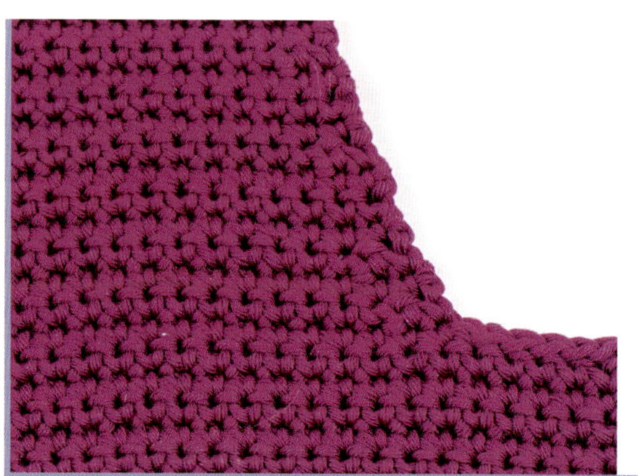

Halsausschnitt

Für einen runden Halsausschnitt die rechte und linke Seite getrennt beenden. Zuerst für die rechte Seite eine entsprechende Anzahl Maschen häkeln. Die restlichen Maschen bleiben unbehäkelt stehen.
Auf der rechten Seite die in der Modellanleitung genannte Anzahl Reihen häkeln und für die Halsausschnittrundung eventuell weitere Abnahmen ausführen. Da diese Abnahmen immer am Ende der Reihe vorgenommen werden, bleiben alle abzunehmenden Maschen jeweils unbehäkelt stehen. Anschließend die linke Seite häkeln. Hierfür gemäß Modellanleitung in der Mitte der Basisreihe eine entsprechende Anzahl Maschen unbehäkelt lassen, dann den Faden anschlingen und die Maschen für die linke Seite häkeln. Die Abnahmen gegengleich zur rechten Seite ausführen, d. h. die Abnahmen liegen am Beginn der Reihe. Alle abzunehmenden Maschen mit Kettmaschen übergehen.
Das Foto zeigt einen runden Halsausschnitt mit 10 mittleren Maschen. Rechts und links wurden für die Halsausschnittrundung 2x je 4 Maschen abgenommen. Die übrigen Maschen bilden die Schultern.

Hinweis

» Faustregel für runde Halsausschnitte: Die Breite entspricht in der Regel etwa einem Drittel der Rückenteilbreite. Die Tiefe des Ausschnittes beträgt am Vorderteil 5-7 cm, am Rückenteil 2-3 cm.

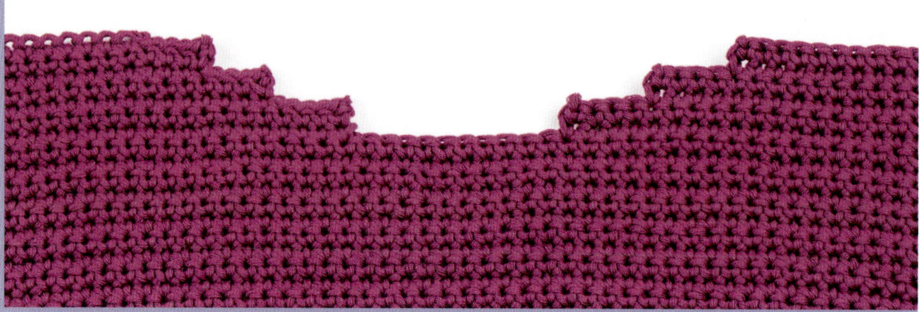

Abschlusskanten

Abschlusskante mit Krebsmaschen

Abschlusskanten mit Krebsmaschen ergeben sehr stabile Ränder und eignen sich für Kanten, die stark beansprucht werden wie z. B. Halsausschnittkanten oder Taschenkanten. Krebsmaschen wirken nicht nur sehr dekorativ, die Ränder bekommen durch sie auch eine höhere Festigkeit und leiern nicht aus.

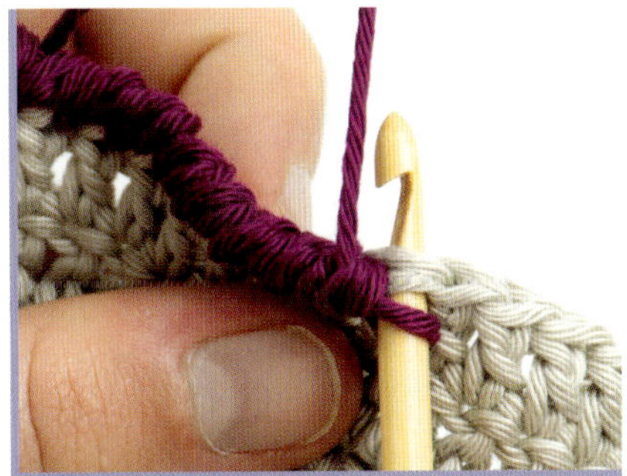

1 **Einstechen**
Krebsmaschen sind feste Maschen, die in umgekehrter Richtung, also von links nach rechts gehäkelt werden. In die feste Masche der Vorreihe von vorne nach hinten einstechen. Die Schlinge auf der Nadel liegt flach auf dem Häkelteil.

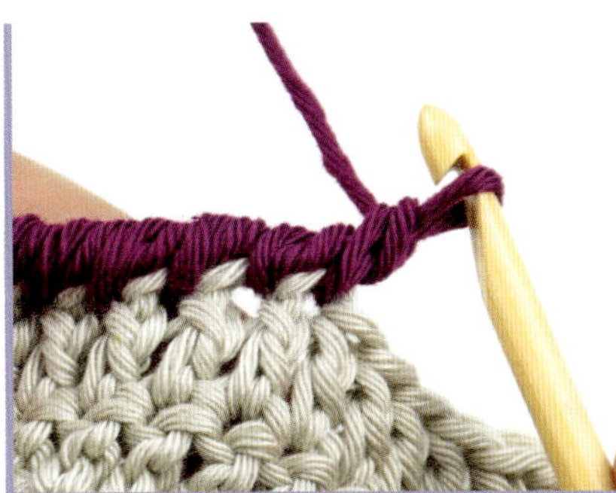

2 **Faden durchholen**
Nun den Faden durchholen und beide Schlingen zusammen nach oben ziehen, damit die Masche nicht zu fest wird. Die beiden Schlingen liegen dicht an dicht auf der Nadel. Den Faden durch beide Schlingen ziehen. Die Krebsmaschen ergeben einen kordelartigen Abschluss.

Abschlusskante mit Picots

Abschlusskanten mit Picots sind hübsche Zierränder, die je nach Garn sehr filigran wirken können. Auch kann das Häkelteil eine festliche Note bekommen, wenn man z. B. metallisierte Häkelgarne verwendet.

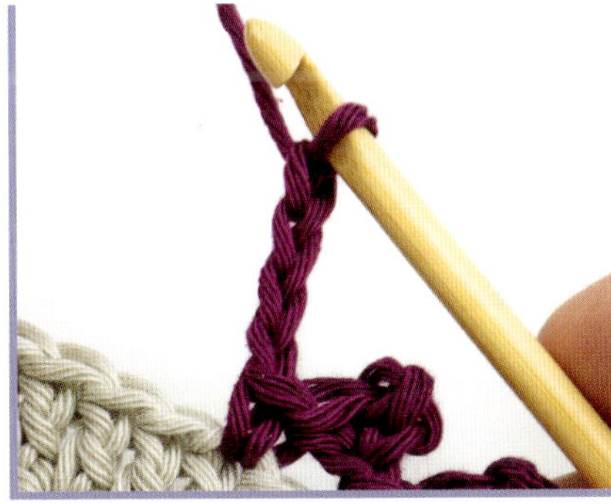

1 **Luftmaschen anschlagen**
Picots sind kleine, originelle Verzierungen, die in Form von „Häkelschlingen" auf der Abschlusskante liegen. Sie werden in der Regel zwischen festen Maschen gehäkelt. Nach 1 festen Masche zuerst 4 Luftmaschen anschlagen.

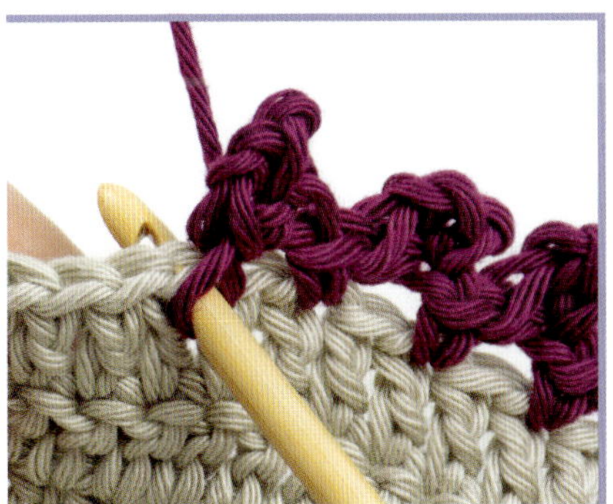

2 **Picots fertigstellen**
Danach zuerst 1 feste Masche zurück in die 1. Luftmasche (= 4. Luftmasche von der Nadel aus) häkeln. Anschließend weiter feste Maschen arbeiten, dabei für die folgende feste Masche in die übernächste Masche der Vorreihe einstechen.

Hinweise

» Für größere Picots z. B. 6 Luftmaschen anschlagen und 1 Stäbchen zurück in die 1. Luftmasche häkeln. Die nächste Masche in die 3. folgende Masche der Vorreihe arbeiten.

» Große Picotbogen sind eine Möglichkeit für einen Zierabschluss. Hierfür 1 feste Masche häkeln, dann 2 Luftmaschen, 1 Picot (= 4 Luftmaschen und 1 feste Masche zurück in die 1. Luftmasche), 2 Luftmaschen arbeiten und 1 feste Masche in die 3. folgende feste Masche häkeln.

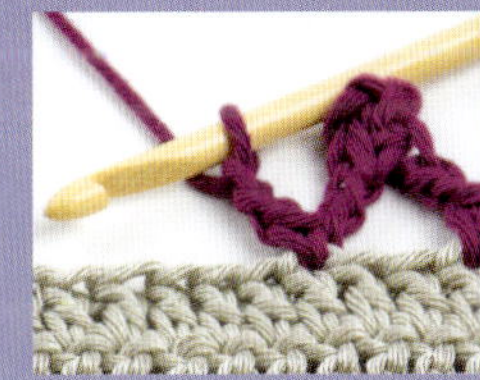

Intarsien

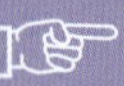

Hinweis

» Bei der Intarsientechnik den mitgeführten Faden gleichmäßig gespannt einhäkeln. Darauf achten, dass er während des Häkelns nicht durchstochen wird. Sollte der Faden zu locker sein, kann man ihn vorsichtig anziehen, ist er zu sehr gespannt, kann dies durch leichtes Dehnen des Häkelteils wieder ausgeglichen werden.

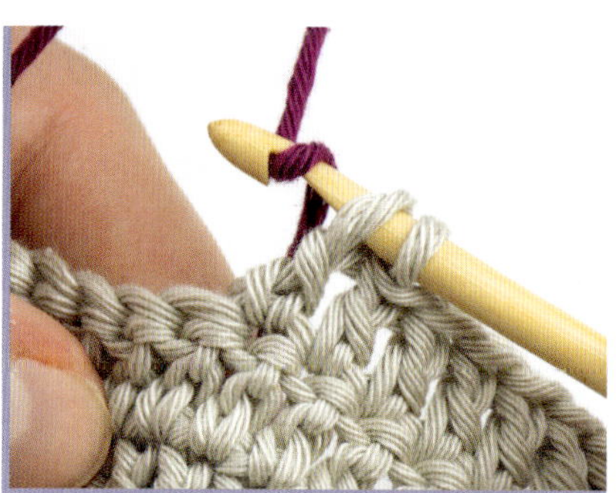

1 **Abmaschen mit der neuen Farbe**
Will man abgeschlossene Farbflächen direkt in ein Häkelteil einhäkeln, ist ein Farbwechsel innerhalb einer Reihe nötig. Um Spannfäden zu vermeiden, die nicht benutzten Fäden in die Maschen mit einhäkeln. Beim Farbwechsel zunächst die letzte Masche bis auf die letzten 2 Schlingen abmaschen. Diese beiden Schlingen mit der neuen Farbe abmaschen.

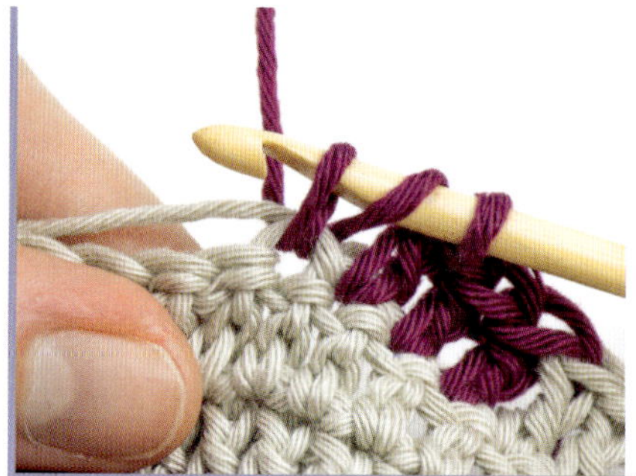

2 **Faden mit einhäkeln**
Dann in der neuen Farbe weiterhäkeln, dabei den nicht benutzten Faden auf die Vorreihe legen und in die Maschen mit einhäkeln.

Knöpfe häkeln

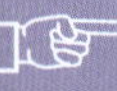

Hinweise

» Gehäkelte Knöpfe haben den Vorteil, dass sie immer genau zum Häkelteil passen.

» Arbeiten Sie auch Häkelknöpfe in Kontrastfarben oder mit doppeltem Faden, sodass sie entsprechend größer werden.

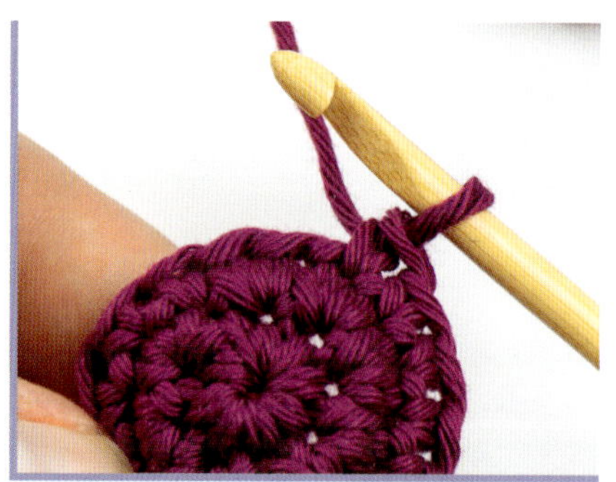

1 **Maschenzunahme beim Knopf**
2 Luftmaschen anschlagen und in Spiralrunden feste Maschen häkeln. In der 1. Runde 8 feste Maschen in die 2. Luftmasche von der Nadel aus häkeln und in der 2. Runde in jede feste Masche 2 feste Maschen arbeiten = 16 feste Maschen. Dann die 3. Runde ohne Zunahmen weiterhäkeln. Der Knopf wölbt sich leicht nach hinten.

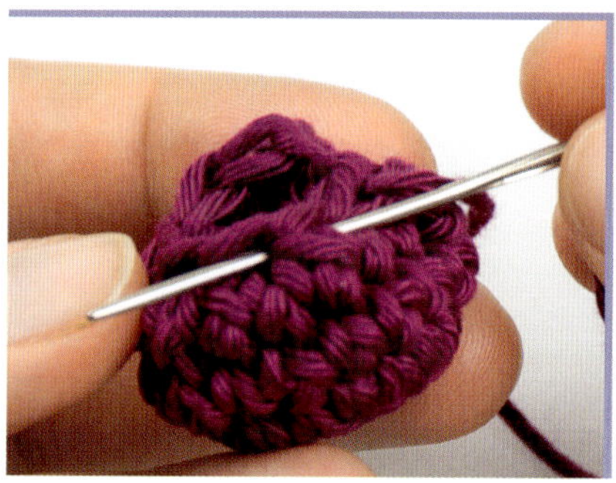

2 **Knopf fertigstellen**
Nun in der 4. Runde 8x je 2 feste Maschen zusammen abmaschen = 8 feste Maschen. Den Knopf mit etwas Häkelgarn ausstopfen, die Maschen mit dem Arbeitsfaden zusammenziehen und den Knopf damit annähen.

Verzierungen

Gewickelte Pompons

Pompons sind Kugeln aus Wolle. Große Pompons eignen sich z. B. als Verzierung an Mützen oder Schals, kleine Pompons können als originelle Zierde auf größere Flächen genäht werden. Zur Herstellung brauchen Sie feste Pappe und eine spitze Schere.

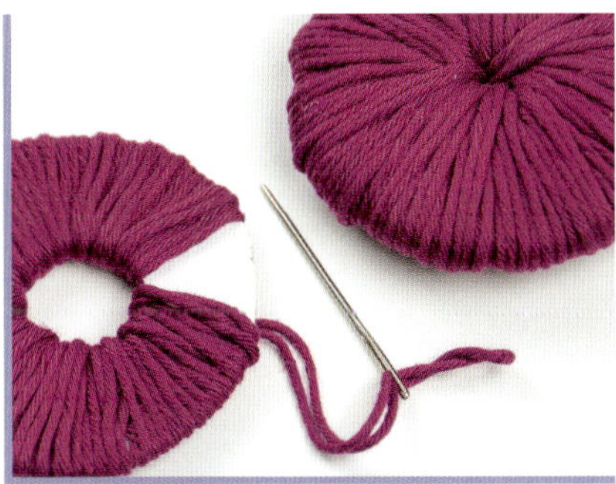

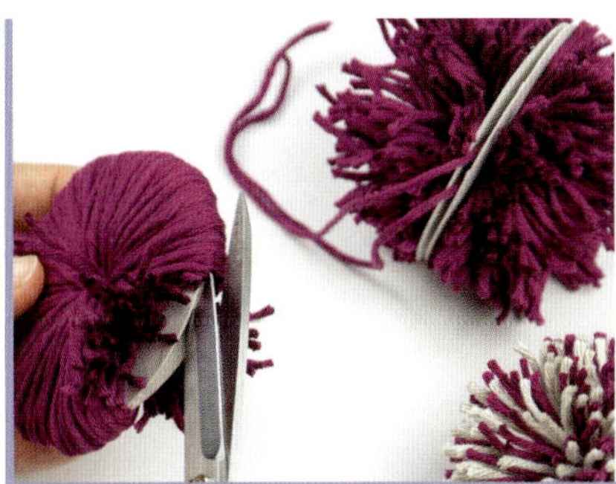

1 Pappe zuschneiden
Aus der Pappe 2 Scheiben mit dem Durchmesser der gewünschten Pompongröße ausschneiden. Danach in der Mitte ein Loch ausschneiden. Der Durchmesser des Lochs entspricht ca. einem Drittel des Gesamtdurchmessers. Die beiden Scheiben aufeinanderlegen und nicht zu fest mit Wolle umwickeln, bis das Loch vollständig gefüllt ist.

2 Mit Garn umwickeln
Nun das umwickelte Garn entlang den Außenkanten und zwischen den beiden Pappscheiben aufschneiden. Mit einem doppelten Faden den Pompon zwischen den Pappscheiben fest abbinden und den Faden sicher verknoten. Die Pappscheiben einreißen und vorsichtig entfernen. Den Pompon gleichmäßig rund schneiden.

Gehäkelte Pompons

Sehr kleine Pompons lassen sich mit der Pappscheibenmethode kaum herstellen. Sie können schnell und einfach gehäkelt werden.

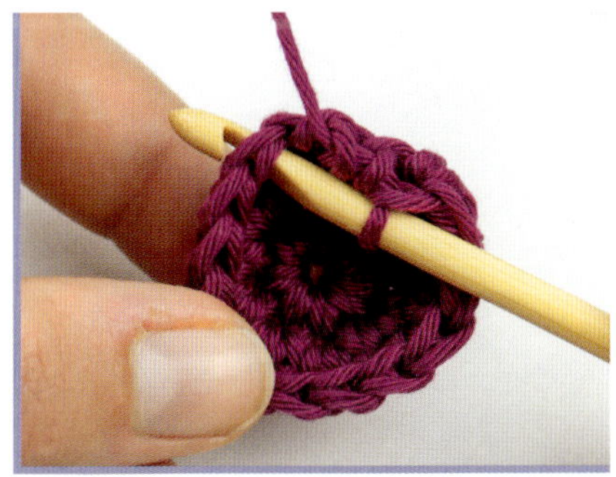

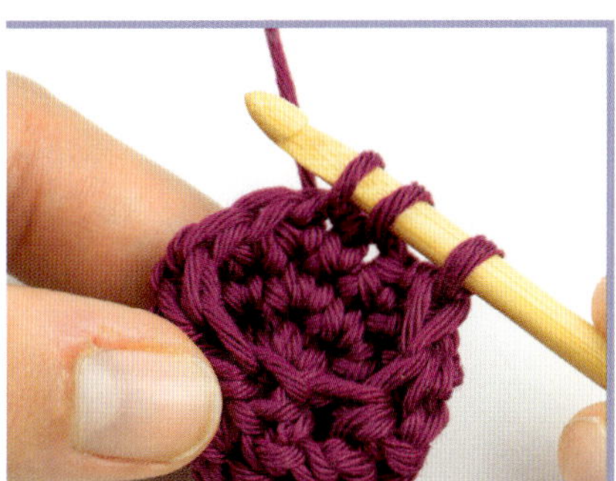

2 Luftmaschen anschlagen und in Spiralrunden (siehe auch Seite 34) feste Maschen wie folgt häkeln:
1. Runde: 8 feste Maschen in die 2. Luftmasche von der Nadel aus häkeln.
2. Runde: In jede feste Masche je 2 feste Maschen arbeiten.
3. Runde: 16 feste Maschen häkeln.

4. Runde: 8x je 2 feste Maschen zusammenhäkeln, dabei jeweils von innen nach außen einstechen. Den Faden abschneiden und die Maschen mit dem Arbeitsfaden zusammenziehen. Die Pompons annähen oder an Luftmaschenketten anhäkeln.

Tipps & Tricks

✦ Die Anfertigung von Pompons gelingt schneller und einfacher mit Pompon-Sets. Für jeden Pompon zuerst das Garn auf Plastik-Halbkreise wickeln, die dann zum Kreis zusammengesteckt werden. Der Vorteil ist, dass die Halbkreise wiederverwendbar sind und nicht für jeden Pompon extra geschnitten werden müssen.

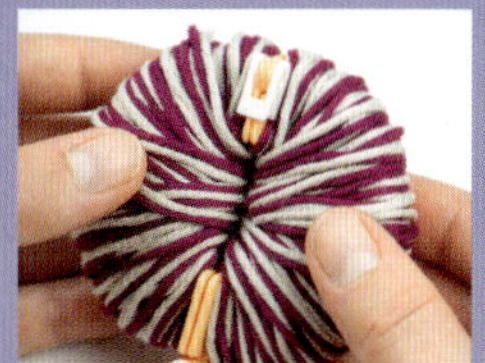

✦ Schneiden Sie die Abbindefäden nicht zu kurz ab. Die Pompons können damit an der gewünschten Stelle festgenäht werden

Tipps & Tricks

✦ Das Umwickeln der Papprechtecke wird einfacher, wenn Sie am unteren Rand der Pappe rechts und links einen kleinen Schlitz einschneiden. Hier können der Anfangs- bzw. Endfaden eingehängt werden.

✦ Zusätzliche dekorative Effekte entstehen, wenn Sie zum Abbinden ein Kontrastgarn verwenden oder auf den Abbindefaden kleine Perlen auffädeln.

Hinweise

» Fransen stets in gleichmäßigen Abständen einknüpfen. Ein Abstand von 3-4 festen Maschen zwischen den einzelnen Fransen ist günstig.

» Bei dicken Fäden darauf achten, dass die Fransen nicht zu dicht eingeknüpft werden, da sich der Rand sonst unschön wellt.

Quasten

Quasten sind sehr dekorativ und wirken je nach Garnqualität filigran, pfiffig bunt oder verspielt. Zur Herstellung wird feste Pappe und eine spitze Schere benötigt.

Aus der Pappe ein Rechteck schneiden, das die Höhe der gewünschten Quaste hat. Das Garn nicht zu fest um die Scheibe wickeln und darauf achten, dass die Fäden immer gleichmäßig parallel liegen. Die gewickelten Fäden am oberen Rand mit einem doppelten Faden fest zusammenbinden und den Faden sicher verknoten. Nun die Fäden am unteren Rand aufschneiden und das Fadenbündel vorsichtig von der Pappe nehmen. Für den Quastenhals das Fadenbündel mit einem weiteren Faden fest abbinden. Das abgebundene Ende ist der Quastenkopf. Die Endfäden im Quastenkopf vernähen und die Quasten am unteren Rand ggf. begradigen.

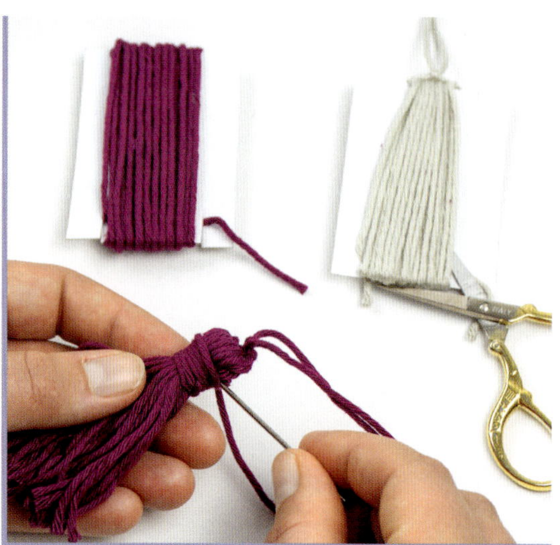

Fransen einknüpfen

Fransen verzieren oft Kanten, wie z. B. an Schals oder Kissen. Zur Herstellung wird feste Pappe und eine spitze Schere benötigt.

Aus der Pappe ein Rechteck schneiden, das 2 cm höher als die Länge der gewünschten Fransen ist. Die Pappe gleichmäßig und nicht zu fest mit dem Garn umwickeln. Die umwickelten Fäden am unteren Rand aufschneiden und die doppelt liegenden Fäden vorsichtig von der Pappe nehmen. Mit einer passenden Häkelnadel am Rand einstechen, den doppelten Faden mittig fassen und durchziehen, sodass eine Schlinge entsteht. Die Endfäden durch diese Schlinge ziehen und vorsichtig anziehen. Dann alle Fransen auf die gleiche Länge schneiden.

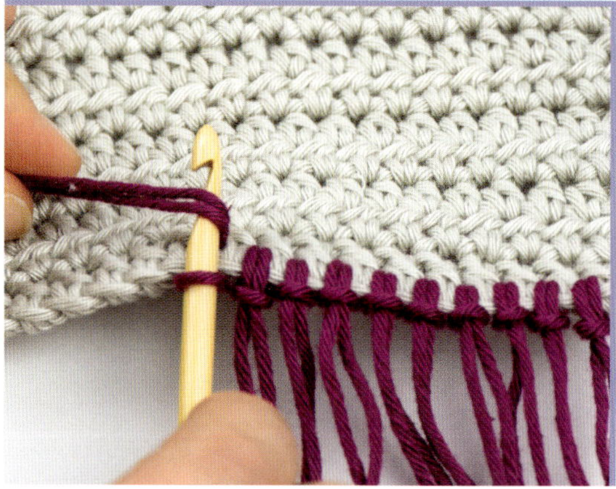

Häkelfransen

Häkelfransen werden direkt an eine Kante angehäkelt. Durch die Art, wie sie gehäkelt werden, verdrehen sich die einzelnen Fransen spiralförmig.
Den Faden an der Häkelkante anschlingen und eine Luftmaschenkette häkeln. Danach in jede Luftmasche je 3 feste Maschen arbeiten. Die Franse mit 1 festen Masche an der Kante anhäkeln und bis zur nächsten Franse weiter feste Maschen arbeiten.

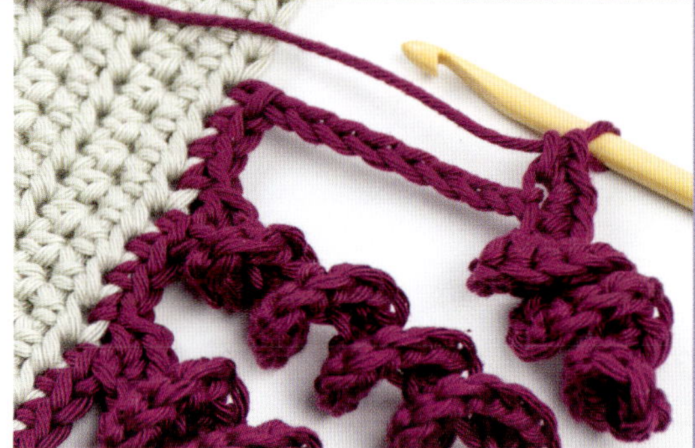

Rund- und Flachkordeln

Kordeln sind hübsche plastische Verzierungen, die sich z. B. sehr gut als Besatz eignen.

Rundkordel

Um eine Rundkordel zu häkeln, 4 Luftmaschen locker anschlagen. Die Luftmaschenkette mit 1 festen Masche in die 4. Luftmasche von der Nadel aus zur Runde schließen. In Spiralrunden weiter feste Maschen arbeiten, dabei jeweils von innen nach außen in die Maschen einstechen.

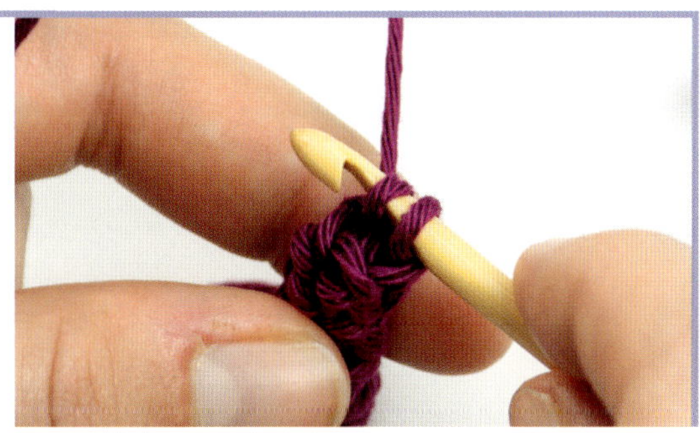

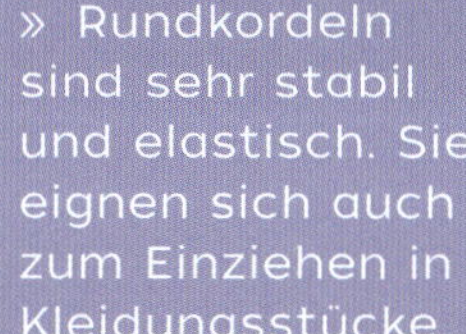

Hinweise

» Rundkordeln sind sehr stabil und elastisch. Sie eignen sich auch zum Einziehen in Kleidungsstücke.

» Dickere Kordeln bekommt man durch entsprechend mehr Luftmaschen im Anschlag.

» Sehr dicke Kordeln können z. B. zu Ketten oder Freundschaftsbändern verarbeitet werden.

» Flachkordeln stets locker häkeln, damit sich die beiden Schlingen unproblematisch fassen lassen.

Flachkordel

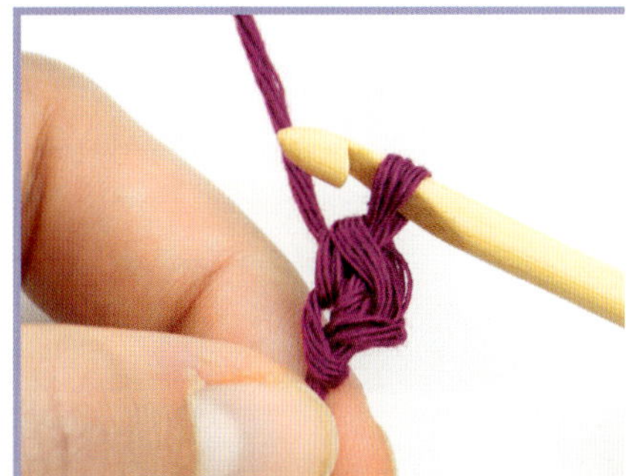

1 **Kordelanfang**
Um eine Flachkordel zu arbeiten, 2 Luftmaschen locker anschlagen und 1 feste Masche in die 2. Luftmasche von der Nadel aus arbeiten. Die 1. Luftmasche ist eine Wendeluftmasche. Die Arbeit ohne zusätzliche Luftmasche wenden.

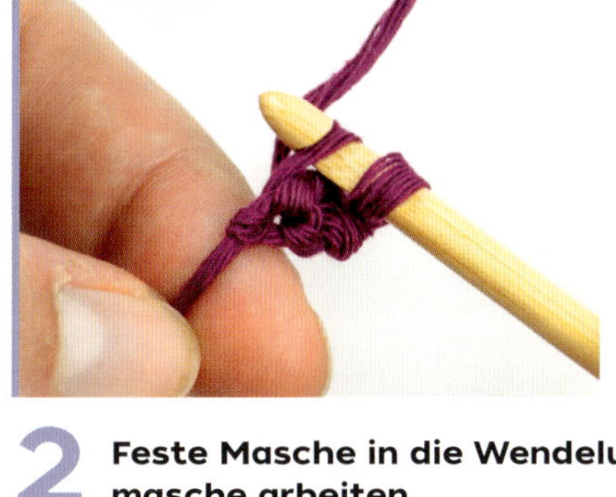

2 **Feste Masche in die Wendeluftmasche arbeiten**
Nun 1 feste Masche in die Wendeluftmasche des Anschlags häkeln, dabei nur die äußere Schlinge fassen. Die Arbeit ohne zusätzliche Luftmasche wenden.

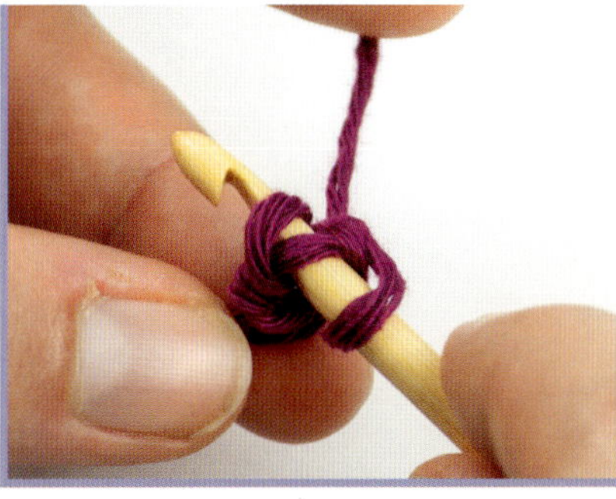

3 **Feste Masche in die beiden Schlingen häkeln**
In die 2 Schlingen am oberen Rand 1 feste Masche häkeln. Die Arbeit ohne zusätzliche Luftmasche wenden.

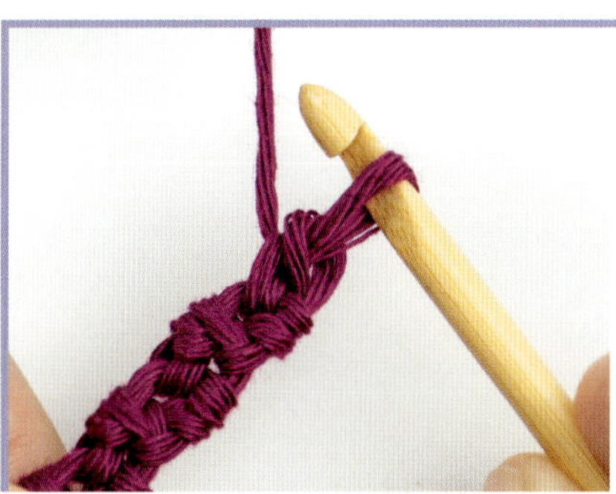

4 **Flachkordeln häkeln**
Schritt 3 fortlaufend wiederholen. Es entsteht eine stabile flache Kordel.

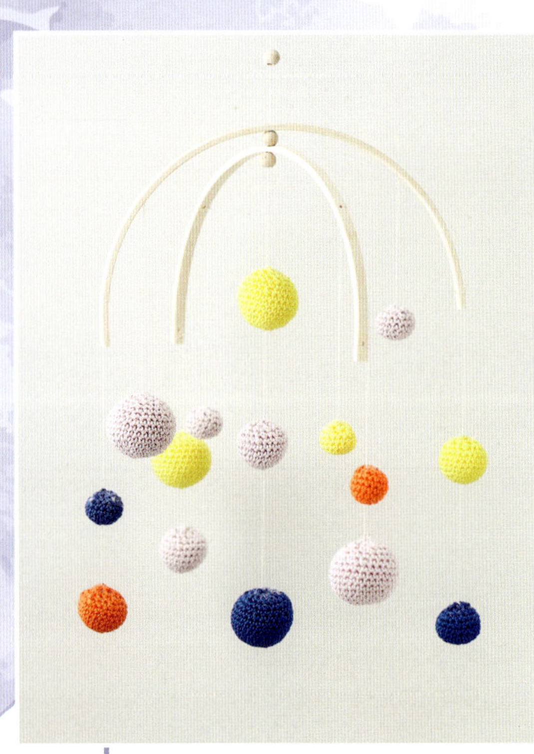

Kugel-Mobile

Größe
kleine Kugel: ø 2,5 cm
mittlere Kugel: ø 3,5 cm
große Kugel: ø 5 cm

Material
- Schachenmayr Catania (LL 125 m/50 g) in Orange (Fb 281), Vintage (Fb 423), Royal (Fb 201) und Mimose (Fb 100), je 50 g
- Häkelnadel 3,0 mm
- Füllwatte
- Baumwollfaden in Weiß
- 1 Mobile-Set

Kleine Kugel (5x)
2 Lm anschl.
1. Rd: 6 fM in die 2. Lm von der Nd aus häkeln.
2. Rd: Jede fM verdoppeln (= 12 M).
3. Rd: Jede 2. fM verdoppeln (= 18 M).
3.+ 4. Rd: Jeweils 18 fM häkeln.
5. Rd: Jede 2. und 3. fM zusammen abmaschen (= 12 M).
Die Kugel mit etwas Füllwatte ausstopfen.
6. Rd: Jeweils 2 fM zusammen abmaschen (= 6 M).
Den Faden lang abschneiden und durchziehen.
2 kleine Kugeln in Vintage, je 1 kleine Kugel in Mimose, Orange und Royal häkeln.

Mittlere Kugel (5x)
1.-3. Rd: Wie die kleine Kugel häkeln.
4. Rd: Jede 3. fM verdoppeln (= 24 M).
5.-7. Rd: Jeweils 24 fM häkeln.
8. Rd: Jede 3. und 4. fM zusammen abmaschen (= 18 M).
9. Rd: Jede 2. und 3. fM zusammen abmaschen (= 12 M).
Die Kugel mit etwas Füllwatte ausstopfen.
10. Rd: Jeweils 2 fM zusammen abmaschen (= 6 M).
Den Faden lang abschneiden und durchziehen.
2 mittlere Kugeln in Vintage, je 1 mittlere Kugel in Mimose, Royal und Orange häkeln.

Große Kugel (4x)
1.-4. Rd: Wie die mittlere Kugel häkeln.
5. Rd: fM häkeln.
6. Rd: Jede 4. fM verdoppeln (= 30 M).
7.-9. Rd: Jewils 30 fM häkeln.
10. Rd: Jede 4. und 5. fM zusammen abmaschen (= 24 M).
11. Rd: fM häkeln.
12. Rd: Jede 3. und 4. fM zusammen abmaschen (= 18 M).
13. Rd: Jede 2. und 3. fM zusammen abmaschen (= 12 M).
Die Kugel mit etwas Füllwatte ausstopfen.
14. Rd: Jeweils 2 fM zusammen abmaschen (= 6 M).
Den Faden lang abschneiden und durchziehen.
2 große Kugeln in Mimose, je 1 große Kugel in Vintage und Royal häkeln.

Fertigstellen
Mit dem Schlussfaden die kleine Öffnung jeder Kugel zusammenziehen und die Fäden vernähen. Mit dem Baumwollfaden wie abgebildet die Kugeln entsprechend aufziehen und an die Mobilebögen hängen.

Windlichter mit Quasten

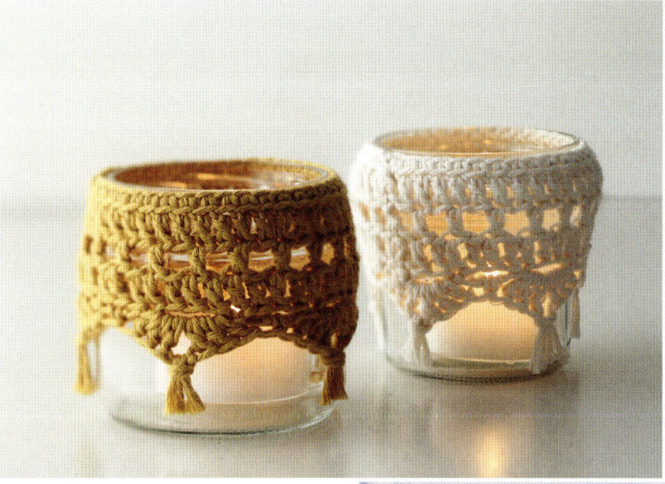

Anleitung

In der gewünschten Fb 40 Lm anschlagen und mit 1 Km zur Rd schließen. Weiter in geschlossenen Rd häkeln. Die Steige-Lm werden nicht als M gezählt. Jede Rd mit 1 Km in die 1. bzw. 3. Steige-Lm schließen.

1. R: 1 Steige-Lm, 40 fM häkeln.
2. R: 3 Steige-Lm, Stb häkeln.
3. R: 3 Steige-Lm, * 1 Lm, 1 M übergehen, 1 Stb, ab * fortlaufend wdh.
4. R: 3 Steige-Lm, Stb häkeln.
5. R: 3 Steige-Lm, * 3 Lm, 3 M übergehen, 1 Km, ab * fortlaufend wdh.
6. Rd: 3 Steige-Lm, * 6 Stb in den nächsten Lm-Bogen, 3 fM in den folgenden Lm-Bogen, ab * 5x wdh.

Den Faden abschneiden und durchziehen. 5 kleine Quasten, aus je 2 ca. 10 cm langen Fäden, jeweils in die Mitte der 6 Stb knüpfen und auf eine Länge kürzen.

Größe

⌀ ca. 8 cm
Höhe ca. 7 cm (ohne Fransen)

Material

- Lana Grossa Star (LL 90 m/50 g) in Natur (Fb 27) und Sandgelb (Fb 74), je 50 g
- Häkelnadel 4,5 mm

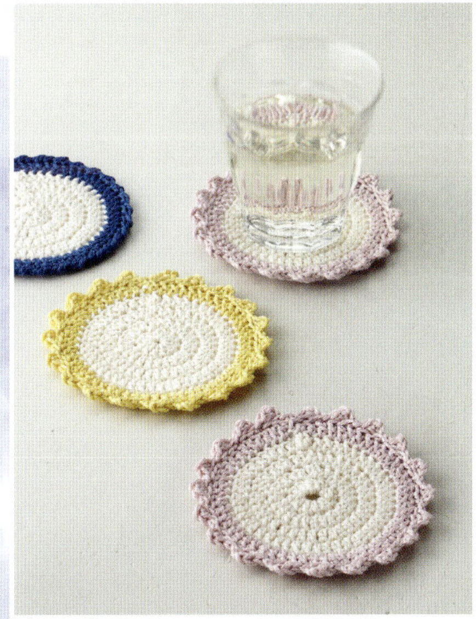

Untersetzer mit Picotrand

Anleitung

In Natur 1 Lm und 3 Steige-Lm anschlagen.

1. Rd: In die 4. Lm von der Nd aus 11 Stb häkeln, mit 1 Km in die 3. Steige-Lm schließen. Die Steige-Lm werden nicht als M gezählt. Die Rd jeweils mit 1 Km in die 3. Steige-Lm schließen.
2. Rd: 3 Steige-Lm, jedes Stb verdoppeln, 1 Km (= 24 M).
3. Rd: 3 Steige-Lm, jedes 2. Stb verdoppeln, 1 Km (= 36 M).
4. Rd: 3 Steige-Lm, jedes 3. Stb verdoppeln, 1 Km in der Kontrast-Fb (= 48 M).
5. Rd (Kontrast-Fb): 3 Steige-Lm, jedes 4. Stb verdoppeln (= 60 M).
6. Rd: Für eine feste Kante (Untersetzer mit blauem Rand) in jedes 2. Stb 1 Krebs-M häkeln. Oder für einen Picotrand * 4 Lm, 1 fM in die 1. Lm häkeln, 2 M übergehen, 1 Km, ab * fortlaufend wdh, mit 1 Km schließen.

Den Faden abschneiden und durchziehen.

Größe

⌀ ca. 10 cm

Material

- Schachenmayr Catania (LL 125 m/50 g) in Natur (Fb 105), 50 g, in Mellow Yellow (Fb 284), Royal (Fb 201) und Rosa (Fb 246), Reste
- Häkelnadel 3,0 mm

Maschenprobe

In Stb mit Nd 3,0 mm in Rd 60 M und 5 Rd = ⌀ ca. 9 cm

6 Muster

> ☞ **Hinweis**
>
> » Lesen Sie zunächst die Erläuterungen zum Häkeln nach Häkelschriften, bevor Sie sich an die Ausarbeitung der Muster wagen.

Schon wenige Grundmaschen reichen aus, um eine Vielzahl schöner und ansprechender Muster zu häkeln. Das können einfache Muster sein, bei denen nur die Art des Einstichs variiert wird, wie z. B. das Muster aus festen Maschen, die nur in das hintere Maschenglied gearbeitet werden. Plastische Muster (z. B. Reliefstäbchen oder Noppenmuster) setzen wirkungsvolle Akzente auf großen Flächen. Dagegen erreichen Sie mit transparenten Mustern wie Durchbruchmustern die Optik von Häkelspitzen. Viele Muster können variiert werden, indem mit 2 oder mehr Farben gearbeitet wird. Lassen Sie sich von den hier vorgestellten Mustern zu eigenen Ideen inspirieren. In der Ideeninsel auf den Seiten 58 und 59 finden Sie unterschiedliche Modelle, für die vier der hier gezeigten Muster ausgewählt wurden.

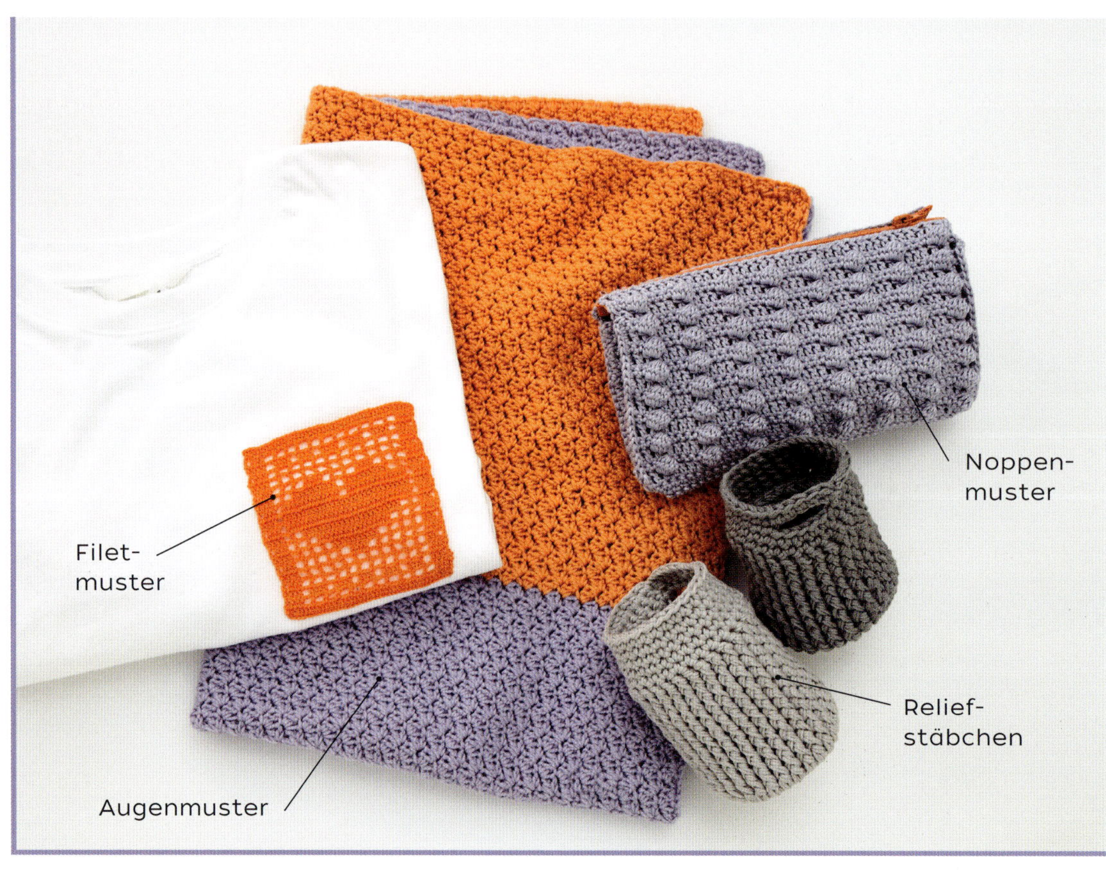

Häkeln nach Häkelschrift

In Häkelschriften wird jede Masche eines Musters durch ein bestimmtes Zeichen ersetzt. Alle Zeichen werden in einer Zeichenerklärung erklärt, die der Häkelschrift beigefügt sein muss. Wird in Reihen gehäkelt, so werden die Hinreihen (= die Reihen auf der Vorderseite des Häkelteils) von rechts nach links, die Rückreihen (= die Reihen auf der Rückseite des Häkelteils) von links nach rechts gelesen. Die Zahlen an den Rändern bezeichnen die Reihen und stehen immer am Anfang einer Reihe. Häkelschriften für das Häkeln in Runden werden von rechts nach links gelesen. Die Rundenzahl steht rechts vom Rundenanfang. Das Augenmuster im Bild unten wird aus Luftmaschen, festen Maschen und Stäbchen gehäkelt.

Maschenzahl teilbar durch 2 + 1 Masche extra + 2 Luftmaschen beim Anschlag

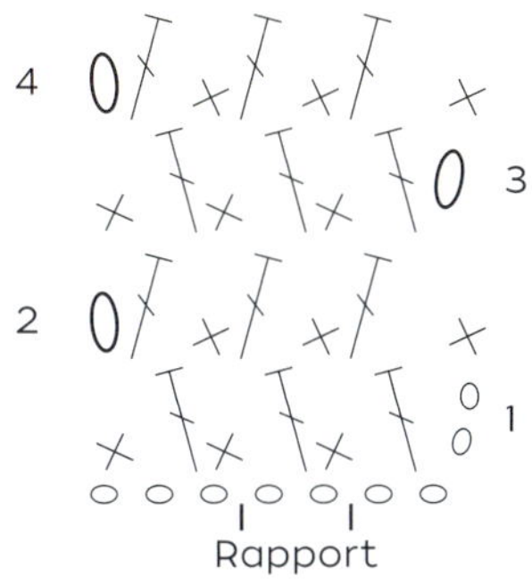

Zeichenerklärung

○ = Luftmasche

⬭ = locker gehäkelte Luftmasche

× = feste Masche

† = Stäbchen

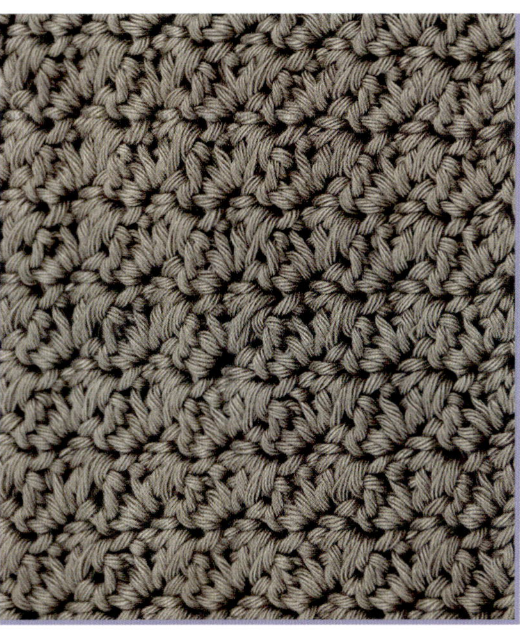

Hinweis

» Muss innerhalb einer Reihe eine bestimmte Anzahl von Maschen wiederholt werden, so sind diese mit einer Klammer zusammengefasst und werden als Mustersatz (= MS) oder Rapport bezeichnet. Wie oft der Rapport wiederholt werden muss, ist stets in der Anleitung angegeben.

Häkelmuster

Feste Maschen in das hintere Maschenglied

Häkelschrift Seite 132

Beliebige Maschenzahl
Auf eine Luftmaschenkette feste Maschen häkeln, dabei in der 1. Reihe die 1. feste Masche in die 2. Luftmasche von der Nadel aus arbeiten. Ab der 2. Reihe jede feste Masche nur in das hintere Maschenglied arbeiten. Jede weitere Reihe mit 1 zusätzlichen Luftmasche wenden.

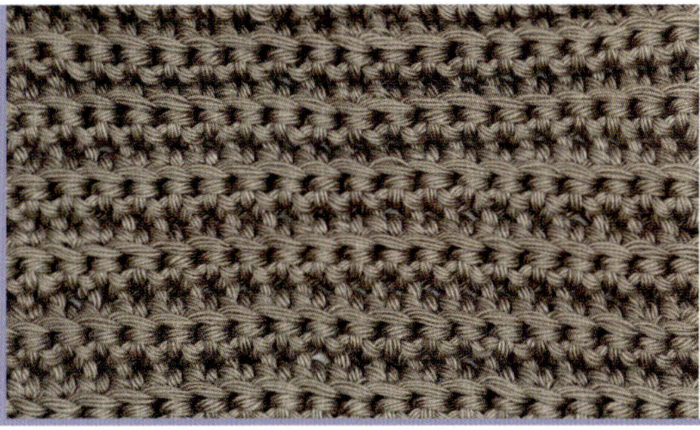

Tipps & Tricks

✦ Um ein von vorne eingestochenes Reliefstäbchen zu arbeiten, mit der Häkelnadel zwischen 2 Stäbchen von vorne nach hinten einstechen, den Faden von rechts nach links um den Hals des Stäbchens führen und durchholen.

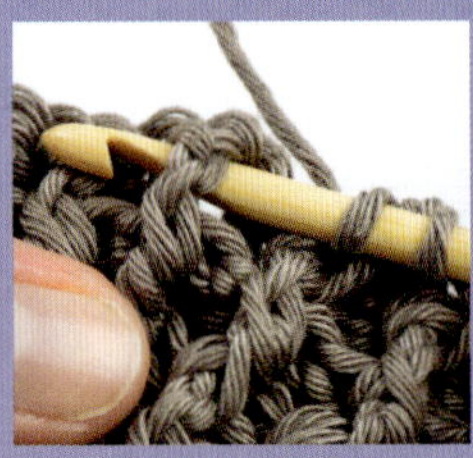

✦ Um ein von hinten eingestochenes Reliefstäbchen zu arbeiten, mit der Häkelnadel zwischen 2 Stäbchen von hinten nach vorne einstechen, den Faden von rechts nach links um den Hals des Stäbchens führen und durchholen.

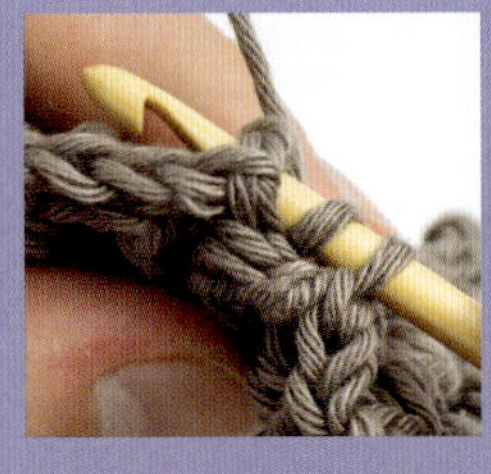

Tiefer gestochene Maschen

Häkelschrift Seite 133

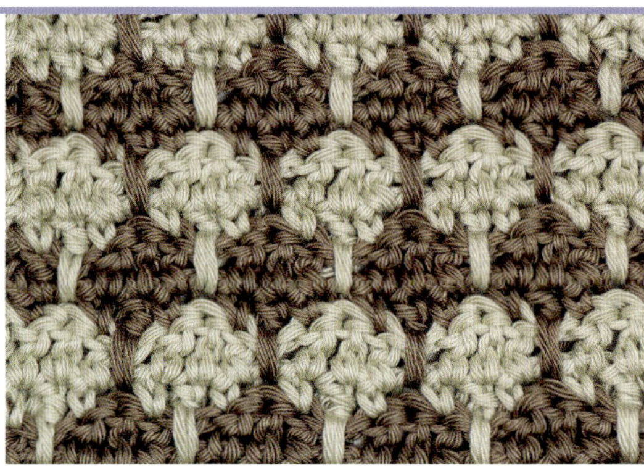

Maschenzahl teilbar durch 4 + 1 Masche extra
Die 1. und 2. Reihe sowie die 5. und 6. Reihe in der 1. Farbe, die 3. und 4. Reihe sowie die 7. Reihe in der 2. Farbe ausführen.
1. Reihe: 2 feste Maschen häkeln, dabei die 1. feste Masche in die 2. Luftmasche von der Nadel aus arbeiten, mit 1 Luftmasche 1 Masche übergehen, * 3 feste Maschen häkeln, mit 1 Luftmasche 1 Masche übergehen, ab * fortlaufend wiederholen, je 1 feste Masche in die letzten 2 Luftmaschen arbeiten.
2. Reihe: 3 Luftmaschen für das 1. Stäbchen häkeln, 1 Stäbchen arbeiten, mit 1 Luftmasche 1 Masche übergehen, * 3 Stäbchen häkeln, mit 1 Luftmasche 1 Masche übergehen, ab * fortlaufend wiederholen, je 1 Stäbchen in die letzten 2 festen Maschen arbeiten. Die Reihe mit 1 zusätzlichen Luftmasche wenden.
3. Reihe: 2 feste Maschen und 1 tiefer gestochenes Doppelstäbchen arbeiten, * 1 feste Masche häkeln, mit 1 Luftmasche 1 Masche übergehen, 1 feste Masche und 1 tiefer gestochenes Doppelstäbchen häkeln, ab * fortlaufend wiederholen, je 1 feste Masche in die letzten 2 Stäbchen arbeiten.
4. Reihe: 3 Luftmaschen für das 1. Stäbchen und 3 Stäbchen häkeln, * mit 1 Luftmasche 1 Masche übergehen, 3 Stäbchen arbeiten, ab * fortlaufend wiederholen, 1 Stäbchen in das letzte Stäbchen häkeln.
5. Reihe: Wie 1. Reihe.
6. Reihe: Wie 2. Reihe.
7. Reihe: Wie 3. Reihe.
Die 1.-7. Reihe 1x arbeiten, dann die 4.-7. Reihe fortlaufend wiederholen.

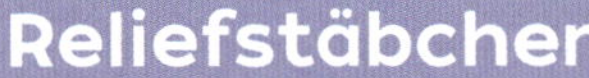

Reliefstäbchen

Häkelschrift Seite 132

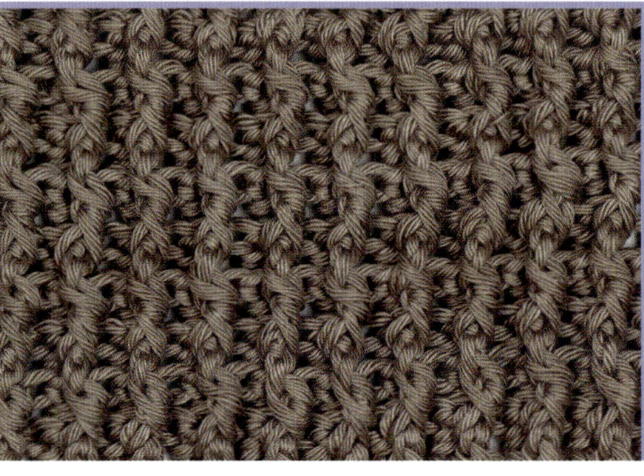

Maschenzahl teilbar durch 2 + 2 Luftmaschen beim Anschlag
1. Reihe: Stäbchen häkeln, dabei das 1. Stäbchen in die 4. Luftmasche von der Nadel aus arbeiten.
2. Reihe: 3 Luftmaschen für das 1. Stäbchen häkeln, 1 Reliefstäbchen von vorne und 1 Reliefstäbchen von hinten im Wechsel arbeiten, 1 Stäbchen in das letzte Stäbchen häkeln.
3. und 4. Reihe: Wie 2. Reihe.
Die 1.-4. Reihe 1x arbeiten, dann die 3. und 4. Reihe fortlaufend wiederholen.

Zackenmuster

Häkelschrift Seite 132

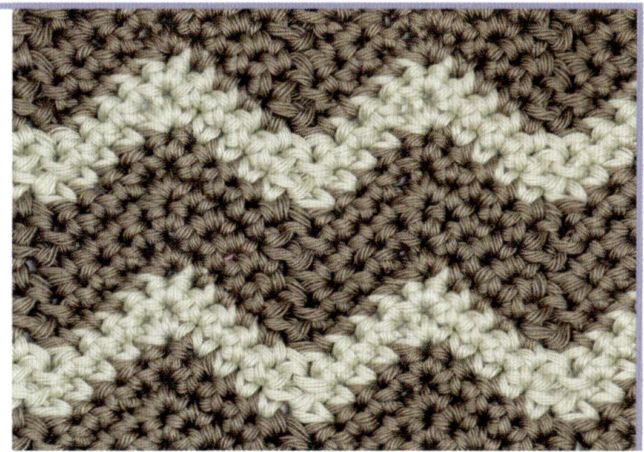

Streifenfarbfolge: 4 Reihen 1. Farbe, 2 Reihen 2. Farbe im Wechsel

Maschenzahl teilbar durch 11 + 1 Masche extra + 1 Luftmasche beim Anschlag
1. Reihe: 2 feste Maschen in die 2. feste Masche von der Nadel aus häkeln, 4 feste Maschen arbeiten, * 2 Luftmaschen übergehen, 4 feste Maschen häkeln, 3 feste Maschen in 1 Einstichstelle arbeiten, 4 feste Maschen häkeln, ab * fortlaufend wiederholen, 2 Luftmaschen übergehen, 4 feste Maschen häkeln, 2 feste Maschen in die letzte Luftmasche arbeiten. Diese und jede weitere Reihe mit 1 Luftmasche wenden.
2. Reihe: 2 feste Maschen in die 1. feste Masche häkeln, 4 feste Maschen arbeiten, 2 feste Maschen übergehen, * 4 feste Maschen häkeln, 3 feste Maschen in 1 Einstichstelle arbeiten, 4 feste Maschen häkeln, 2 feste Maschen übergehen, ab * fortlaufend wiederholen, 4 feste Maschen häkeln, 2 feste Maschen in die letzte feste Masche arbeiten.
3. und 4. Reihe: Wie 2. Reihe.
Die 1.-4. Reihe 1x arbeiten, dann die 3. und 4. Reihe fortlaufend wiederholen.

Tipps & Tricks

✦ Um gekreuzte Stäbchen zu häkeln, für das 1. Stäbchen in der übernächsten Masche einstechen und wie gewohnt abmaschen. Danach für das 2. Stäbchen in die Einstichstelle vor dem 1. Stäbchen einstechen und den Faden durchholen. Der Faden legt sich um das 1. Stäbchen. Danach das 2. Stäbchen wie gewohnt abmaschen.

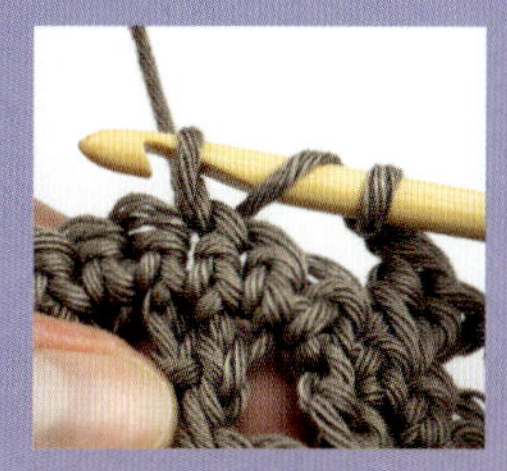

Gekreuzte Stäbchen

Häkelschrift Seite 132

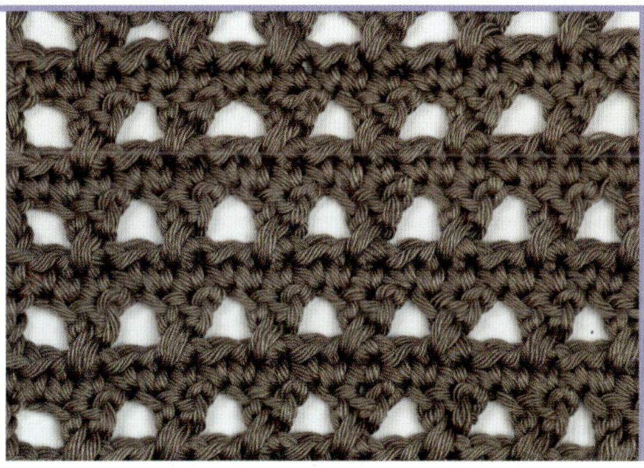

Maschenzahl teilbar durch 3 + 1 Luftmasche beim Anschlag
1. Reihe: Feste Maschen häkeln, dabei die 1. feste Masche in die 2. Luftmasche von der Nadel aus arbeiten.
2. Reihe: 3 Luftmaschen für das 1. Stäbchen häkeln, * 1 Luftmasche, 2 gekreuzte Stäbchen in die 2. und 3. folgende feste Masche arbeiten, ab * fortlaufend wiederholen, enden mit 1 Luftmasche, 1 Stäbchen in die letzte feste Masche.
3. Reihe: In jedes Stäbchen und jede Luftmasche je 1 feste Masche häkeln.
4. Reihe: Wie 2. Reihe.
5. Reihe: Wie 3. Reihe.
Die 1.-5. Reihe 1x arbeiten, dann die 4. und 5. Reihe fortlaufend wiederholen.

Noppenmuster

Häkelschrift Seite 132

Maschenzahl teilbar durch 5 + 5 Maschen extra
In jeder Stäbchenreihe das 1. Stäbchen durch 3 Luftmaschen ersetzen, jede Reihe aus festen Maschen mit 1 Luftmasche wenden.
1. Reihe: Stäbchen häkeln.
2. Reihe: 2 feste Maschen arbeiten, * 1 Noppe und 4 feste Maschen häkeln, ab * fortlaufend wiederholen, 1 Noppe, 2 feste Maschen arbeiten.
3. Reihe: Wie 1. Reihe.
Die 1.-3. Reihe 1x arbeiten, dann die 2. und 3. Reihe fortlaufend wiederholen.

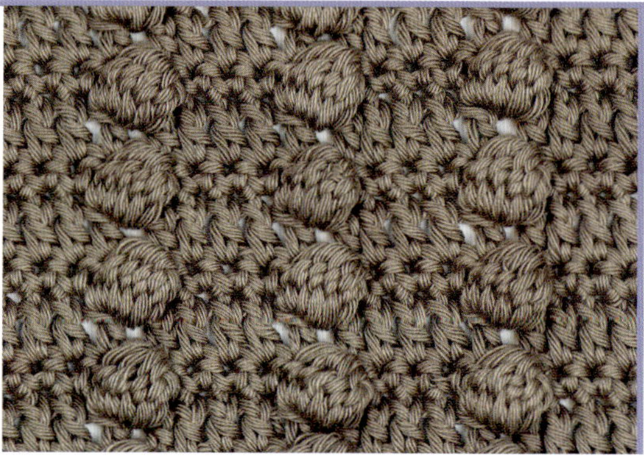

Achtung! Die Noppen stets in einer Rückreihe häkeln, da sie sich beim Häkeln nach hinten, also auf die Vorderseite, wölben.

Büschelmuster

Häkelschrift Seite 133

Maschenzahl teilbar durch 2 + 1 Masche extra + 2 Luftmaschen beim Anschlag
1. Reihe: Büschel häkeln, dabei das 1. Büschel in die 3. und 5. Luftmasche von der Nadel aus arbeiten, 1 halbes Stäbchen in die letzte Luftmasche häkeln. Diese und jede weitere ungerade Reihe mit 1 Luftmasche wenden.
2. Reihe: In jede Luftmasche, in jedes Büschel und in die halben Stäbchen 1 feste Masche häkeln.
3. Reihe: 2 Luftmaschen für das 1. halbe Stäbchen arbeiten, weiter Büschel häkeln, 1 halbes Stäbchen in die letzte feste Masche arbeiten.

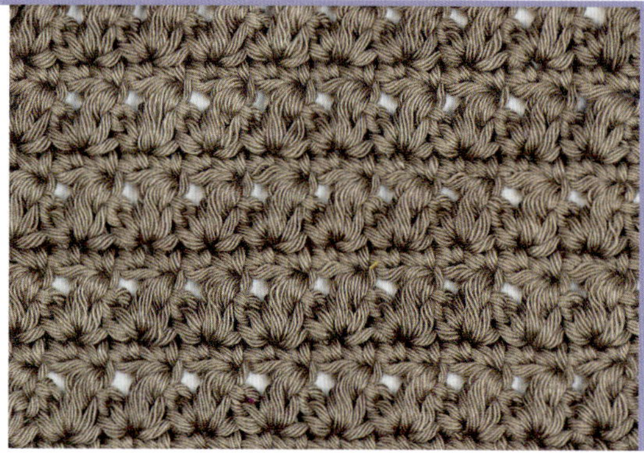

4. Reihe: Wie 2. Reihe.
Die 1.-4. Reihe 1x arbeiten, dann die 3. und 4. Reihe fortlaufend wiederholen.

Muschelmuster

Häkelschrift Seite 133

Maschenzahl teilbar durch 4 + 1 Masche extra + 3 Luftmaschen beim Anschlag
1. Reihe: 4 Stäbchen in die 4. Luftmasche von der Nadel aus häkeln, * 1 feste Masche in die 4. folgende Luftmasche arbeiten, 2 Luftmaschen häkeln, 4 Stäbchen in die Einstichstelle der festen Masche arbeiten, ab * fortlaufend wiederholen, enden mit 1 festen Masche in die letzte Luftmasche.
2. Reihe: 5 Luftmaschen häkeln, 4 Stäbchen in die 4. Luftmasche von der Nadel aus arbeiten, * 1 feste Masche in die obere Luftmasche der Vorreihe häkeln, 2 Luftmaschen, 4 Stäbchen in die Einstichstelle der festen Masche arbeiten, ab * fortlaufend wiederholen, enden mit 1 feste Masche in die oberste Luftmasche der Vorreihe.
3. Reihe: Wie 2. Reihe.
4. Reihe (= Abschluss): 3 Luftmaschen arbeiten, 4 feste Maschen in die 2. Luftmasche von der Nadel aus häkeln, * 1 feste Masche in die obere Luftmasche der Vorreihe arbeiten, 4 feste Maschen in die Einstichstelle der festen Masche häkeln, ab * fortlaufend wiederholen, enden mit 1 feste Masche in die oberste Luftmasche der Vorreihe.

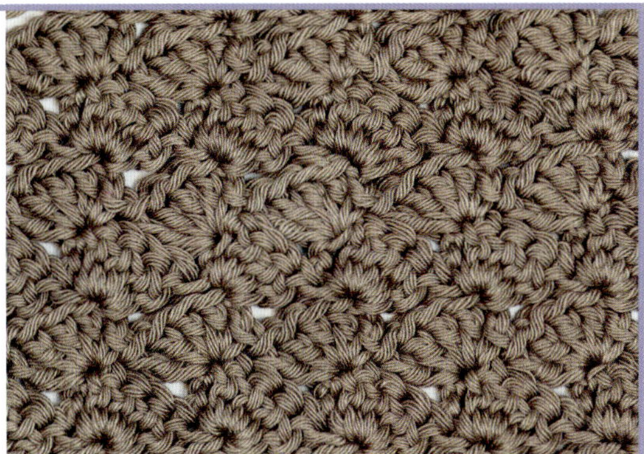

Die 1.-3. Reihe 1x arbeiten, dann die 2. und 3. Reihe fortlaufend wiederholen. Zuletzt die 4. Reihe als Abschluss 1x häkeln.

Sternmuster

Häkelschrift Seite 132

Maschenzahl teilbar durch 11 + 2 Maschen extra + 1 Luftmasche beim Anschlag
Auf eine Luftmaschenkette nach der Häkelschrift häkeln. In der 1. Reihe die 1. feste Masche in die 2. Luftmasche von der Nadel aus häkeln. Mit den Maschen vor dem Rapport beginnen, den Rapport fortlaufend wiederholen, enden mit den Maschen nach dem Rapport.
Die 1. und 2. Reihe in der 1. Farbe, die 3.-5. Reihe in der 2. Farbe und die 6. und 7. Reihe wieder in der 1. Farbe häkeln.
Die 1.-7. Reihe 1x arbeiten, dann die 2.-7. Reihe fortlaufend wiederholen.

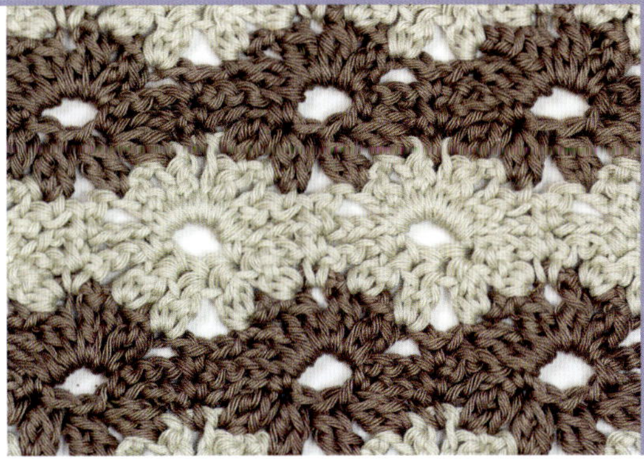

Achtung! Wenn Sie ein Sternmuster mit mehreren Farben arbeiten, beim Farbwechsel den Faden jeweils abschneiden.

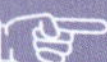

Hinweis

» Durchbruchmuster eignen sich für alle transparenten Häkelteile, neben Gardinen z. B. für Taschen, ein sommerliches Netzhemd oder eine duftige Stola.

Durchbruchmuster

Häkelschrift Seite 132

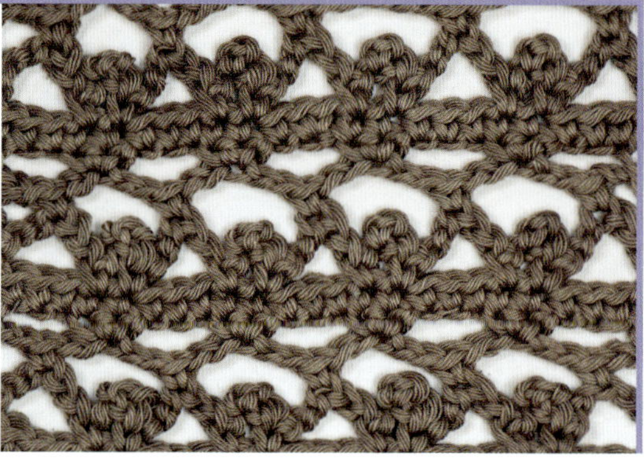

Maschenzahl teilbar durch 5 + 5 Maschen + 1 Luftmasche beim Anschlag
1. Reihe: Feste Maschen häkeln, dabei die 1. feste Masche in die 2. Luftmasche von der Nadel aus häkeln.
2. Reihe: 1 Luftmasche häkeln, 1 feste Masche in die 1. feste Masche häkeln, 1 Luftmaschenbogen (= 5 Luftmaschen) häkeln, * 1 feste Masche in die folgende 4. feste Masche arbeiten, 1 Picot (= 3 Luftmaschen und 1 feste Masche zurück in die 1. Luftmasche) häkeln, 1 feste Masche in die folgende feste Masche arbeiten, 1 Luftmaschenbogen häkeln, ab * fortlaufend wiederholen, 1 feste Masche in die letzte feste Masche häkeln.
3. Reihe: 3 Luftmaschen für das 1. Stäbchen häkeln, 2 Luftmaschen arbeiten, 1 feste Masche in den 1. Luftmaschenbogen häkeln, * 1 Luftmaschenbogen arbeiten, 1 feste Masche in den folgenden Luftmaschenbogen häkeln, ab * fortlaufend wiederholen, 2 Luftmaschen häkeln, 1 Stäbchen in die letzte feste Masche arbeiten. Die Reihe mit 1 Luftmasche wenden.
4. Reihe: 1 feste Masche in das Stäbchen der Vorreihe häkeln, 3 Luftmaschen arbeiten, * 2 feste Maschen in die mittlere Luftmasche des Luftmaschenbogens häkeln, 3 Luftmaschen arbeiten, ab * fortlaufend wiederholen, 1 feste Masche in das letzte Stäbchen häkeln.
5. Reihe: In jede feste Masche und jede Luftmasche 1 feste Masche häkeln.
Die 1.–5. Reihe 1x häkeln, anschließend die 2.–5. Reihe fortlaufend wiederholen.

Filetmuster

Häkelschrift Seite 135

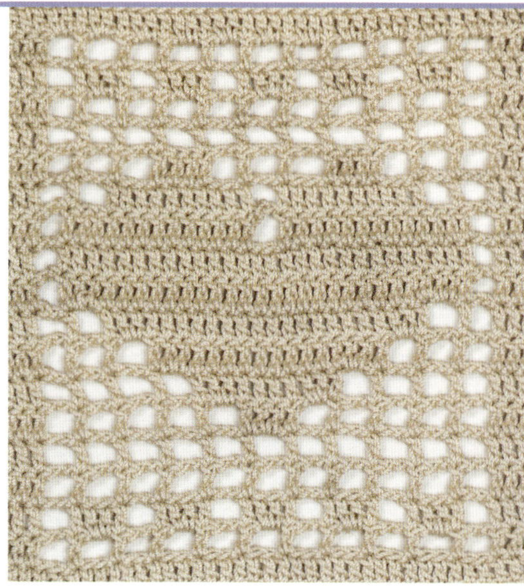

Maschenzahl teilbar durch 3 + 1 Masche extra
Nach dem Zählmuster auf eine Luftmaschenkette häkeln. Das 1. Stäbchen jeder Reihe durch 3 Luftmaschen ersetzen. Am Ende der Reihe 1 zusätzliches Stäbchen in die oberste Wendeluftmasche der Vorreihe arbeiten.
Das Foto zeigt ein einfaches Motiv, das zu einer Borte verarbeitet wurde. Die Borte wurde quer gehäkelt, sodass die Länge variabel ist. Für die Länge der Borte mit den Reihen vor dem Rapport beginnen, den Rapport fortlaufend wiederholen, mit der Reihe nach dem Rapport enden.

Tunesische Häkeltechnik

Die Struktur des tunesischen Grundstichs erinnert an senkrecht und waagerecht angeordnete Karos. Der Maschengrund kann z. B. mit Kreuzstichen verziert werden, dabei je 1 Kreuzstich über 1 Karo des Maschengrundes sticken.

Einfacher tunesischer Grundstich

Zu Beginn der Arbeit eine Luftmaschenkette anschlagen. Dann noch 1 zusätzliche Luftmasche als Wendeluftmasche häkeln.

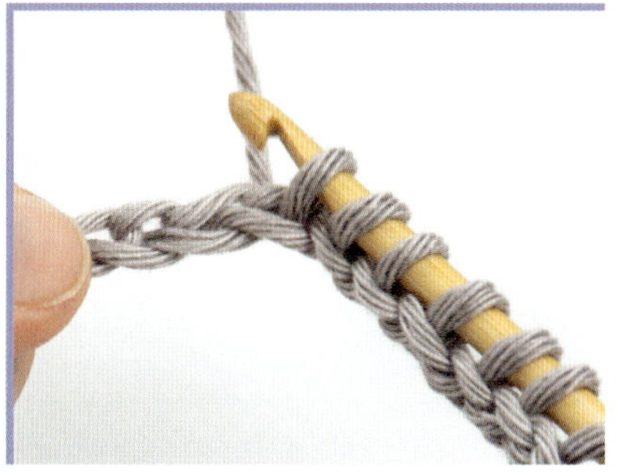

1 **Hinreihe = 1. Arbeitsgang**
Auf eine Luftmaschenkette häkeln. Der Anschlag entspricht der Anzahl der zu häkelnden Maschen plus 1 Wendeluftmasche. Danach über die ganze Reihe durch jede Luftmasche den Faden durchholen und die Schlinge auf der Nadel lassen. Am Ende der Reihe nicht wenden.

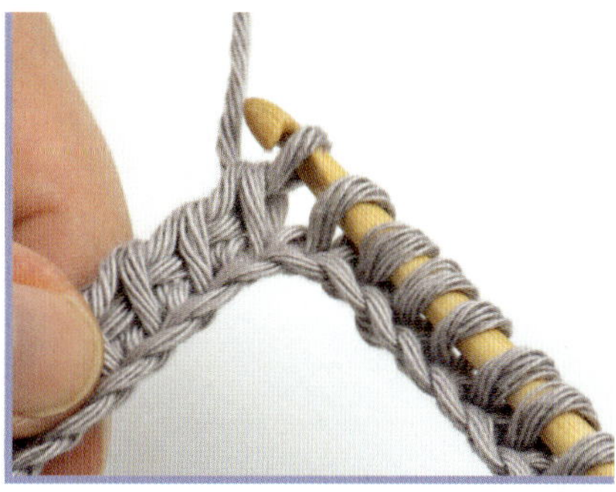

2 **Rückreihe = 2. Arbeitsgang**
Den Faden holen und durch die 1. Schlinge ziehen, * den Faden erneut holen und durch 2 Schlingen ziehen, ab * fortlaufend wiederholen, bis noch 1 Schlinge auf der Nadel liegt. Jede Masche besteht aus einem waagerecht liegenden Maschenglied am oberen Rand und zwei senkrecht hintereinander stehenden Maschengliedern.

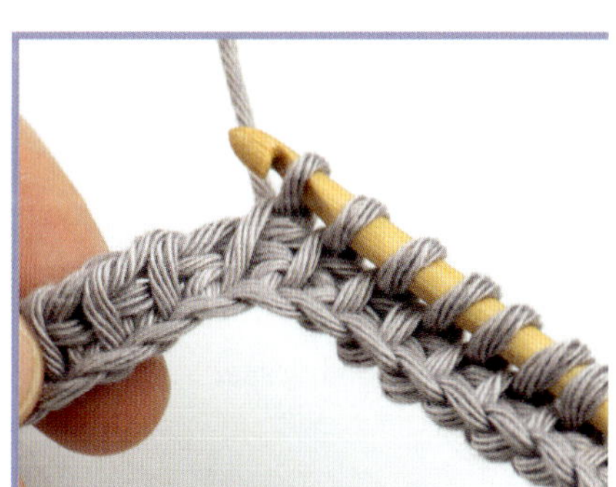

3 **Folgende Reihen arbeiten**
Für die 2. und jede weitere Reihe nun jeweils den Faden von rechts nach links durch die vorderen der senkrecht liegenden Maschenglieder holen, dabei das letzte senkrechte Randmaschenglied ebenfalls mitfassen. Die Rückreihen jeweils wie bei Schritt 2 beschrieben häkeln.

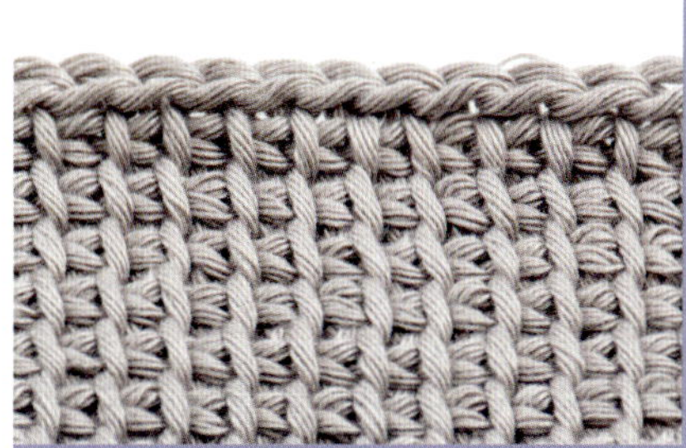

4 **Abschlussrand mit Kettmaschen**
Das Foto zeigt das Maschenbild des einfachen tunesischen Grundstichs. Als Abschluss am oberen Rand Kettmaschen häkeln, dabei für jede Kettmasche in das senkrechte Maschenglied einstechen.

Tipps & Tricks

✦ Um den tunesischen Strickstich zu arbeiten, gehen Sie vor wie beim einfachen tunesischen Grundstich beschrieben. Die Anfangsschlinge zählt als 1. Masche. Für die 2. und jede weitere Reihe in den Hinreihen jeweils zwischen den senkrecht stehenden Maschengliedern nach hinten durchstechen und den Faden holen. Die Rückreihen wie beschrieben häkeln. Als Abschluss am oberen Rand feste Maschen arbeiten, dabei für jede feste Masche wie für den Strickstich einstechen und die feste Masche wie gewohnt abmaschen.

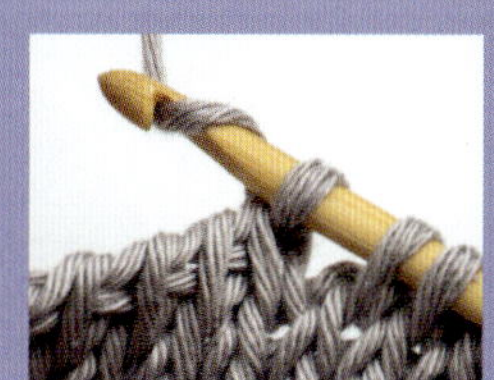

IDEENINSEL

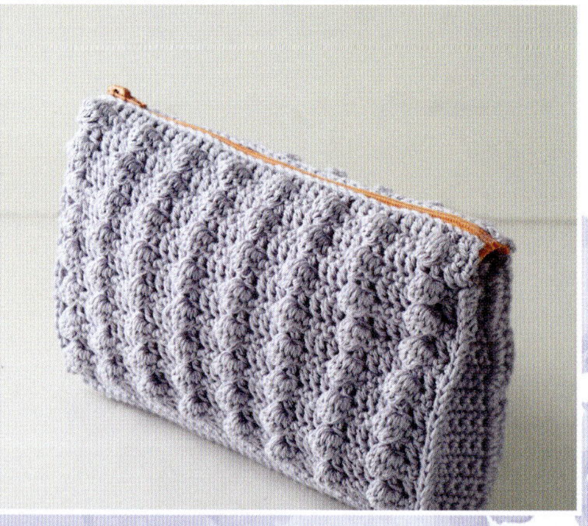

Kosmetiktasche

Noppenmuster
M-Zahl teilbar durch 5 M + 5 M extra
Nach der Häkelschrift von Seite 132 häkeln.

Anleitung
Für die Taschenvorderseite 45 Lm anschlagen und nach der Häkelschrift 17 R im Noppenmuster arb. Die 3 Steige-Lm ersetzen in jeder Stb-R das 1. Stb. Für den Taschenboden 7 R fM häkeln und für die Taschenrückseite noch einmal 17 R im Noppenmuster häkeln. Für die Taschenseitenteile aus den seitlichen Kanten des Taschenbodens jeweils 8 fM heraushäkeln und darauf je 23 R fM häkeln.
Die beiden Seitenteile und die Vorder- und Rückseite mit fM zusammenhäkeln, dabei an den rechten Kanten von unten nach oben bis zur 14. R und an den linken Kanten von oben nach unten ab der 4. R häkeln. Den Reißverschluss einnähen. Alle Fäden vernähen.

Größe
21 cm x 11 cm

Material
- Schachenmayr Catania (LL 125 m/50 g) in Malve (Fb 399), 100 g
- Häkelnadel 3,0 mm
- 1 Reißverschluss in Orange, 20 cm lang
- Nähnadel
- farblich passendes Nähgarn

Vorlage
Häkelschrift Seite 54

Pocket Patch

Herzmuster
Nach dem Zählmuster von Seite 135 häkeln.

Anleitung
39 Lm + 3 Steige-Lm anschlagen. Nach dem Zählmuster die 1.-19. Rd 1x häkeln. Den Faden abschneiden und durchziehen. Das Häkelstück spannen, anfeuchten und trocknen lassen. Den Patch mit passendem Nähgarn auf das T-Shirt nähen. Alle Fäden vernähen.

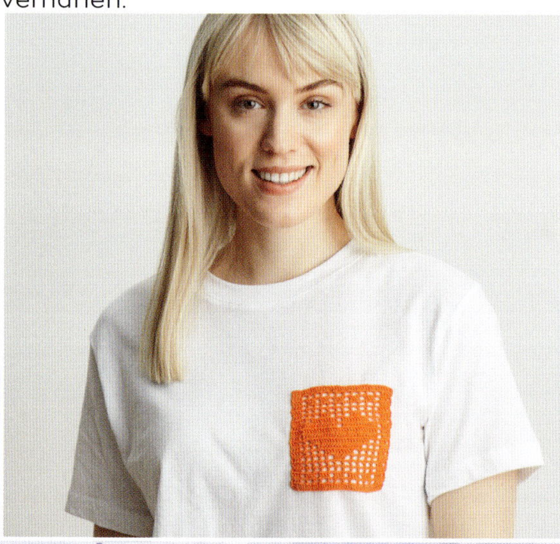

Größe
10 cm x 10,5 cm

Material
- Schoeller + Stahl Manuela Häkelgarn Stärke 10 (LL 280 m/ 50 g) in Orange (Fb 43), Rest
- Häkelnadel 1,5 mm
- farblich passendes Nähgarn
- Nähnadel
- 1 T-Shirt

Vorlage
Zählmuster Seite 135

Babydecke

Augenmuster
Nach der Häkelschrift von Seite 51 die 1.-4. R 1x häkeln, dann die 3. und 4. R fortlaufend wdh.

Anleitung
In hellem Flieder 103 Lm anschlagen und im Augenmuster nach der Häkelschrift ca. 55 cm häkeln. Nach einer 4. Muster-R weiter in Mandarin häkeln. In einer Gesamthöhe von ca. 80 cm nach einer 3. Muster-R den Faden abschneiden und durchziehen.
Die Decke auf die angegebene Größe spannen, anfeuchten und trocknen lassen. Alle Fäden vernähen.

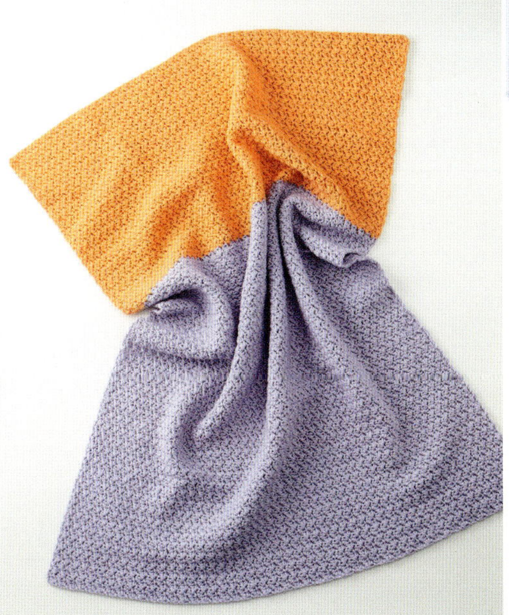

Größe
60 cm x 80 cm

Material
- Lana Grossa Cool Wool (LL 160 m/50 g) in Helles Flieder (Fb 2070), 200 g und Mandarin (Fb 418), 100 g
- Häkelnadel 3,5 mm

Vorlage
Häkelschrift Seite 51

Maschenprobe
Im Augenmuster
mit Nd 3,5 mm
17 M und 14 R
= 10 cm x 10 cm

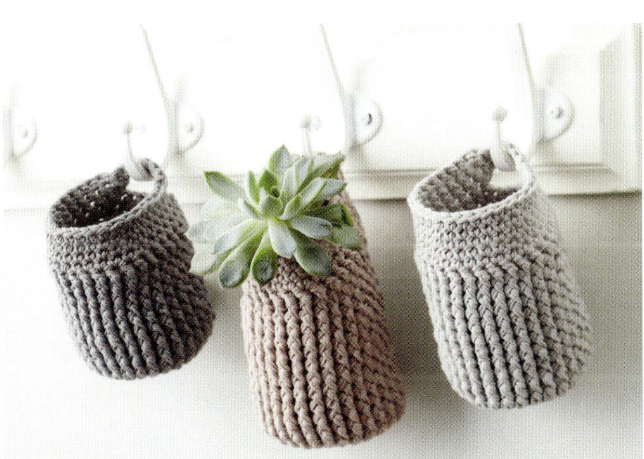

Größe
S/M/L, ⌀ 7 cm, 9/11/13 cm hoch
Die Angaben für die verschiedenen Größen sind durch Schrägstriche getrennt. Steht nur eine Angabe, gilt diese für alle Größen.

Material
- Lana Grossa Pima (LL 125 m/50 g) in Dunkelgrau (Fb 24), Hellgrau (Fb 46) und Rosabeige (Fb 39), je 50 g
- Häkelnadel 5,0 mm
- ggf. 3 feste Pappscheiben, ⌀ 7 cm

Hängekorb in drei Größen

Anleitung
Der Boden ist bei allen 3 Körben gleich groß. Dafür mit doppeltem Faden in Dunkelgrau/Hellgrau/Rosabeige 2 Lm anschlagen. In die 2. Lm von der Nd aus 6 fM häkeln.
Weiter in Spiral-Rd fM arb. In der 2. Rd jede fM verdoppeln (= 12 M), in der 3. Rd jede 2. fM verdoppeln (= 18 M), in der 4. Rd jede 3. fM verdoppeln (= 24 M), in der 5. Rd jede 4. fM verdoppeln (= 30 M). In der 6. Rd 30 Stb häkeln.
Weiter in Dunkelgrau/Hellgrau/Rosabeige die Seitenwände häkeln:
7.-14./7.-16./7.-18. Rd: 30 Relief-Stb von hinten in Spiral-Rd häkeln.
15.+16./17.+18./19.+20. Rd: 30 fM in Spiral-Rd häkeln.
17./19./21. Rd: 6 Lm häkeln, 6 M übergehen, 24 fM.
18.+19./20.+21./22.+23. Rd: 30 fM in Spiral-Rd häkeln.
Faden abschneiden und durchziehen.
Die Körbe anfeuchten, in Form ziehen und trocknen lassen. Nach Wunsch Pappscheiben zur Stabilisierung in den Korbboden legen.

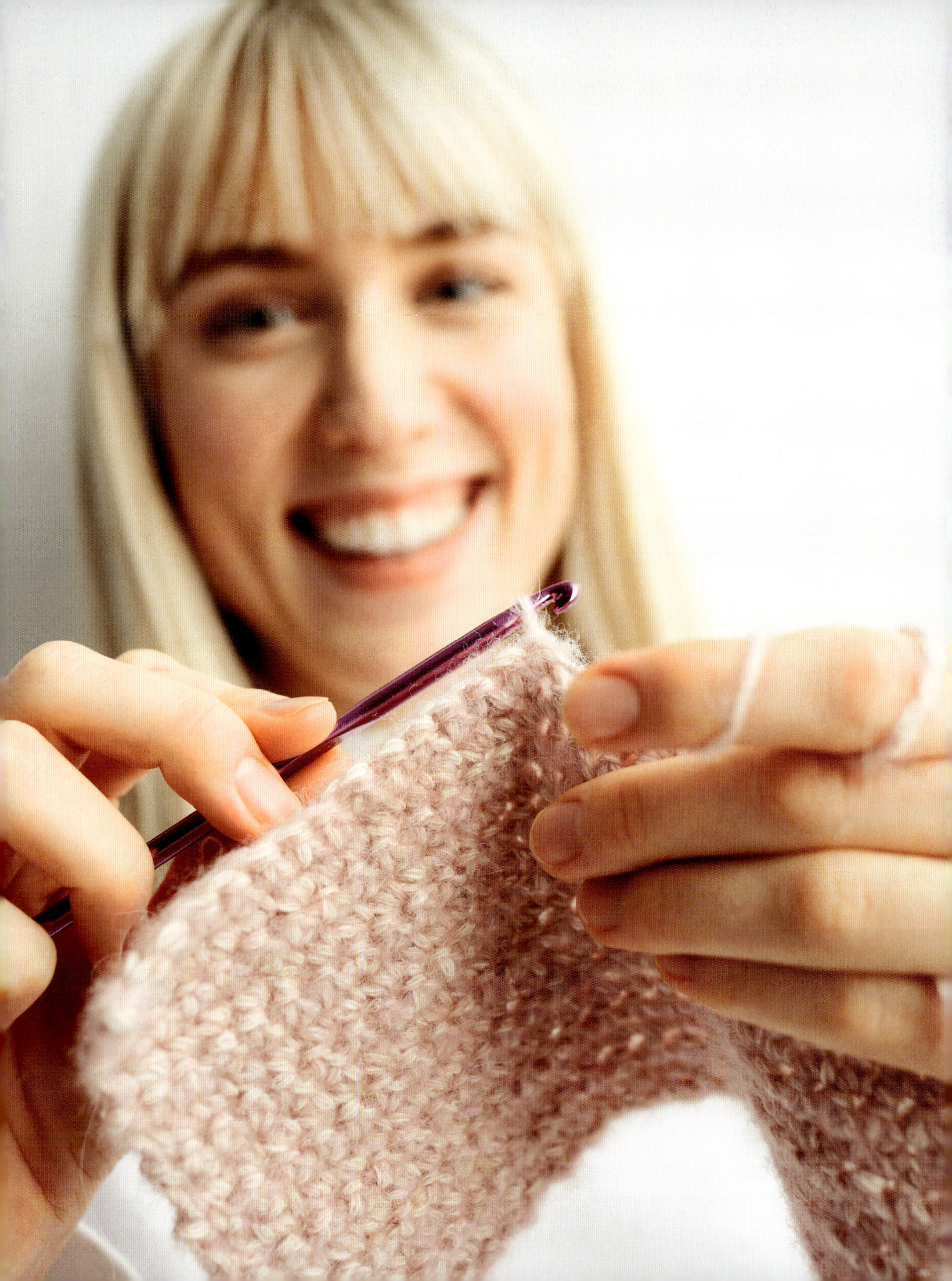

Ideenpool

Immer die passende Idee

Über 30 Ideen warten auf den folgenden Seiten darauf, von Ihnen entdeckt und nachgearbeitet oder als Inspiration herangezogen zu werden. Im Ideenpool finden Sie kuschelige Schals und Plaids, dekorative Accessoires, schöne Mützen für Groß und Klein, Häkelmode und viele Dinge, die Kindern Spaß machen. Dank detaillierter Anleitungen, vieler Häkelschriften, Zählmustern und Schnittzeichnungen können Sie alle Modelle leicht nacharbeiten. Sollte Ihnen dennoch etwas schwierig erscheinen, blättern Sie einfach zurück zum Workshop und schauen bei der entsprechenden Technik noch einmal nach.

Mit praktischen Materiallisten 

Zu jedem Häkelmodell gehört auch eine Liste der benötigten Materialien. Da ist alles aufgeführt, was Sie zum Arbeiten benötigen, eine Ausnahme bildet die im Workshop aufgeführte Grundausstattung. Außerdem erfahren Sie, in welcher Größe wir das Modell gearbeitet haben und auf welcher Seite am Ende des Buches Sie die nötigen Häkelschriften, Zählmuster oder Schnitte finden.

Hinweis

» Zum Nacharbeiten der Modelle werden die im Workshop erlernten Kenntnisse vorausgesetzt und nicht mehr ausführlich beschrieben.

» In den Materiallisten werden die im Workshop als Grundausstattung aufgeführten Materialien und Werkzeuge nicht mehr aufgeführt.

» Die Modelle im Ideenpool sind in folgende Schwierigkeitsgrade unterteilt:

● ○ ○ einfach

● ● ○ etwas schwieriger

● ● ● anspruchsvoll

Wärmflaschenhülle

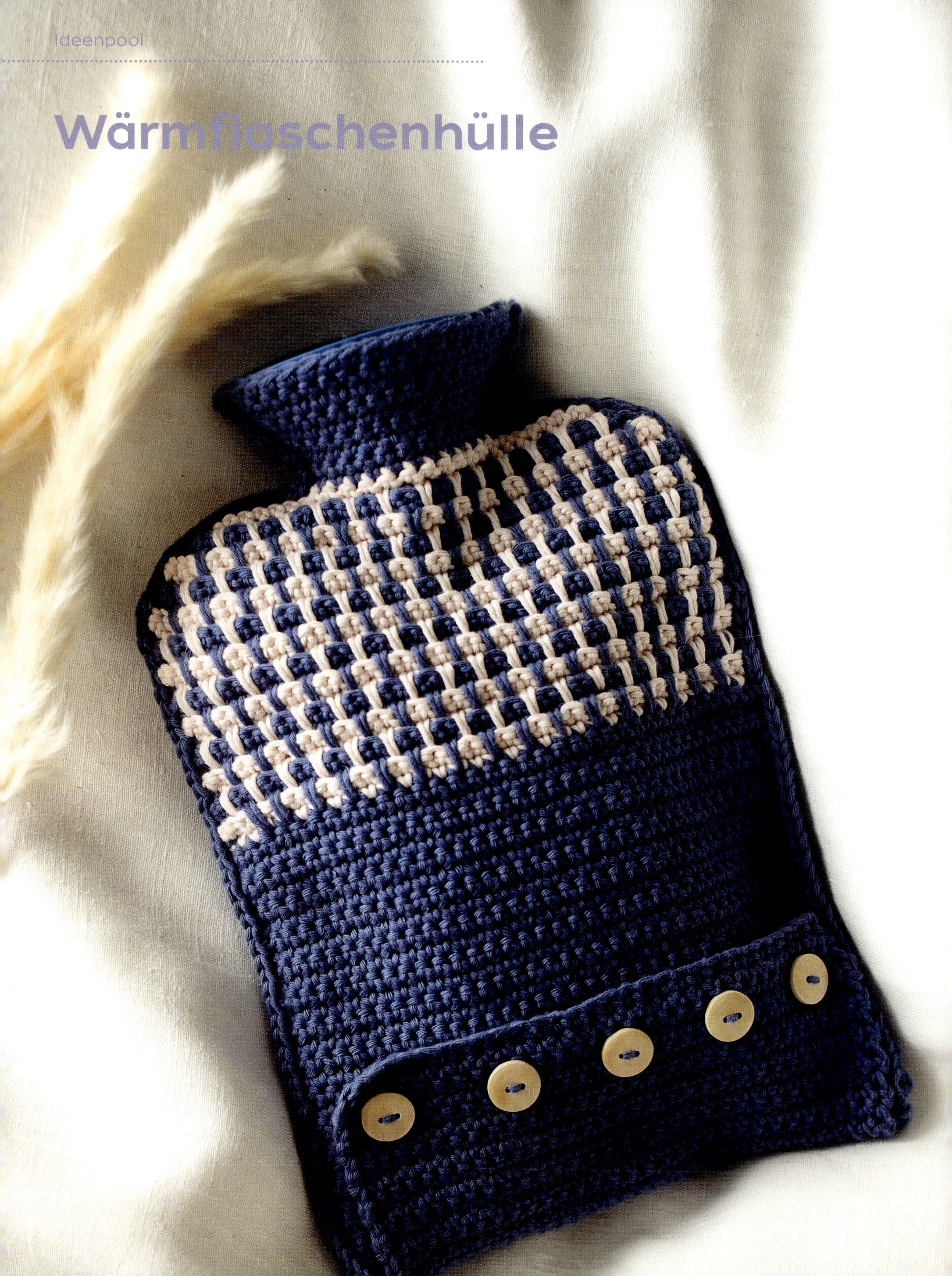

Material

Schwierigkeitsgrad

Größe

ca. 22 cm x 35 cm

Material

- Lana Grossa Star (LL 90 m/50 g) in Blau (Fb 54), 150 g und Puderrosa (Fb 85), 50 g
- Häkelnadel 4,0 mm
- 5 Holzknöpfe, ø 2 cm

Maschenprobe

Mit Nd 4,0 mm und fM
15 M und 16 R = 10 cm x 10 cm

Streifenfolge

2 R in Puderrosa und 2 R in Blau im Wechsel häkeln.

Rippenmuster mit tiefergestochenen festen Maschen

1. R: fM häkeln.
2. R: fM in die hinteren M-Glieder häkeln.
3. R: 1 fM in das hintere M-Glied, * 1 fM in das hintere M-Glied, 1 tiefergestochene fM (= in der M 2 R tiefer einstechen), ab * fortlaufend wdh, enden mit 2 fM in die hinteren M-Glieder.
4. R: fM in die hinteren M-Glieder häkeln.
5. R: * 1 fM in das hintere M-Glied, 1 tiefergestochene fM, ab * fortlaufend wdh, enden mit 1 fM in das hintere M-Glied.
6. R: fM in die hinteren M-Glieder häkeln.
Die 1.-6. Reihe 1x häkeln, dann die 3.-6. Reihe noch 3x wdh.

Anleitung

Rückenteil

In Blau 27 Lm + 1 Wende-Lm anschlagen. Weiter in R häkeln. Jede Reihe mit 1 Wende-Lm beenden.
1. R: 27 fM häkeln.
2. R: Die 1. und letzte M verdoppeln (= 29 M).
3. R: Die 1. und letzte M verdoppeln (= 31 M).
Nun 5 Knopflöcher wie folgt arb:
4. R: 3 fM, * 1 Lm, 1 M übergehen, 5 fM, ab * noch 3x wdh, 1 Lm, 1 fM übergehen, 3 fM.
5. R: fM häkeln, dabei die fM um die Lm der Vor-Rd häkeln.
6.-14. R: Jeweils 31 fM häkeln.
15. R: 31 fM häkeln, zusätzlich (zur Wende-Lm) 2 Lm arb (= 33 M).
16. R: 33 fM häkeln, dann am linken Rand 2 M mit einer Fußschlinge zunehmen (siehe Seite 36) (= 35 M).
17.-44. R: Jeweils 35 fM häkeln.
45.-62. R: Im Rippenmuster mit tiefergestochenen fM in der Streifenfolge häkeln.
63. R (Blau): Die 1. fM übergehen, * 1 fM in das hintere M-Glied, 1 tiefergestochene fM, ab * fortlaufend wdh, bis 2 M vor R-Ende. 2 fM in die hinteren M-Glieder häkeln und zusammen abmaschen (= 33 M).
64. R: 33 fM in die hinteren M-Glieder häkeln.
65.+66. R (Puderrosa): Wie die 3.+4. R des Rippenmusters mit tiefergestochenen fM häkeln.
66. R (Blau): Die 1. fM übergehen, 1 fM in das hintere M-Glied, * 1 fM in die hinteren M-Glieder, 1 tiefergestochene fM, ab * fortlaufend wdh, bis 3 M vor R-Ende, 1 fM in das hintere M-Glied und die letzten beiden fM in die hinteren M-Glieder zusammen abmaschen (= 31 M).
67. R: Die 1. fM übergehen, fM in die hinteren M-Glieder bis 2 M vor R-Ende, 2 fM zusammen abmaschen (= 29 M).
68. R (Puderrosa): Die 1. fM übergehen, * 1 fM in das hintere M-Glied, 1 tiefergestochene fM, ab * fortlaufend wdh bis 2 M vor R-Ende. Die letzten beiden fM in die hinteren M-Glieder zusammen abmaschen (= 27 M).
69. R: Die 1. fM übergehen, fM in die hinteren M-Glieder bis 2 M vor R-Ende, 2 fM zusammen abmaschen (= 25 M).
Den Faden abschneiden und durchziehen.
70. R: Für den Hals über die mittleren 13 M in fM weiterhäkeln. Dafür den Faden in der 7. M neu anschlingen und 13 fM häkeln, dabei die 1. M in dieselbe M arb, in die der Faden angeschlungen wurde.
71. R: 13 fM häkeln.
72. R: Die 1. und letzte M verdoppeln (= 15 M).
73. R: Die 1. und letzte M verdoppeln (= 17 M).
74. R: 17 fM häkeln.
75. R: Die 1. und letzte M verdoppeln (= 19 M).
76.-78.R: Jeweils 19 fM häkeln.

Vorderteil

In Blau 35 Lm + 1 Wende-Lm anschlagen und in R fM häkeln.
1.-29. R: Jeweils 35 fM häkeln.
20.-63. R: Wie die 45.-78. Rd des Rückenteils häkeln.

Fertigstellen

Beide Teile links auf links und oben bündig aufeinanderlegen und die Seitenkanten in Blau mit fM zusammenhäkeln, dabei in den Ecken jeweils 3 fM in eine Einstichstelle arb. Die Knöpfe auf das Vorderteil in einer Höhe von ca. 6 cm so positionieren, dass die Wärmflaschenhülle mit den Knopflöchern des Rückenteils wie abgebildet geschlossen werden kann und dann festnähen. Alle Fäden vernähen.

Noppenkissen

Material 

Schwierigkeitsgrad

Größe

40 cm x 40 cm

Material

- Lang Yarns Wooladdicts Earth (LL 65 m/50 g) in Aloe Vera (Fb 91), 300 g
- Häkelnadel 5,0 mm
- Füllkissen, 40 cm x 40 cm

Maschenprobe

Mit Nd 5,0 mm und fM
13 M und 16 R
= 10 x 10 cm

Noppe

Für * 1 Stb 1 U auf die Nd nehmen, in die M einstechen, den Faden durchholen und die ersten 2 Schlingen abmaschen. Ab * noch 4x wdh, dabei immer in dieselbe M einstechen. Zuletzt liegen 6 Schlingen (= 1 Arbeitsschlinge und 1 Schlinge pro Stb) auf der Nd. Den Faden erneut holen und durch alle 6 Schlingen ziehen. Die Noppen werden nur in den Rückr gehäkelt. Sie wölben sich später auf der Vorderseite nach vorne.

Rauten-Muster

Nach Häkelschrift die 3.-18. R 3x häkeln, dann die 3. und 4. R noch 1x wdh.
Achtung! Es sind nur die Rückr (= geraden R) gezeichnet. In den Hinr (= ungerade R) fM häkeln. Die 3. R ist eine Hinr, in der nur fM gehäkelt werden.

Anleitung

Rückseite

47 Lm + 1 Wende-Lm anschlagen. Weiter in R häkeln, dabei am Ende jeder R 1 Wende-Lm arb.
1.-54. R: Jeweils 47 fM häkeln.
Den Faden abschneiden und durchziehen.

Vorderseite

47 Lm + 1 Wende-Lm anschlagen. Weiter in R häkeln, dabei am Ende jeder R 1 Wende-Lm arb.
1.+2. R: Jeweils 47 fM häkeln.
3.-50. R: Die 3.-18. R der Häkelschrift 3x arb.
51.+52. R: Die 3. und 4. R der Häkelschrift noch 1x wdh.
53.+54. R: Jeweils 47 fM häkeln.
Den Faden abschneiden und durchziehen.

Fertigstellen

Beide Kissenteile auf die angegebene Größe spannen, anfeuchten und trocknen lassen. Die beiden Teile mit den Vorderseiten nach außen aufeinanderlegen und mit fM zusammenhäkeln, dabei in den Ecken jeweils 3 fM in eine Einstichstelle arb. Vor dem Schließen der 4. Kante das Füllkissen einlegen. Alle Fäden vernähen.

× = feste Masche

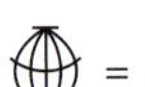 = Noppe

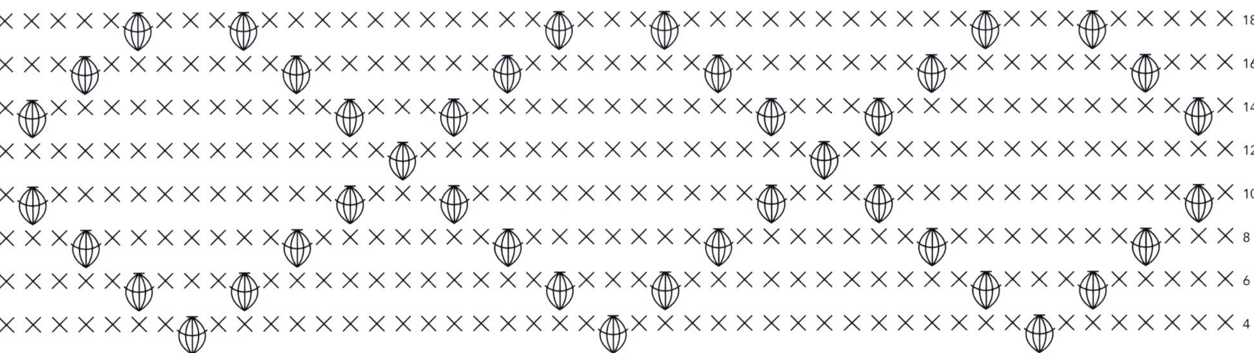

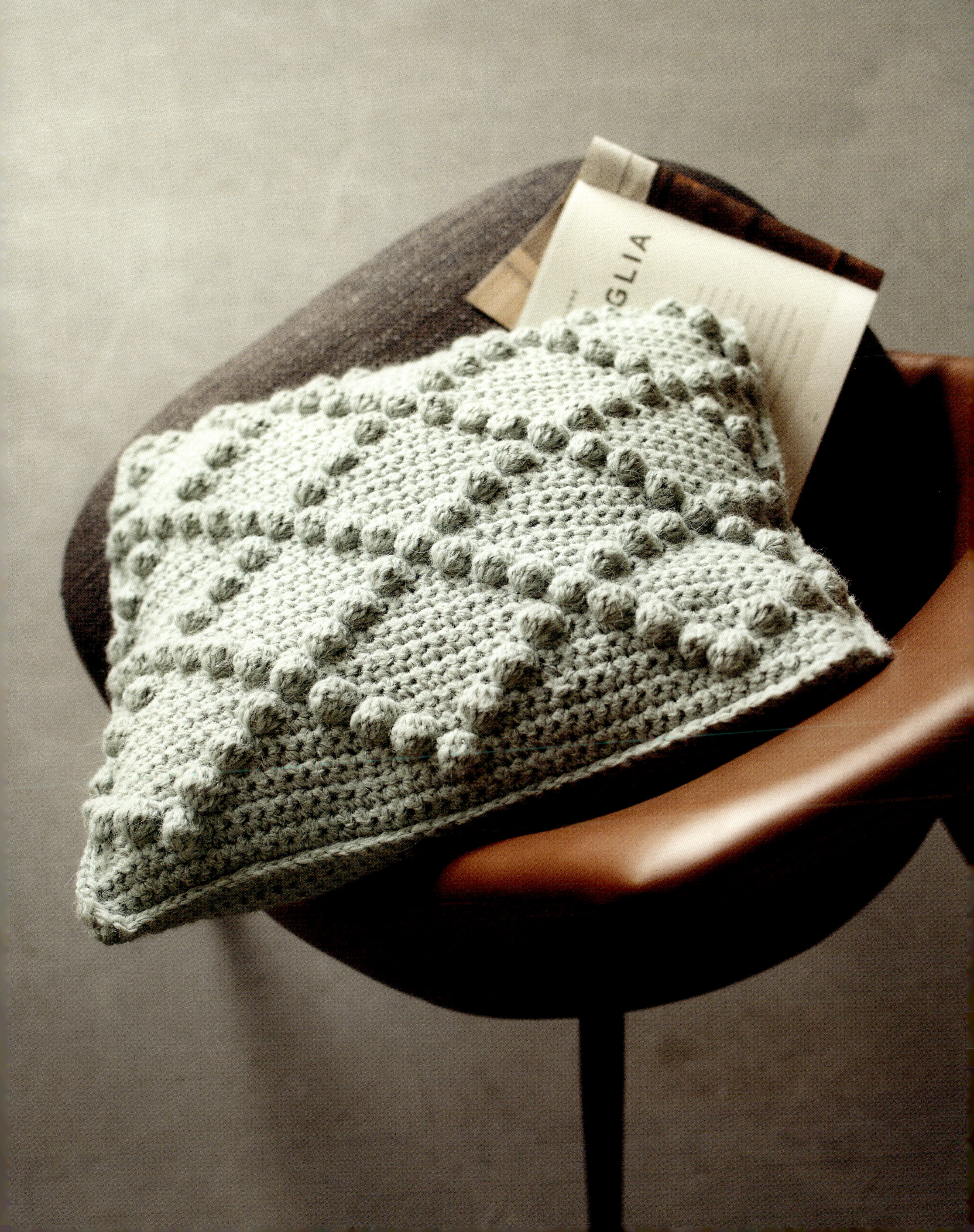

Eierbecher und Eierwärmer

Material 

Schwierigkeitsgrad

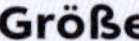

Größe

Eierbecher, ø 6,5 cm
Eierwärmer, ø 7 cm,
7 cm hoch

Material

- Schachenmayr Catania (LL 125 m/50 g) in Fuchs (Fb 426), Vintage (Fb 423) und Reseda (Fb 402), je 50 g
- Rico Design Lamé (LL 135 m/25 g) in Gold (Fb 02), Rest
- Häkelnadel 3,5 mm
- 8 Holzringe, ø 5,5 cm

Maschenprobe

Mit Nd 3,5 mm und fM
21 M und 24 Rd = ø 10 cm

Farbfolge 1: Fuchs (Fb A), Gold, Reseda (Fb B)
Farbfolge 2: Reseda (Fb A), Gold, Fuchs (Fb B)
Farbfolge 3: Fuchs (Fb A), Gold, Vintage (Fb B)
Farbfolge 4: Vintage (Fb A), Gold, Fuchs (Fb B)

Anleitung

Eierbecher (4x)

In Fuchs 4 Fäden von 5 m zuschneiden und mit vierfachem Faden eine Lm anschlagen. 2 Holzringe übereinanderlegen und um beide Ringe mit vierfachem Faden ca. 30 Km häkeln. Die Rd mit 1 Km in die 1. Km der Rd schließen. Die Fäden abschneiden und durchziehen. Noch 3 weitere Eierbecher ebenso in Fuchs, Vintage und Reseda häkeln. Die Fäden vernähen. Die Km so um die Ringe schieben, dass die M mit der unteren Kante abschließen.

Eierwärmer (4x)

In Fb A 2 Lm anschlagen. Weiter in Spiral-Rd häkeln.
1. Rd: 6 fM in die 2. Lm von der Nd aus häkeln.
2. Rd: Jede fM verdoppeln (= 12 M).
3. Rd: Jede 2. fM verdoppeln (= 18 M).
4. Rd: Jede 3. fM verdoppeln (= 24 M).
5. Rd: Jede 4. fM verdoppeln (= 30 M).
6.-10. Rd: Jeweils 30 fM häkeln. Mit 1 Km schließen.
Den Faden abschneiden und durchziehen.
In Gold in einer beliebigen M neu anschlingen.
11. Rd (Gold): 3 Steige-Lm (= 1. Stb), 29 Stb häkeln, die Rd mit 1 Km in die 3. Steige-Lm schließen. Den Faden abschneiden und durchziehen.
In Fb B in einer beliebigen M neu anschlingen und in Spiral-Rd fM häkeln, dabei die folgende Rd mit 1 Steige-Lm beginnen.
12.-15. Rd (Fb B): Jeweils 30 fM häkeln. Mit 1 Km schließen.
16. Rd: 1 Steige-Lm, 29 Krebs-M häkeln. Mit 1 Km schließen. Den Faden abschneiden und durchziehen.

Zipfel (4x)

In Fb A 10 Lm anschlagen und ab der 2. Lm ab Nd 9 Km häkeln. Den Faden auf eine Länge von 20 cm abschneiden und durchziehen.

Fertigstellen

Den Zipfel zur Hälfte legen und mit dem Endfaden an die obere Spitze nähen. Alle Fäden vernähen.

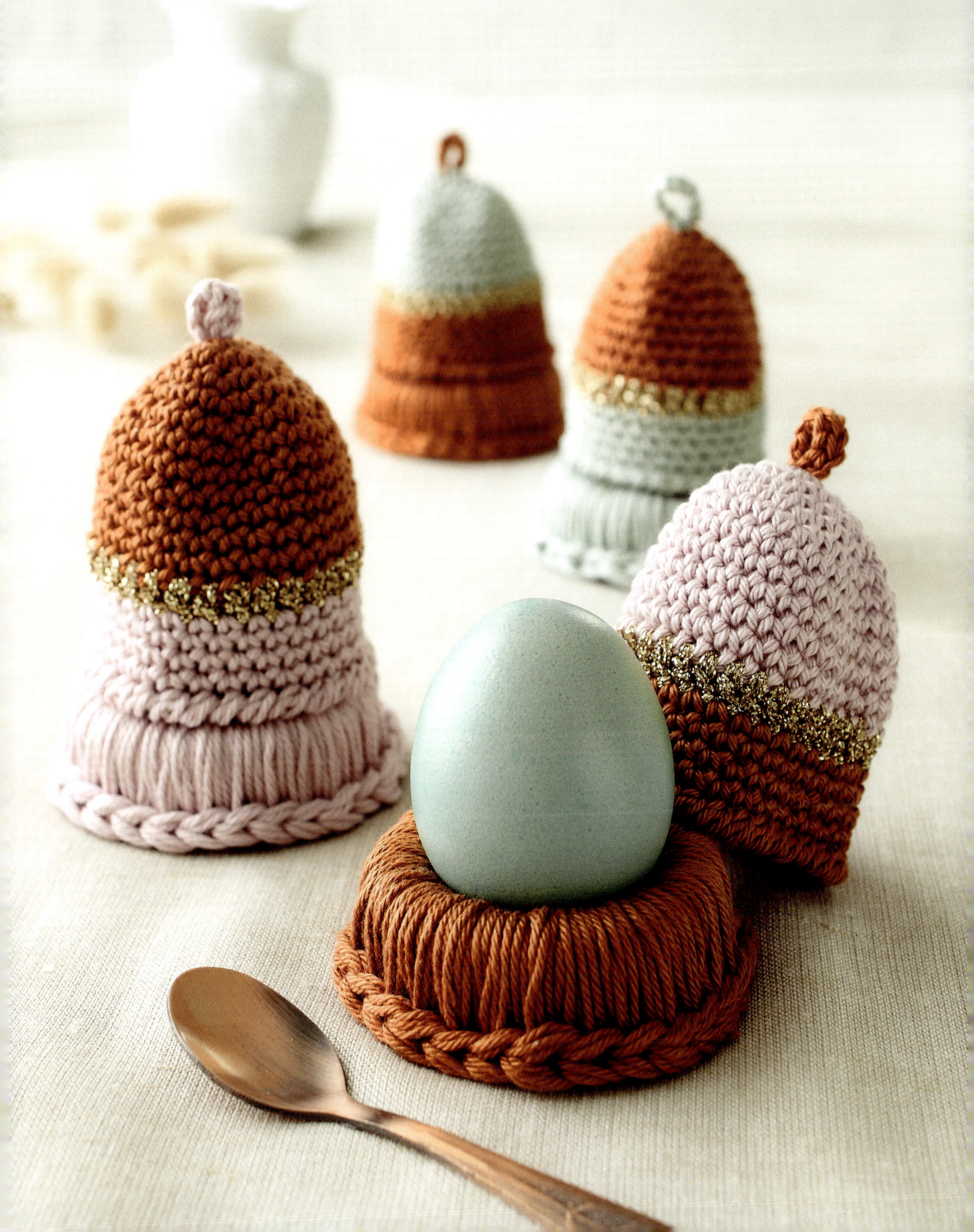

Tischsets

Material 

Schwierigkeitsgrad

Größe

ø 38 cm

Material

- Lana Grossa Star (LL 90 m/50 g) in Puderrosa (Fb 85) und Graublau (Fb 60), je 150 g, in Natur (Fb 27), 100 g, in Sandgelb (Fb 74), 50 g (pro Set werden 50 g für die innere Fb, 100 g für die äußere Fb benötigt)
- Häkelnadel 4,0 mm

Maschenprobe

Mit Nd 4,0 mm und fM in Rd
16 M und 18 Rd = ø 10 cm

Farbfolge 1: Puderrosa (Fb A), Graublau (Fb B)
Farbfolge 2: Graublau (Fb A), Natur (Fb B)
Farbfolge 3: Sandgelb (Fb A), Puderrosa (Fb B)

Anleitung

In Fb A 2 Lm anschlagen.
1. Rd: In die 2. Lm von der Nd aus 6 fM häkeln. Weiter fM in Spiral-Rd häkeln.
2. Rd: Jede fM verdoppeln (= 12 M).
3. Rd: Jede 2. fM verdoppeln (= 18 M).
4. Rd: Jede 3. fM verdoppeln (= 24 M).
5. Rd: Jede 4. fM verdoppeln (= 30 M).
6.-21. Rd: Nach diesem Schema weiter fM verdoppeln. Am Ende der 21. Rd (= 126 M).
22. Rd: Jede 21. fM verdoppeln (= 132 M). Die letzte fM bereits in Fb B abmaschen.
23. Rd (Fb B): Für einen schöneren Fb-Übergang statt der 1. fM mit 1 Km und 1 Lm beginnen, dabei die Km sehr fest anziehen. Jede 22. fM verdoppeln (= 138 M).
24. Rd: Die Km der Vor-Rd übergehen und die 1. fM in die Lm einstechen. Jede 23. fM verdoppeln (= 144 M).
25. Rd: Jede 24. fM verdoppeln (= 150 M).
26. Rd: Jede 25. fM verdoppeln (= 156 M).
27. Rd: Jede 26. fM verdoppeln (= 162 M).
28.-36. Rd: Nach diesem Schema weiter fM verdoppeln. Am Ende der 36. Rd (= 216 M). Mit 1 Km schließen. Den Faden abschneiden und durchziehen.
3 Sets in verschiedenen Fb-Folgen häkeln.

Fertigstellen

Die Sets spannen, anfeuchten und trocknen lassen. Alle Fäden vernähen.

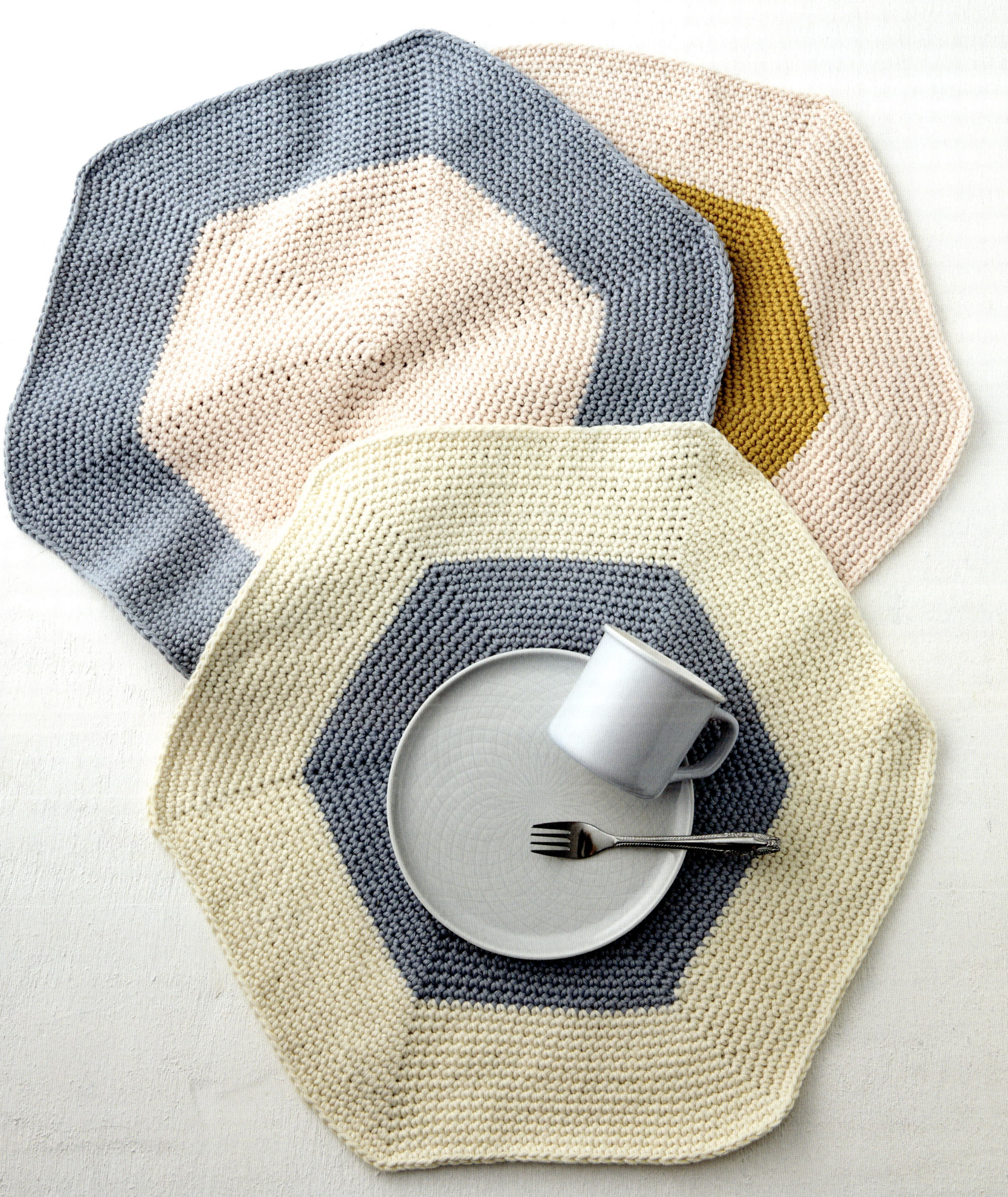

Topflappen

Material 

Schwierigkeitsgrad

Größe

21 cm x 21 cm

Material

- Lana Grossa Star Print (LL 90 m/50 g) in Flieder/Blaugrau/Grau/Terracotta (Fb 344), 100 g
- Häkelnadel 4,5 mm

Maschenprobe

Mit Nd 3,0 mm und fM in die hinteren M-Glieder 19 M und 18 R = 10 cm x 10 cm

Anleitung

Topflappen (2x)

Für den Aufhänger 15 Lm anschlagen und mit 1 Km zur Rd schließen.
1. Rd: 22 fM in den Ring häkeln. Die Rd mit 1 Km schließen. 1 Steige-Lm häkeln und weiter in R von oben nach unten arb. Am Ende jeder R 1 Wende-Lm häkeln.
2. R: 5 fM, 3 fM in 1 M (= Mitte), 5 fM (= 13 M).
3. R: 6 fM in die hinteren M-Glieder häkeln, 3 fM in 1 M, 6 fM in die hinteren M-Glieder häkeln (= 15 M).
4.-35. R: Nach diesem Prinzip jeweils fM in die hinteren M-Glieder häkeln, in die mittlere fM immer 3 fM häkeln, fM in die hinteren M-Glieder häkeln. Pro R werden 2 M zugenommen. Nach 35 R (= 79 M).
Den Faden abschneiden und durchziehen.
Den 2. Topflappen ebenso häkeln.

Fertigstellen

Alle Fäden vernähen. Die Topflappen auf die angegebene Größe spannen, anfeuchten und trocknen lassen.

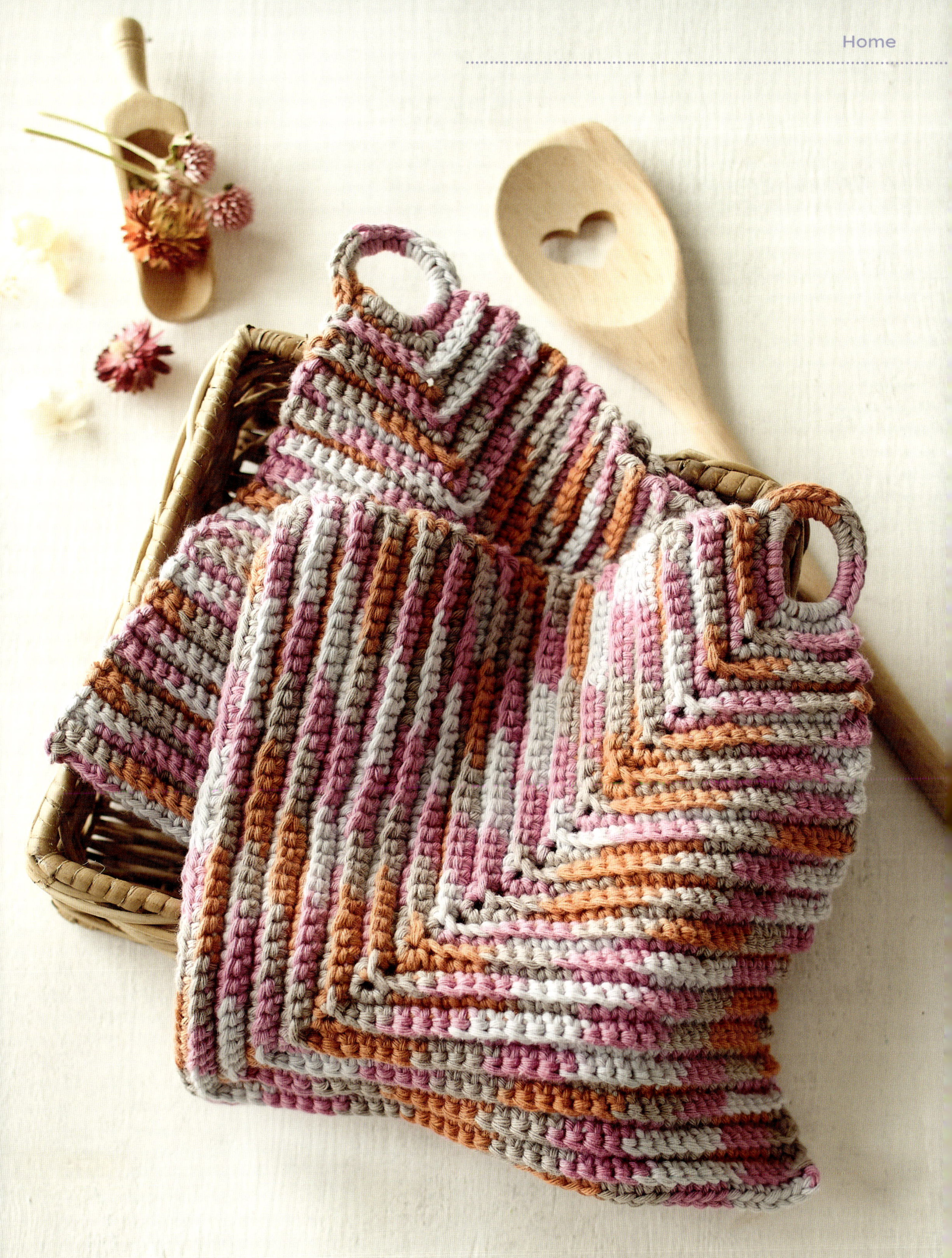

Traumfänger

Material 

Schwierigkeitsgrad

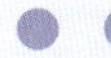 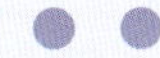

Größe

⌀ 25 cm

Material

- Lang Yarns Baby Cotton (LL 180 m/50 g) in Salbei (Fb 118), 50 g
- Häkelnadel 3,0 mm
- Holzring, ⌀ 25 cm
- Holzperlen in unterschiedlichen Größen

Häkelschrift

Seite 134

Anleitung

Mittelkreis

6 Lm anschl, mit 1 Km in die 1. Lm zur Rd schließen und wie folgt bzw. nach der Häkelschrift arb.

1. Rd: 12 fM in den Ring häkeln, mit 1 Km schließen.

2. Rd: 3 Steige-Lm (= 1. Stb), * 1 Lm, 1 Stb, ab * fortlaufend wdh, enden mit 1 Lm, 1 Km in die 3. Steige-Lm.

3. Rd: 3 Steige-Lm (= 1. Stb), 1 Stb um die Lm, * 1 Lm, 2 Stb in die folgende Lm, ab * fortlaufend wdh, enden mit 1 Lm, 1 Km in die 3. Steige-Lm.

4. Rd: 1 Steige-Lm (= 1. fM), * 5 Lm, 1 fM um die Lm der Vor-Rd, ab * fortlaufend wdh, enden mit 5 Lm, 1 Km in die Steige-Lm.

5. Rd: 3 Km in die ersten 3 Lm des 1. Lm-Bogens der Vor-Rd, 3 Steige-Lm, * 5 Lm, 1 Stb in die mittlere Lm des Lm-Bogens der Vor-Rd, ab * fortlaufend wdh, enden mit 5 Lm, 1 Km in die 3. Steige-Lm.

6. Rd: 1 Steige-Lm, * (4 Stb, 2 Lm, 4 Stb) um den Lm-Bogen, 1 fM in das folgende Stb, ab * fortlaufend wdh, enden mit 1 Km in die Steige-Lm.

7. Rd: 1 Steige-Lm, * 5 Lm, 1 fM um den 2er Lm-Bogen, 5 Lm, 1 fM in die fM der Vor-Rd, ab * fortlaufend wdh, enden mit 5 Lm, 1 fM in den 2-er-Lm-Bogen, 5 Lm, 1 Km in die Steige-Lm.

8. Rd: 1 Steige-Lm, * 7 fM in den Lm-Bogen, 2 fM in die fM, ab * fortlaufend wdh, enden mit 7 fM in den Lm-Bogen, 1 Km in die Steige-Lm.

9. Rd: 4 Km in die ersten 4 fM der Vor-Rd, 1 Steige-Lm, * 7 Lm, 1 fM in die 4. Lm der 7 Lm der Vor-Rd, ab * fortlaufend wdh, enden mit 7 Lm, 1 Km in die Steige-Lm.

10. Rd: 1 Km, 3 Steige-Lm (= 1. Stb), 5 Stb, 2 Lm, 6 Stb um den Lm-Bogen, 1 Lm, * [6 Stb, 2 Lm, 6 Stb] um den Lm-Bogen der Vor-Rd, 1 Lm, ab * fortlaufend wdh, enden mit [6 Stb, 2 Lm, 6 Stb] um den Lm-Bogen der Vor-Rd, 1 Lm, 1 Km in die 3. Steige-Lm.

11. Rd: 5 Km in die ersten 5 Stb der Vor-Rd, 1 Km in die folgene Lm der Vor-Rd, 1 Steige-Lm, * (7 Lm, 1 DStb in die Lm zwischen den Stb-Gruppen der Vor-Rd, 7 Lm), 1 fM um den 2er Lm-Bogen, ab * fortlaufend wdh, enden mit (7 Lm, 1 DStb in die Lm zwischen den Stb-Gruppen der Vor-Rd, 7 Lm), 1 Km in die Steige-Lm.

Den Faden abschneiden und durch die letzte M ziehen.

Kordeln

4 Lm-Ketten aus jeweils 35 Lm häkeln und nach Belieben Holzperlen aufziehen. Für die mittlere gedrehte Kordel 50 Lm anschlagen und in der folgenden R in jede Lm 2 fM häkeln. Für die beiden äußeren Kordeln jeweils 40 Lm anschlagen und in der folgenden R in jede Lm 2 fM häkeln.

Fertigstellen

Mit einem etwa 120 cm langen Faden abwechselnd durch den Lm-Bogen der letzten Rd und um den Holzring fädeln und so das Häkelteil in den Rahmen spannen. Für die Aufhängung einen Faden an den Holzring knoten und einige Holzperlen auffädeln. Die Kordeln wie abgebildet an den Holzring nähen.

Granny Wimpelkette

Material 

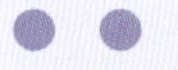

Schwierigkeitsgrad

● ● ●

Größe

Wimpelkette:
ca. 2 m lang
Granny-Dreieck: ø 11 cm

Material

- Schachenmayer Catania (LL 125 m/50 g) in Natur (Fb 105), Nebel (Fb 434) und Reseda (Fb 402), je 50 g
- Häkelnadel 3,0 mm
- 8 Holzperlen, ø 14 mm
- 8 Holzperlen, ø 10 mm
- Wollnadel

Häkelschrift

Seite 135

Farbfolge 1: 1. und 2. Rd: Reseda, 3. Rd: Natur, 4. Rd: Nebel, 5. Rd: Natur
Farbfolge 2: 1. und 2. Rd: Natur, 3. Rd: Nebel, 4. Rd: Reseda, 5. Rd: Natur
Farbfolge 3: 1. und 2. Rd: Natur, 3. Rd: Reseda, 4. Rd: Nebel, 5. Rd: Natur
Farbfolge 4: 1. und 2. Rd: Nebel, 3. Rd: Natur, 4. Rd: Reseda, 5. Rd: Natur

Anleitung

Granny-Dreieck (8x)

Gemäß Häkelschrift und wie folgt in Rd arb.
6 Lm anschlagen und mit 1 Km zur Rd schließen.
1. Rd: 1 Steige-Lm, 12 fM in den Lm Ring häkeln, mit 1 Km schließen.
2. Rd: 3 Steige-Lm (= 1. Stb), * 2 Lm, 1 Stb, ab * fortlaufend wdh, enden mit 2 Lm, 1 Km in die 3. Steige-Lm.
3. Rd: 3 Steige-Lm (= 1. Stb), in den folgenden 3er-Lm-Bogen 4 Stb zusammen abmaschen, 3 Lm, 3x [in den folgenden 2er Lm-Bogen 5 Stb zusammen abmaschen, 2 Lm], in den folgenden Lm-Bogen 5 Stb zusammen abmaschen, 3 Lm, 3x [in den folgenden Lm-Bogen 5 Stb zusammen abmaschen, 2 Lm], in den folgenden Lm-Bogen 5 Stb zusammen abmaschen, 3 Lm, 3x [in den folgenden Lm-Bogen 5 Stb zusammen abmaschen, 2 Lm], enden mit 1 Km in die 3. Steige-Lm.
4. Rd: 3 Steige-Lm, 1 Lm, in den nächsten Lm-Bogen [2 DStb, 1 Dreifach-Stb, 3 Lm, 1 Dreifach-Stb, 2 DStb], 3x [1 Lm, in den nächsten Lm Bogen 3 Stb], 1 Lm, in den nächsten 3er-Lm-Bogen [2 DStb, 1 Dreifach-Stb, 3 Lm, 1 Dreifach-Stb, 2 DStb], 3x [1 Lm, in den nächsten 2er-Lm Bogen 3 Stb], 1 Lm, in den nächsten 3er-Lm-Bogen [2 DStb, 1 Dreifach-Stb, 3 Lm, 1 Dreifach-Stb, 2 DStb], 2x [1 Lm, in den nächsten Lm Bogen 3 Stb], 1 Lm, in den nächsten 2er-Lm-Bogen 2 Stb, enden mit 1 Km in die 3. Steige-Lm.
5. Rd: 1 Steige-Lm, 4 fM, 6 fM in den Lm-Bogen, 4x [1 Picot (= 4 Lm, 1 Stb in die 1. Lm), 1 fM in die nächste Lm], 1 Picot, 6 fM in den Lm-Bogen, 4x [1 Picot, 1 fM in die nächste Lm], 1 Picot, 6 fM in den Lm-Bogen, je 1 fM in jede folgende M, enden mit 1 Km in die 1. Lm.
In jeder Farbfolge 2 Granny-Dreiecke häkeln.

Wimpelkette

Die Dreiecke spannen, anfeuchten und trocknen lassen. Zum Verbinden der Dreiecke eine L-Kette häkeln: Für die Schlaufe 20 Lm anschlagen und 1 Km in die 19. Lm von der Nd aus häkeln. Die Dreiecke so bereitlegen, dass die rechte Seite mit der Kante der fM oben liegt. 40 Lm anschlagen, * 1 Km in einen rechten Eck-Lm-Bogen arb, 19 fM in die fM der oberen Kante häkeln, 30 Lm, ab * noch 7x für jedes Dreieck wdh. Dann 30 Lm, für die 2. Schlaufe 1 Km in die 19. Lm von der Nd aus arb. Den Faden abschneiden und durchziehen. Alle Fäden vernähen.

Fertigstellen

16 Fäden in Natur von 35 cm Länge abschneiden. Jeweils 2 Fäden in die untere Ecke jeden Dreiecks knüpfen, auf die 4 herunterhängenden Fäden jeweils 1 kleine und 1 große Perle ziehen, die Fäden unter den Perlen verknoten und die Fadenenden mit der Wollnadel aufdröseln.

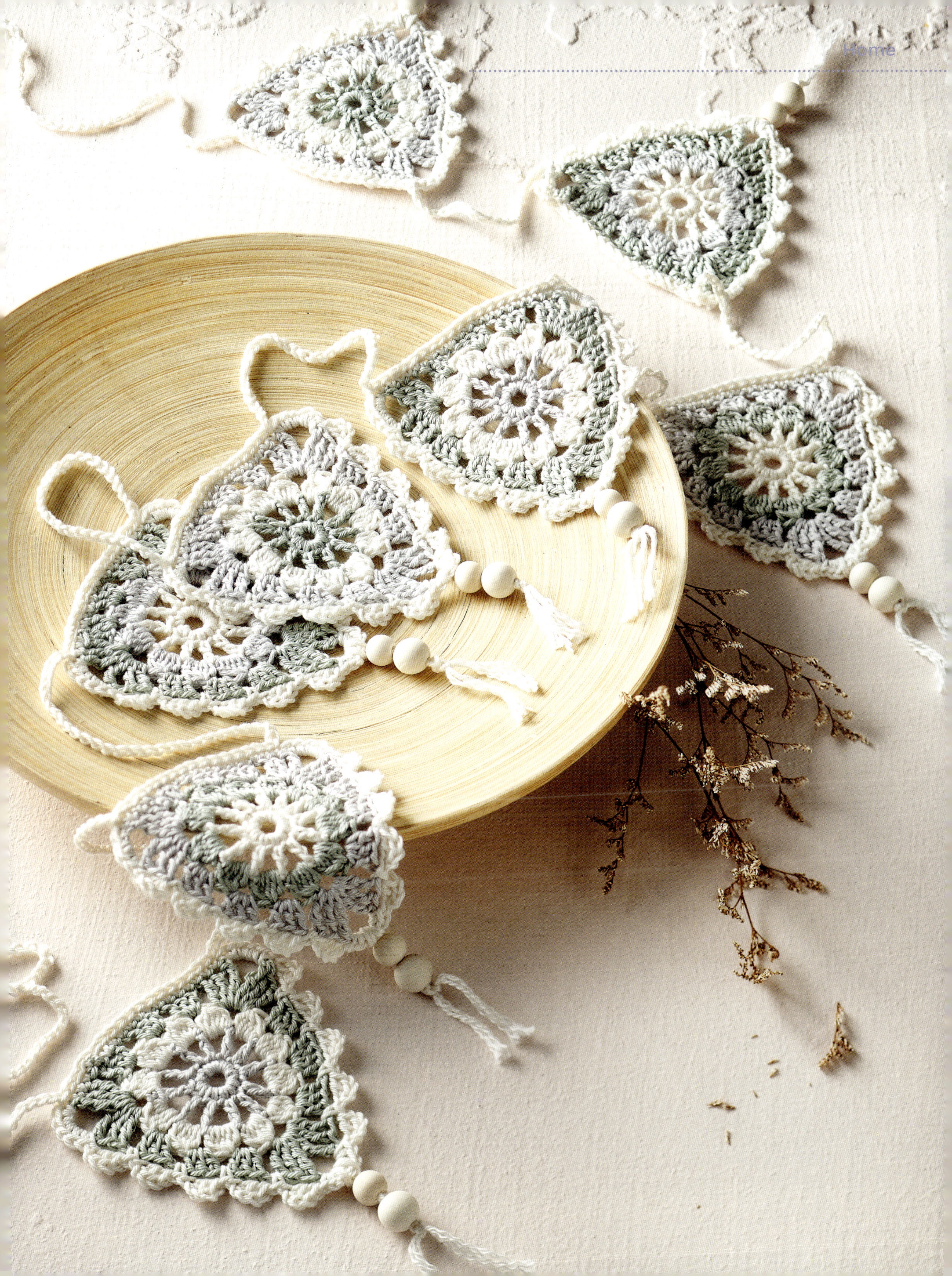

Macaron-Nadelkissen

Material 

Schwierigkeitsgrad

●

Größe

ø 6,5 cm

Material

- Schachenmayer Catania (LL 125 m/50 g) in Honig (Fb 206), Aprikose (Fb 401), Reseda (Fb 402), Natur (Fb 105), Rosa (Fb 246) und Malve (Fb 399), Reste
- Häkelnadel 3,0 mm
- Füllwatte, Rest

Farbfolge 1: Reseda (Fb A), Malve (Fb B)
Farbfolge 2: Honig (Fb A), Natur (Fb B)
Farbfolge 3: Rosa (Fb A), Aprikose (Fb B)

Anleitung

Macaron-Deckel (2x)

In Fb A 2 Lm anschlagen. Weiter in Spiral-Rd häkeln:
1. Rd: 6 fM in die 2. Lm von der Nd aus häkeln.
2. Rd: Jede fM verdoppeln (= 12 M).
3. Rd: Jede 2. fM verdoppeln (= 18 M).
4. Rd: Jede 3. fM verdoppeln (= 24 M).
5. Rd: Jede 4. fM verdoppeln (= 30 M).
6. Rd: Jede 5. fM verdoppeln (= 36 M).
7. Rd: Jede 6. fM verdoppeln (= 42 M).
8.+9. Rd: Jeweils 42 fM häkeln.
10. Rd (Fb B): 42 Km häkeln, dabei jeweils nur in die hinteren M-Glieder einstechen. Den Faden abschneiden und durchziehen.
Den 2. Macaron-Deckel ebenso häkeln, dabei am Ende den Faden in Fb B etwa 30 cm lang abschneiden.

Fertigstellen

Alle Fäden vernähen. Beide Teile, mit der linken Seite nach innen, deckungsgleich übereinanderlegen und in Fb B zusammennähen. Dafür zuerst * von unten in das untere M-Glied der Km einstechen, dann ebenfalls von unten in das obere M-Glied der Km einstechen. Ab * den Vorgang wdh, bis nur noch eine kleine Öffnung bleibt. Den Macaron mit Füllwatte ausstopfen und alle Fäden im Macaron verschwinden lassen. Die Öffnung vollständig schließen.

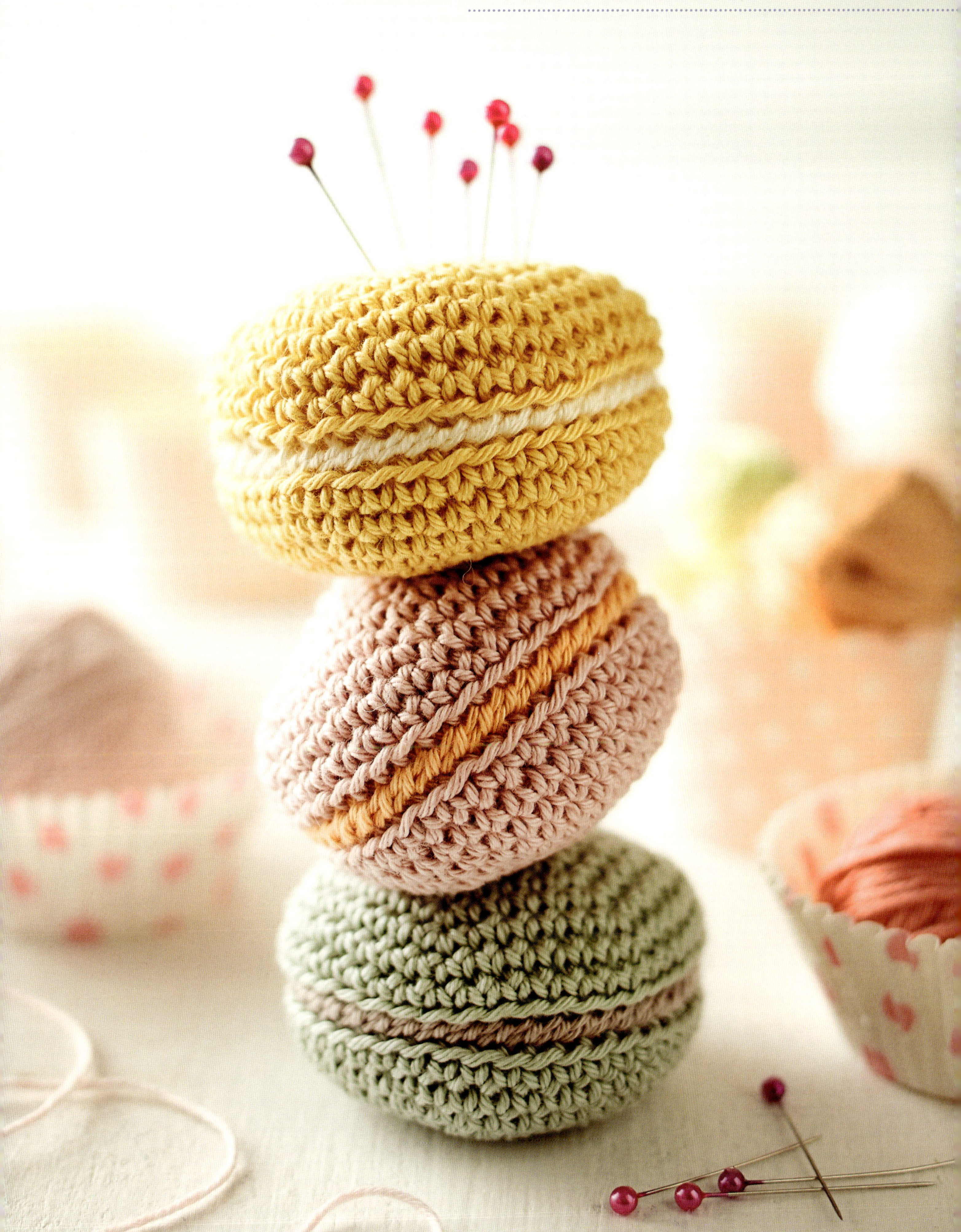

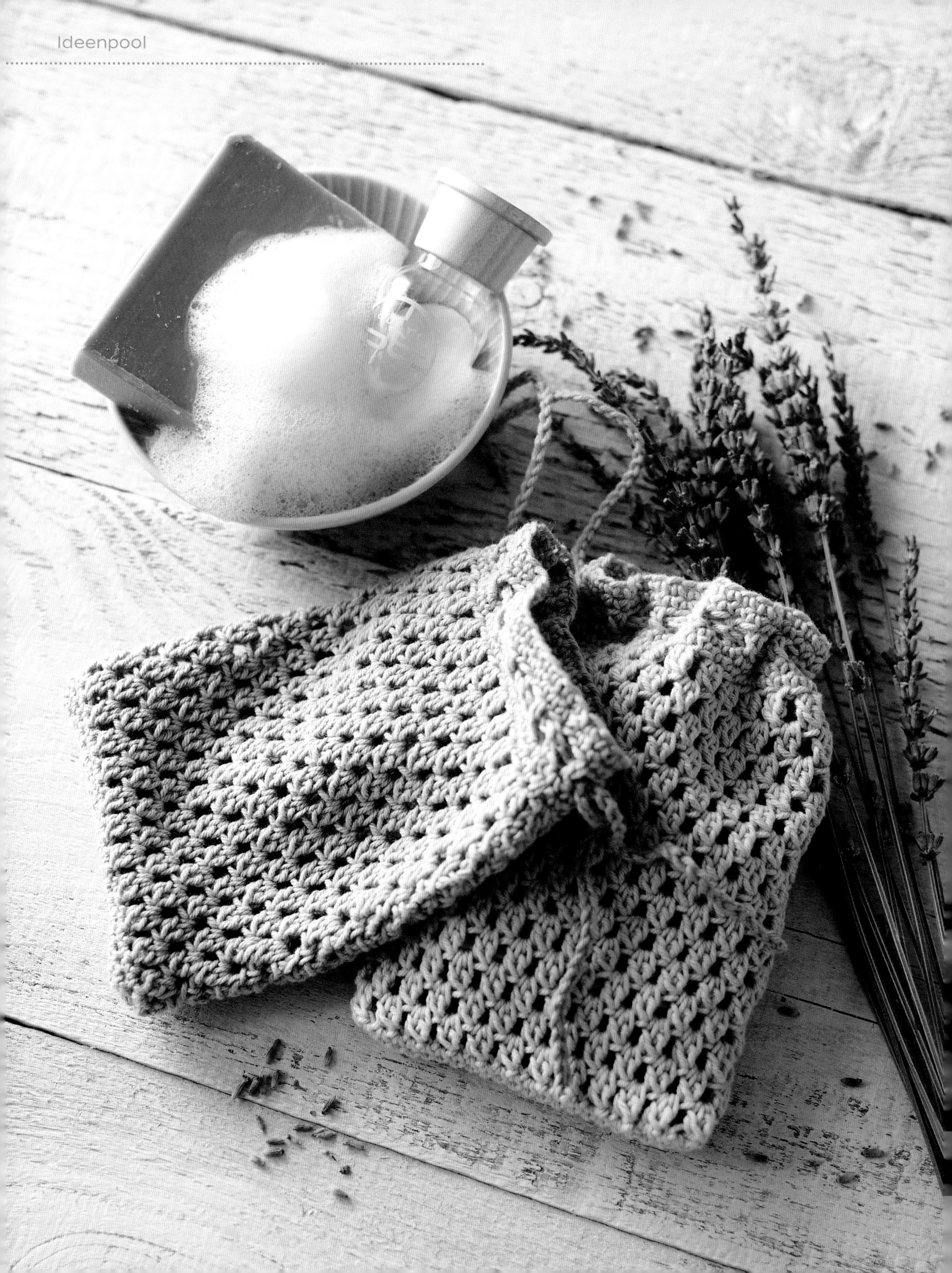

Seifensäckchen

Material 

Schwierigkeitsgrad

Größe

10 cm x 15 cm

Material

- Anchor Baby Pure Cotton in Beige (Fb 107) und Grau (Fb 398), je 50 g
- Häkelnadel 3,0 mm

2 Stäbchen in 1 Masche zusammen abmaschen

Für * 1 Stb 1 U auf die Nd nehmen, in die M einstechen, den Faden durchholen und die ersten 2 Schlingen abmaschen. Ab * noch 1x wdh in dieselbe M. Es liegen 3 Schlingen auf der Nd. Den Faden holen und durch alle 3 Schlingen ziehen.

Netzmuster

M-Zahl teilbar durch 2.

1. Rd: (3 Lm, 1 Stb) in 1 M und zusammen abmaschen, * 1 Lm, 1 M übergehen, 2 zusammen abgemaschte Stb in 1 M, ab * fortlaufend wdh. Enden mit 1 Lm, 1 Km in die 3. Lm.

2. Rd: 3 Steige-Lm, * 1 Lm, 1 M übergehen, 2 zusammen abgemaschte Stb um die Lm häkeln, ab * fortlaufend wdh. Enden mit 1 Stb, 1 Km in die 3. Lm.

3. Rd: (3 Lm, 1 Stb) in 1 M und zusammen abmaschen, * 1 Lm, 1 M übergehen, 2 zusammen abgemaschte Stb um die Lm, ab * fortlaufend wdh. Enden mit 1 Lm, 1 Km in 2 zusammen abgemaschten Stb vom Rd-Beginn.

Die 2. und 3. Rd fortlaufend wdh.

Anleitung

In der gewünschten Fb 46 Lm anschlagen, mit 1 Km zur Rd schließen. Weiter in geschlossenen Rd häkeln.

1.+2. Rd: 1 Steige-Lm, fM häkeln. Mit 1 Km schließen.

Nun das Bündchen für den Banddurchzug häkeln:

3. Rd: 3 Lm (= 1. Stb), * 1 Lm, 1 M übergehen, 1 Stb, ab * fortlaufend wdh, enden mit 1 Lm, 1 M übergehen, 1 Km in die 3. Steige-Lm.

4.+5. Rd: 1 Lm, fM häkeln. Mit 1 Km schließen.

6.-8. Rd: Die 1.-3. Rd des Netzmusters häkeln.

9.-20. Rd: Die 7.+8. Rd noch 6x wdh.

21.+22. Rd: 1 Lm, fM häkeln. Mit 1 Km schließen.

Den Faden nicht abschneiden.

Das Seifensäckchen durch die Mitte auf links ziehen und mit 1 R fM die 22. Rd zusammenhäkeln. Der Rd-Wechsel ist der Rd-Beginn und kennzeichnet eine seitliche Ecke. Das Seifensäckchen wieder auf rechts ziehen.

Fertigstellen

Alle Fäden vernähen. Das Seifensäckchen in Form ziehen, anfeuchten und trocknen lassen. Für das Bindebändchen eine 40 cm lange Lm-Kette häkeln und durch den Banddurchzug fädeln.

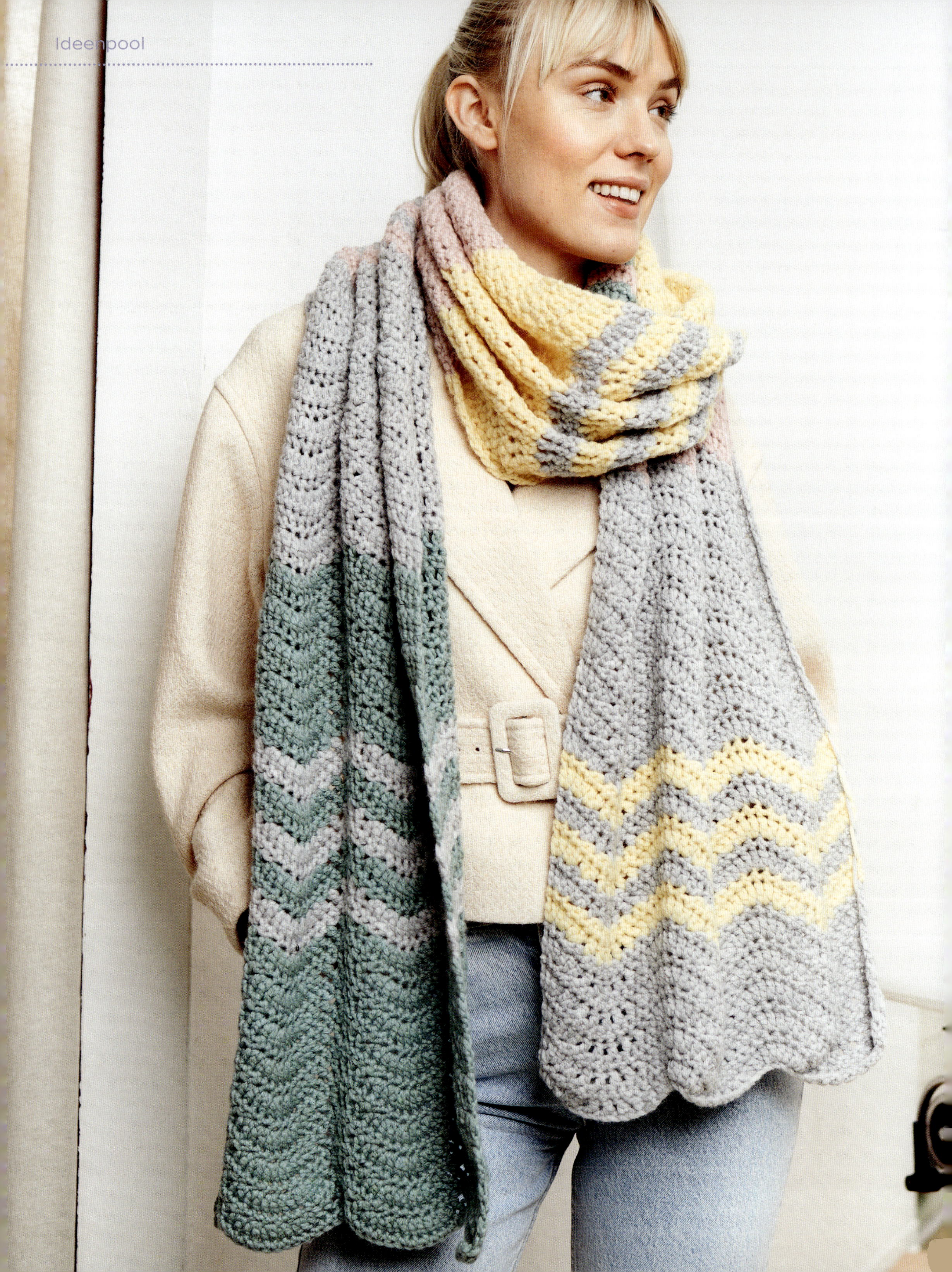

Wellenschal

Material 

Schwierigkeitsgrad

Größe

36 cm x 250 cm

Material

- Lana Grossa Alta Moda Cashmere 16 (LL 110 m/50 g) in Hellgrau meliert (Fb 01), 200 g, Zartgelb (Fb 55), Zartrosa (Fb 39) und Minttürkis (Fb 34), je 100 g
- Häkelnadel 7,0 mm

Maschenprobe

Mit Nd 7,0 mm im Wellenmuster 14 M und 9 R = 10 cm x 10 cm

Streifenfolge 1: 2 R Zartgelb, 2 R Hellgrau, 2 R Zartgelb, 2 R Hellgrau, 2 R Zartgelb
Streifenfolge 2: 2 R Minttürkis, 2 R Zartrosa, 2 R Minttürkis, 2 R Zartrosa, 2 R Minttürkis
Streifenfolge 3: 2 R Hellgrau, 2 R Zartgelb, 2 R Hellgrau, 2 R Zartgelb, 2 R Hellgrau
Streifenfolge 4: 2 R Zartrosa, 2 R Hellgrau, 2 R Zartrosa, 2 R Hellgrau, 2 R Zartrosa
Streifenfolge 5: 2 R Hellgrau, 2 R Minttürkis, 2 R Hellgrau, 2 R Minttürkis, 2 R Hellgrau

Wellenmuster

M-Zahl teilbar durch 17 + 3 Steige-Lm.
In R nach der Häkelschrift häkeln. 3 Steige-Lm ersetzen am R-Anfang das 1. Stb. In jeder R mit den M vor dem Rapport beginnen, den markierten Rapport von 17 M fortlaufend wdh und mit den M nach dem Rapport enden. Die 1.-3. R 1x arb, dann die 2. und 3. R fortlaufend wdh.

Anleitung

In Hellgrau meliert 51 Lm + 3 Wende-Lm anschlagen und in R im Wellenmuster häkeln, dabei bei den kurzen Fb-Wechseln den Faden der nicht benötigten Fb seitlich hochziehen.

1.-10. R: Das Wellenmuster in Hellgrau häkeln.
11.-20. R: Das Wellenmuster in Streifenfolge 1 häkeln.
21.-38. R: Das Wellenmuster in Hellgrau häkeln.
39.-48. R: Das Wellenmuster in Zartrosa häkeln.
49.-58. R: Das Wellenmuster in Streifenfolge 2 häkeln.
59.-76. R: Das Wellenmuster in Zartrosa häkeln.
77.-86. R: Das Wellenmuster in Zartgelb häkeln.
87.-96. R: Das Wellenmuster in Streifenfolge 3 häkeln.
97.-114. R: Das Wellenmuster in Zartgelb häkeln.
115.-124. R: Das Wellenmuster in Hellgrau häkeln.
125.-134. R: Das Wellenmuster in Streifenfolge 4 häkeln.
135.-152. R: Das Wellenmuster in Hellgrau häkeln.
153.-162. R: Das Wellenmuster in Minttürkis häkeln.
163.-172. R: Das Wellenmuster in Streifenfolge 5 häkeln.
173.-190. R: Das Wellenmuster in Minttürkis häkeln.
Den Faden abschneiden und durchziehen.

Fertigstellen

Alle Fäden vernähen. Den Schal anfeuchten, auf die angegebene Größe spannen und trocknen lassen.

○ = Luftmasche
× = feste Masche
Stäbchen-Symbol = Stäbchen
V-Symbol = 2 Stäbchen in eine Einstichstelle

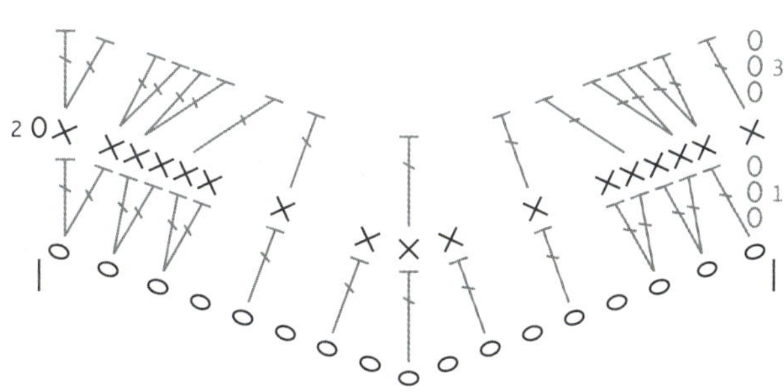

Rapport = 17 Maschen

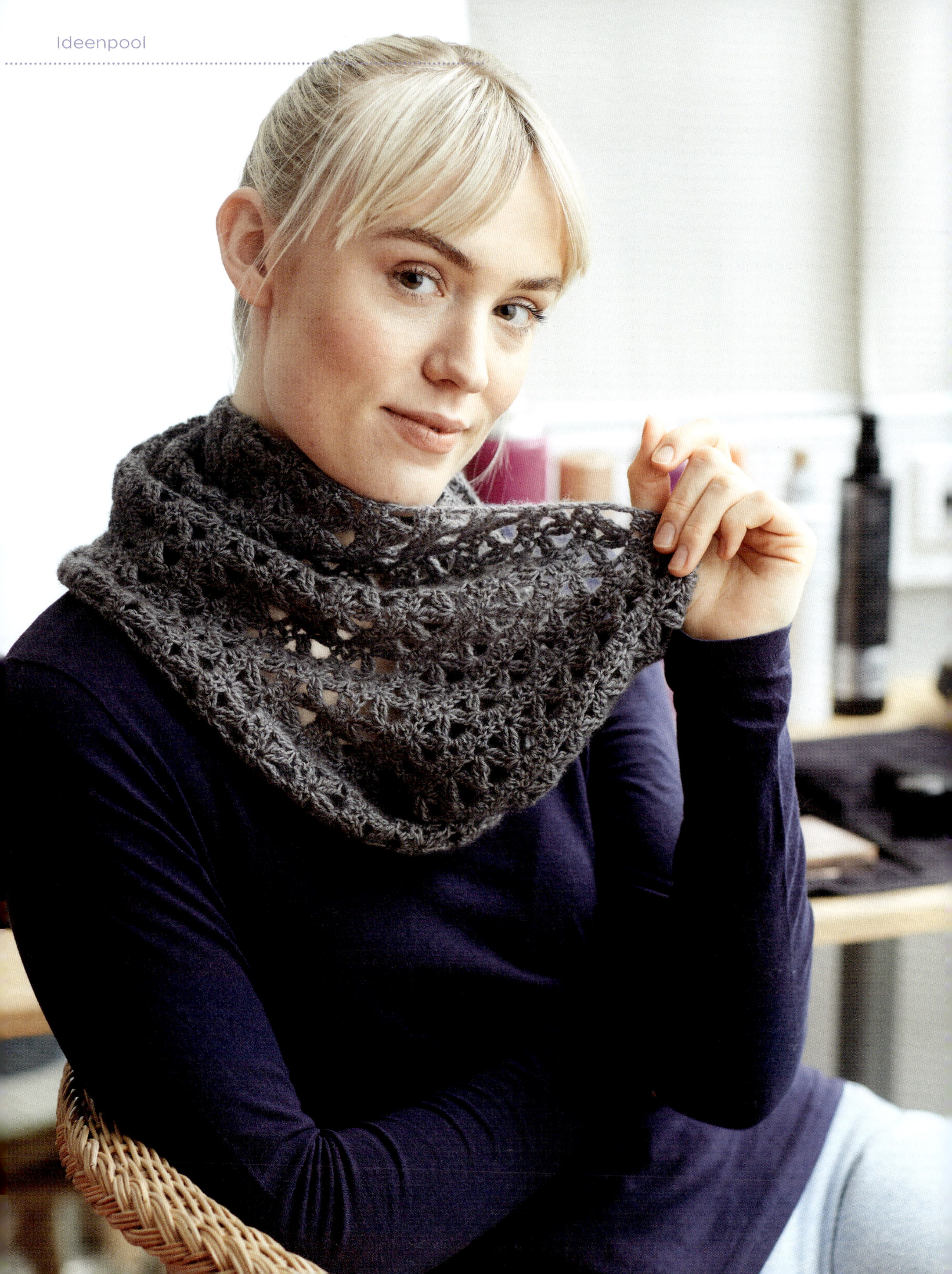

Winter-Loop

Material 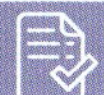

Schwierigkeitsgrad

 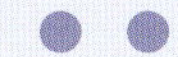

Größe

35 cm breit
65 cm Umfang

Material

- Lana Grossa Ecopuno Dégradé (LL 380 m/100 g) in Dunkelgrau/Schiefer (Fb 407), 100 g
- Häkelnadel 4,0 mm

Maschenprobe

Mit Nd 3,0 mm im Zackenmuster
18 M und 6,5 R = 10 cm x 10 cm

Zackenmuster

M-Zahl teilbar durch 4+2+3 Wende-Lm.
1. R: Ab der 4. Lm ab Nd Stb häkeln.
2. R: 3 Wende-Lm, 1 Lm, * 1 Lm, (2 Stb in 1 M, 3 M übergehen, 2 Stb in 1 M) 4 Stb zusammen abmaschen, 2 Lm, ab * fortlaufend wdh, enden mit 1 Stb.
3. R: 3 Wende-Lm, Stb häkeln.
Die 1.-3. R 1x häkeln, dann die 2.+3. R fortlaufend wdh.

Anleitung

65 Lm (= 60+2 Lm + 3 Wende-Lm) anschlagen und weiter im Zackenmuster häkeln. In einer Höhe von ca. 66 cm, nach einer 2. Musterreihe den Faden abschneiden und durchziehen.

Fertigstellen

Den Loop auf die angegebene Größe spannen, anfeuchten und trocknen lassen, dann die Anschlagskante mit der oberen Kante zusammennähen. Alle Fäden vernähen.

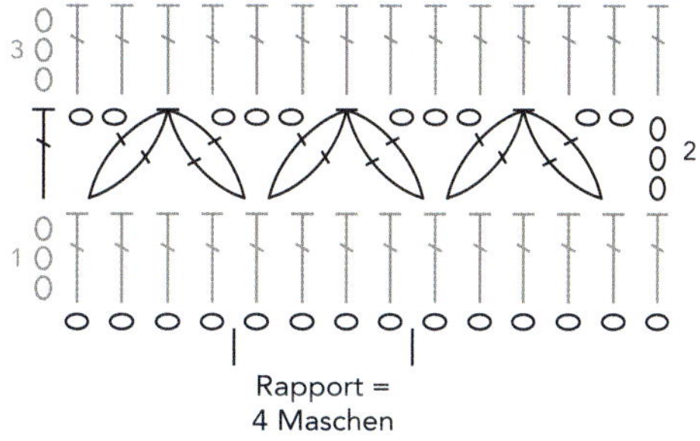

○ = Luftmasche

= Stäbchen

= 1 Stäbchengruppe: 4 Stäbchen zusammen abmaschen, dabei 2x je 2 Stäbchen in eine Einstichstelle häkeln, Abstand dazwischen sind 3 Stäbchen der Vorreihe; für jede weitere Stäbchengruppe innerhalb einer Reihe, liegt die Einstichstelle für das 1. und 2. Stäbchen zusammen mit der vorherigen Stäbchengruppe.

Damenmütze

Material 

Schwierigkeitsgrad

Größe

Kopfumfang 56-58 cm

Material

- Lang Yarns Wooladdicts Earth (LL 65 m/50 g) in Rose (Fb 48) und Quarz (Fb 09), je 100 g
- Häkelnadel 5,0 mm

Maschenprobe

Mit Nd 5,0 mm und fM in die hinteren M-Glieder 15 M und 14 R = 10 cm x 10 cm

3 Stäbchen in 1 Masche zusammen abmaschen

Für * 1 Stb 1 U auf die Nd nehmen, in die M einstechen, den Faden durchholen und die ersten 2 Schlingen abmaschen. Ab * noch 2x wdh. Es liegen 4 Schlingen auf der Nd. Den Faden holen und durch alle 4 Schlingen ziehen.

4 Stäbchen in 2 Maschen zusammen abmaschen

* [** 1 U auf die Nd nehmen, in die 1. M einstechen, den Faden durchholen und die ersten 2 Schlingen abmaschen. Ab ** in dieselbe M noch 1x wdh. Es liegen 3 Schlingen auf der Nd]. Ab * noch 1x wdh, dabei in die 2. M arb. Es liegen 5 Schlingen auf der Nd. Den Faden holen und durch alle 5 Schlingen ziehen.

Anleitung

Für das Bündchen in Rose 24 Lm + 1 Wende-Lm anschlagen. Weiter in R häkeln und am Ende jeder R 1 Wende-Lm arb.

1. R: Ab der 2. Lm von der Nd aus 24 fM häkeln.

2.-66. R: Jeweils 24 fM in die hinteren M-Glieder häkeln.

Den Faden nicht abschneiden, sondern das Bündchen an der langen Seite zur Hälfte legen und mit 1 R Km zusammenhäkeln.

Zu Quarz wechseln und weiter über eine Seitenkante des Bündchens in geschlossenen Rd wie folgt arb, dabei jede Rd mit 3 Steige-Lm beginnen und mit 1 Km in die 3. Steige-Lm schließen.

1. Rd: In die seitliche Kante des Bündchens 32 M aus 3 zusammen abgemaschten Stb häkeln, d.h. in jede 2. Rdm 1 M arb.

2.-4. Rd: Jeweils 32 M aus 3 zusammen abgemaschten Stb häkeln.

5. Rd: Bei jeder 7. und 8. M 4 Stb in 2 M und zusammen abmaschen (= 28 M).

6. Rd: Bei jeder 6. und 7. M 4 Stb in 2 M und zusammen abmaschen (= 24 M).

7. Rd: Bei jeder 5. und 6. M 4 Stb in 2 M und zusammen abmaschen (= 20 M).

8. Rd: Bei jeder 2. und 3. M 4 Stb in 2 M und zusammen abmaschen, bei der 3. und 4. M 4 Stb in 2 M und zusammen abmaschen, weiter * bei der 2. und 3. M 4 Stb in 2 M zusammen abmaschen, ab * noch 1x wdh, bei der 3. und 4. M 4 Stb in 2 M und zusammen abmaschen, bei der 2. und 3. M 4 Stb in 2 M und zusammen abmaschen (= 14 M).

9. Rd: * Bei der 1. und 2. M 4 Stb in 2 M und zusammen abmaschen, ab * noch 6x wdh (= 7 M).

Den Faden mit einer Länge von 25 cm abschneiden und durchziehen.

Fertigstellen

Den Schlussfaden in eine Nd fädeln, durch die verbliebenen 7 M ziehen, nach innen führen und so die Mütze schließen. Alle Fäden vernähen. Die Mütze in Form ziehen, anfeuchten und trocknen lassen. Das Bündchen zur Hälfte nach außen umschlagen.

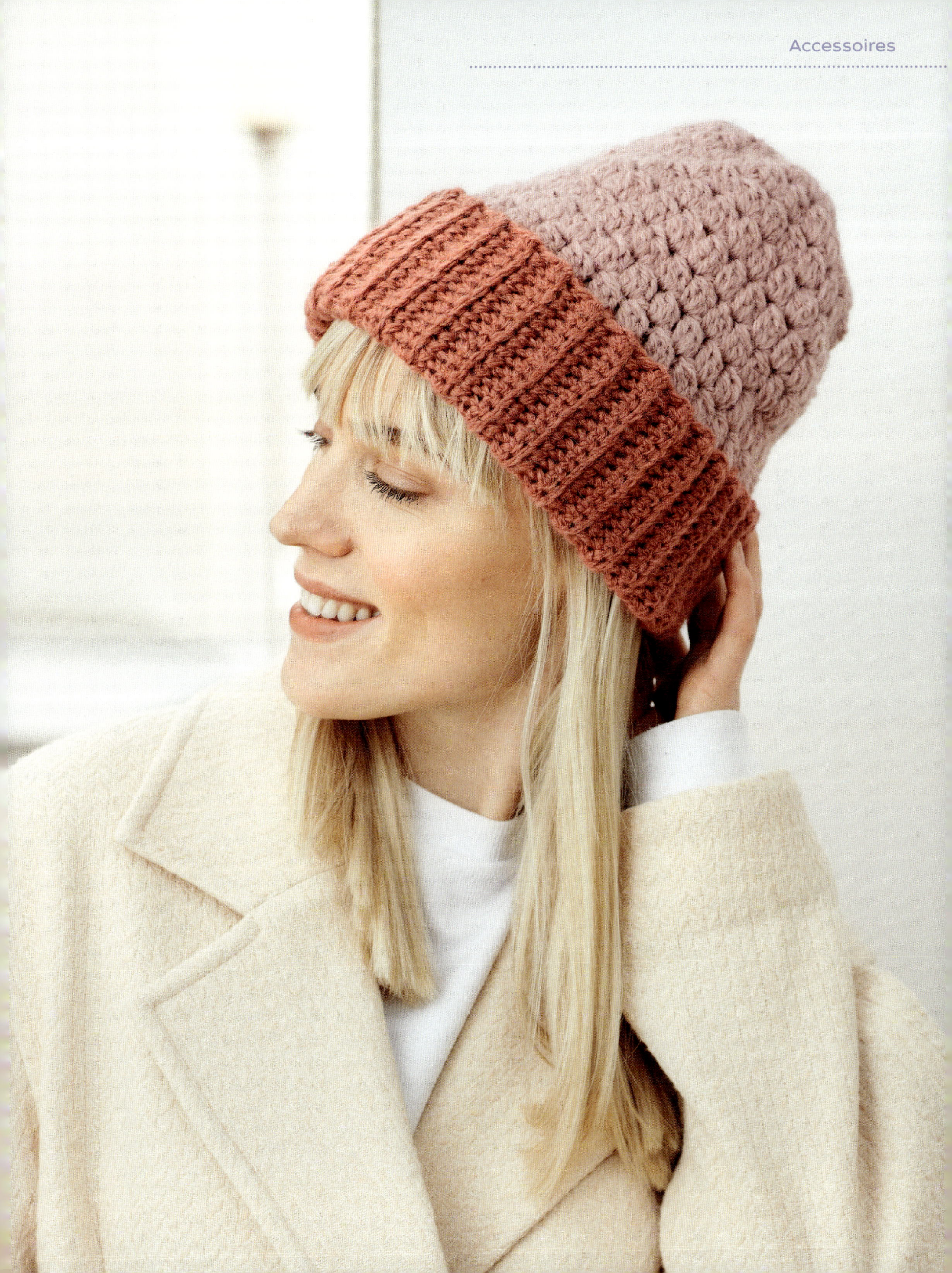

Dreieckstuch

Material 

Schwierigkeitsgrad

Größe

190 cm x 120 cm

Material

- Lana Grossa Silkhair Uni (LL 210 m/25 g) in Weißgrün (Fb 140), 75 g und Resedagrün (Fb 154), 25 g
- Häkelnadel 4,0 mm

Maschenprobe

Mit Nd 4,0 mm
im Lochmuster
19 M und 10 R
= 10 cm x 10 cm

Lochmuster

1 Lm + 3 Steige-Lm anschlagen. Weiter in R häkeln.

1. Rd: 4 Stb in die 1. Lm häkeln.

2. Rd: 3 Steige-Lm, 1 Stb in dieselbe M, 1 Lm, 1 Stb übergehen, 2 Stb in 1 Einstichstelle, 1 Lm, 1 Stb übergehen, 1 Stb in die 3. Steige-Lm der Vor-R.

3. R: 3 Steige-Lm, * 1 Lm, 2 Stb zwischen die beiden Stb der Vor-R, ab * fortlaufend wdh, enden mit 1 Lm, 1 Stb in die 3. Steige-Lm.

4. R: 3 Steige-Lm, 1 Stb in dieselbe M, * 1 Lm, 2 Stb zwischen die beiden Stb der Vor-R, ab * fortlaufend wdh, enden mit 1 Lm, 1 Stb in die 3. Steige-Lm.

Die 1.-4. R 1x häkeln, dann die 3. und 4. R fortlaufend wdh.

Anleitung

In Weißgrün 1 Lm + 3 Steige-Lm anschlagen. Weiter das Lochmuster in R häkeln bis zu einer Höhe von ca. 125 cm (an der geraden Kante gemessen).

In Resedagrün die 3. und 4. R so oft wdh, bis 18 cm in Resedagrün gehäkelt sind.

Den Faden abschneiden und durchziehen.

Fertigstellen

Alle Fäden vernähen. Das Tuch anfeuchten, auf die angegebenen Maße spannen und trocknen lassen.

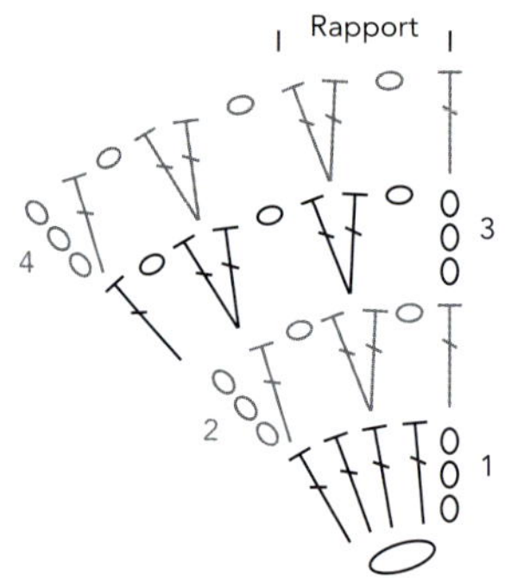

○ = Luftmasche

Ŧ = Stäbchen

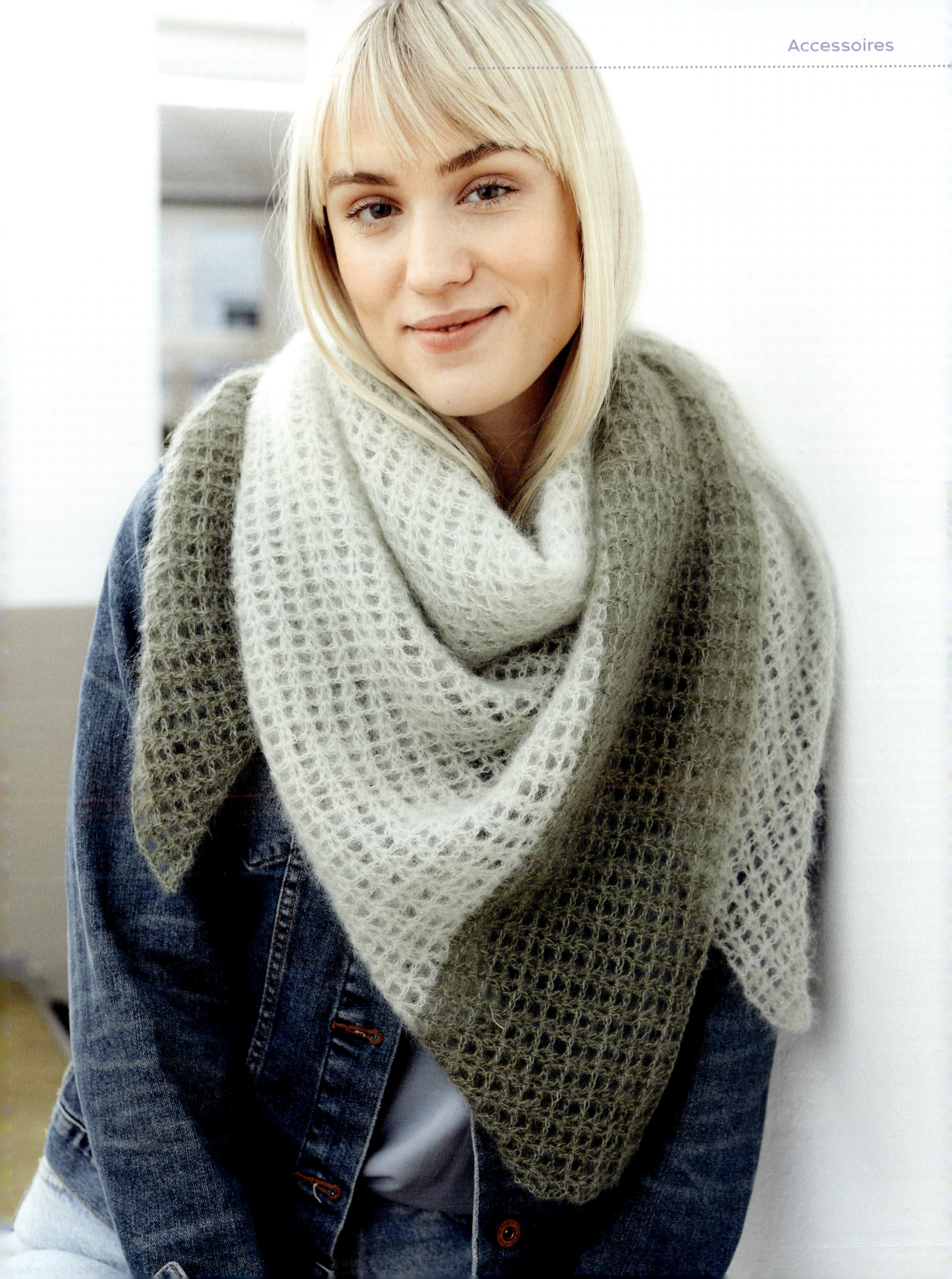

Sommer-Loop

Material 

Schwierigkeitsgrad

Größe

17 cm breit
140 cm Umfang

Material

- Schachenmayr Catania Grande (LL 63 m/50 g) in Leinen (Fb 3248), 200 g
- Häkelnadel 5,0 mm

Maschenprobe

Mit Nd 5,0 mm und Stb
14 M und 6 R = 10 cm x 10 cm

Anleitung

27 Lm und 3 Wende-Lm anschlagen. Weiter in R mit den angegebenen Wende-Lm häkeln. Die letzte M jeder R jeweils in die oberste Lm der Vor-R einstechen.

1. R: Ab der 4. Lm von der Nd aus 27 Stb häkeln.

2.-6. R: 3 Lm (= 1. Stb), 27 Stb in die hinteren M-Glieder häkeln.

7. R: 4 Lm (= 1. DStb), DStb in die hinteren M-Glieder arb.

8. R: 4 Lm (= 1. DStb), weiter in die hinteren M-Glieder arb: 1 Lm, 1 DStb übergehen, * 1 DStb, 1 Lm, 1 DStb übergehen, ab * fortlaufend wdh, enden mit 1 DStb.

9. R: 4 Wende-Lm (= 1. DStb), in die hinteren M-Glieder arb: 1 Lm, 1 Lm übergehen, * 1 DStb, 1 Lm, 1 Lm übergehen, ab * fortlaufend wdh, enden mit 1 DStb.

10. R: 4 Lm (= 1. DStb), in die hinteren M-Glieder arb: * 1 DStb um die Lm der Vor-R, 1 DStb, ab * fortlaufend wdh, 1 DStb in die 4. Wende-Lm der Vor-R häkeln.

11.-13. R: Die 8.-10. R noch 1x wdh.

14.-65. R: Die 1.-13. R noch 4x wdh.

Den Faden abschneiden und durchziehen.

Fertigstellen

Das Häkelstück spannen, anfeuchten und trocknen lassen. Anschlag- und Abschlusskante mit fM zusammenhäkeln.

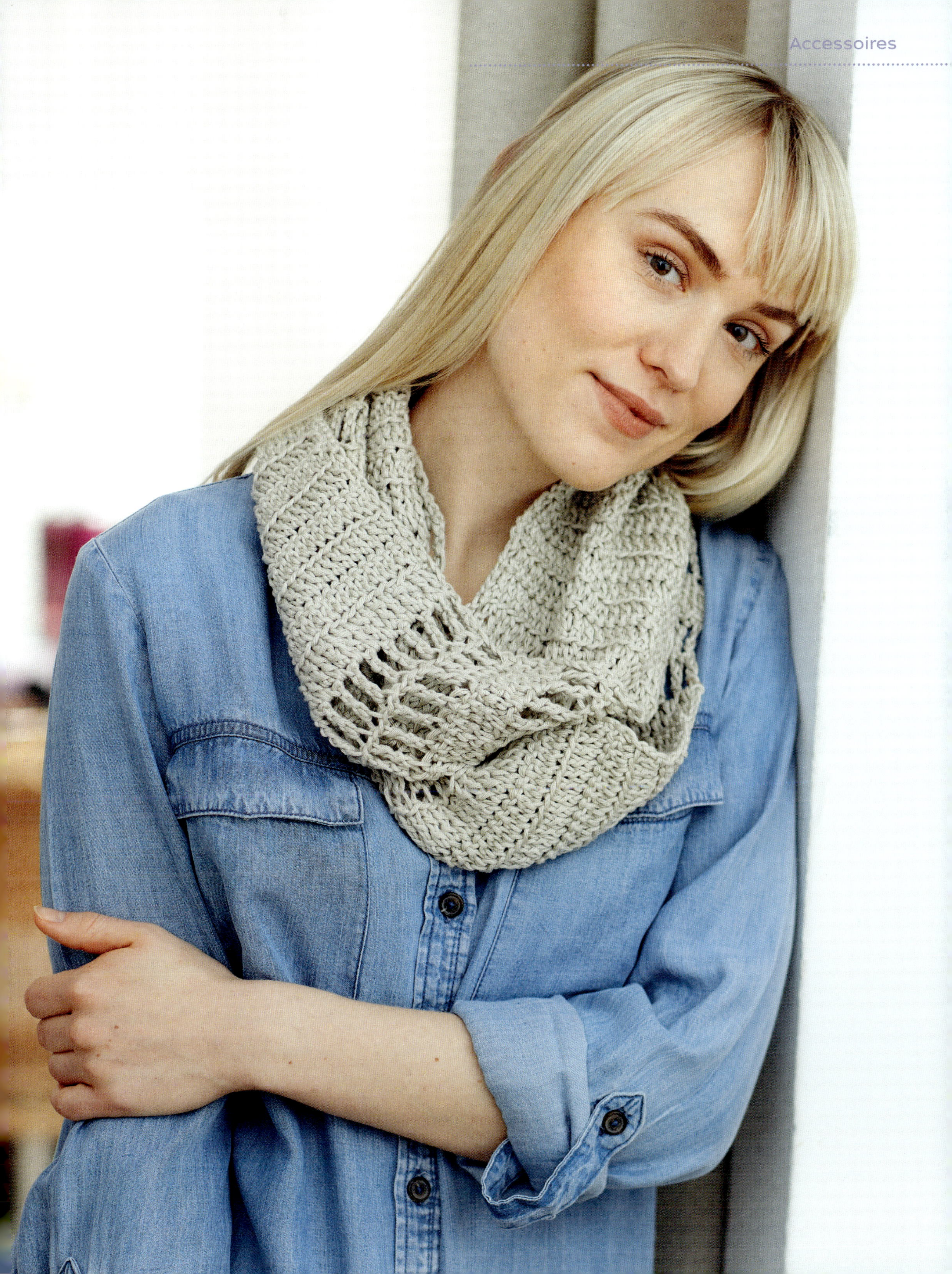

Top

Material 

Schwierigkeitsgrad

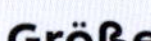

Größe

36, 38/40, 42/44, 46
Die Angaben für die verschiedenen Größen sind durch Schrägstriche getrennt. Steht nur eine Angabe, gilt diese für alle Größen.

Material

- Lana Grossa Cara (LL 120 m/50 g) in Lila (Fb 08), 300/300/350/350 g
- Häkelnadel 4,0 mm

Maschenprobe

Mit Nd 4,0 mm und Stb
16 M und 8,5 R
= 10 cm x 10 cm

Schnittzeichnung

Seite 133

V-Stäbchenmuster

M-Zahl teilbar durch 3+1+3 Steige-Lm.
In R nach der Häkelschrift häkeln. In jeder R mit den M vor dem Rapport beginnen, den markierten Rapport von 3 M fortlaufend wdh und mit den M nach dem Rapport enden. Die 1.-3. R 1x arb, dann die 2. und 3. R fortlaufend wdh.
In der 2. und 3. R die Stb-Paare zwischen die Stb der Stb-Paare der Vor-R arb.

Abnahmen rechte Kante

3 Steige-Lm (= 1. Stb), 2 Stb zusammen abmaschen.

Abnahmen linke Kante

Stb arb bis 3 M vor R-Ende, 2 Stb zusammen abmaschen, 1 Stb.

Anleitung

Rückenteil

73/79/88/94 Lm + 3 Steige-Lm (= 1. Stb) anschlagen. Weiter in R häkeln und mit 3 Lm wenden.
1.-5. R: Ab der 4. Lm ab Nd Stb häkeln.
6.-11. R: Im V-Stäbchenmuster nach der Häkelschrift arb.
Weiter Stb in R häkeln bis zu einer Höhe von 35/36/37/38 cm.
Für den Armausschnitt in der folgenden Hinr wie folgt arb:
Hinr: 6 Km, 3 Steige-Lm (zählen nicht als M), Stb arb bis 6 M vor R-Ende (die letzten 6 M bleiben unbehäkelt).
Rückr: 2 Km, 3 Steige-Lm, Stb arb bis 2 M vor R-Ende (die letzten 2 M bleiben unbehäkelt).
Diese R noch 1x wdh.
Abnahme-R: 3 Steige-Lm, 2 Stb zusammen abmaschen, Stb arb bis 3 M vor R-Ende, 2 Stb zusammen abmaschen, 1 Stb.
Diese Abnahme-R noch 5/6/7/7x wdh.
Weiter Stb in R häkeln. ***
Für den Halsausschnitt in einer Höhe von 49/51/53/56 cm die mittleren 11/15/15/19 M unbehäkelt lassen und die Seiten getrennt voneinander beenden. Für die Ausschnittschrägung an der inneren Kante am R-Anfang bzw. R-Ende 5x 1 M abnehmen.
In einer Höhe von 58/60/63/66 cm den Faden abschneiden und durchziehen. Die andere Seite gegengleich beenden.

Vorderteil

Das Vorderteil bis *** wie das Rückenteil arb.
Für den Halsausschnitt in einer Höhe von 46 cm die mittleren 9/13/13/17 M unbehäkelt lassen und die Seiten getrennt voneinander beenden. Für die Ausschnittschrägung an der inneren Kante am R-Anfang bzw R-Ende 4x 1 M abnehmen, weiter in jeder 2. R noch 2x 1 M. In einer Höhe von 58/60/63/66 cm den Faden abschneiden und durchziehen. Die andere Seite gegengleich beenden.

Fertigstellen

Beide Teile wie in der Schnittzeichnung angegeben spannen, anfeuchten und trocknen lassen. Die Schulter- und Seitennähte schließen.
Alle Kanten mit 1 Rd fM umhäkeln.
Alle Fäden vernähen.

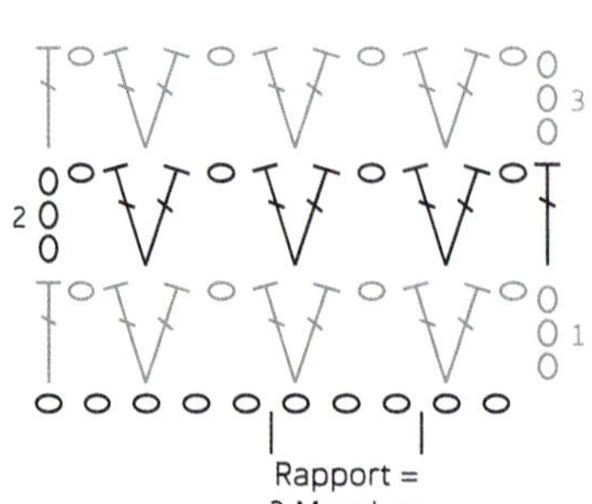

○ = Luftmasche

Ŧ = Stäbchen

Laufen Zeichen unten zusammen werden sie in eine Einstichstelle gehäkelt.

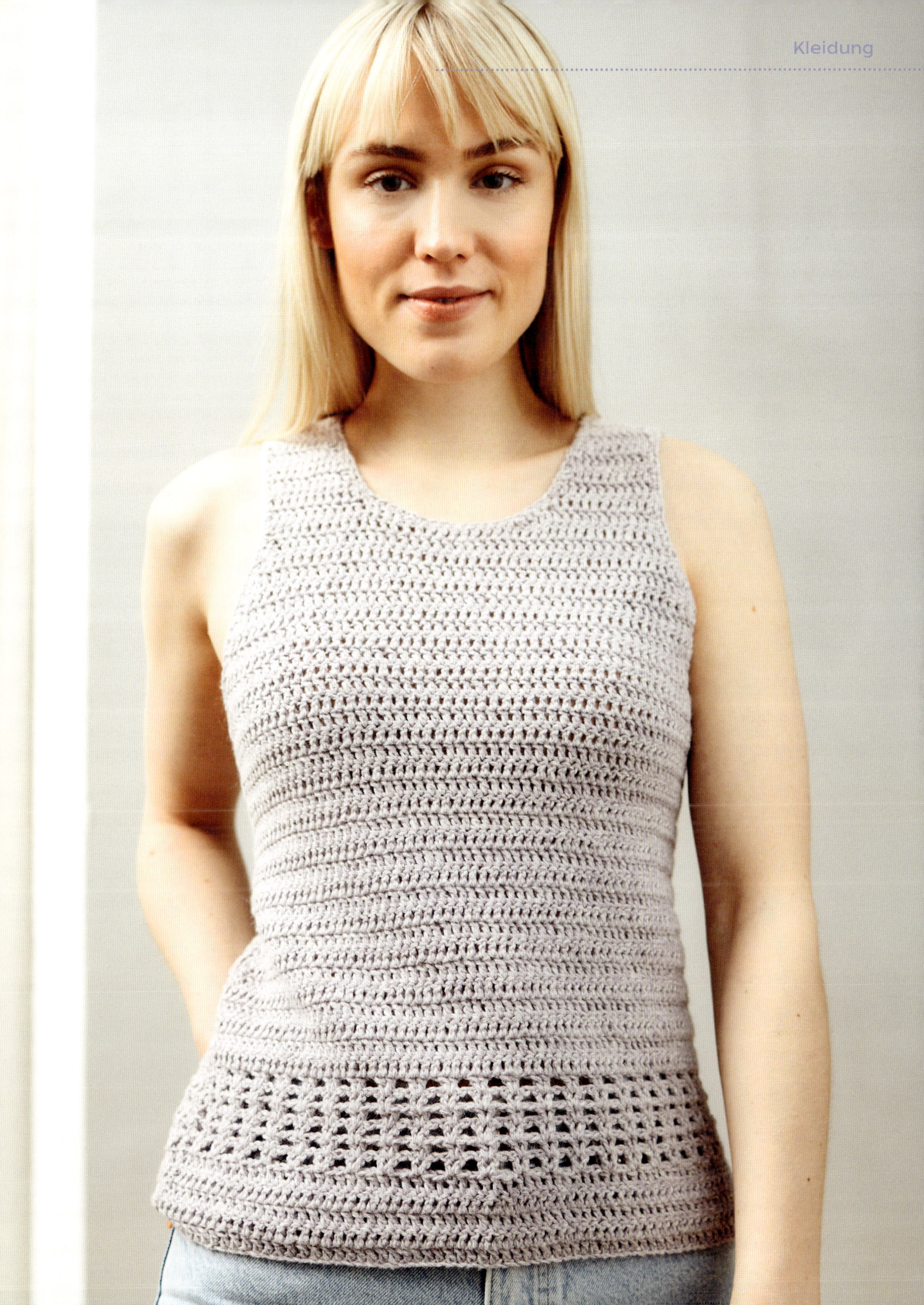

Notebook-Tasche

Material 

Schwierigkeitsgrad

 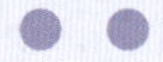

Größe

30 cm x 25 cm

Material

- Schachenmayr Catania (LL125 m/50 g) in Bast (Fb 257), 100 g, Hellblau (Fb 173), Apfel (Fb 205) und Rosa (Fb 246), je 50 g und Weiß (Fb 106), 100 g
- Häkelnadel 3,0 mm
- Wollfilz in Camel, 3 mm dick, 32 cm x 54 cm
- Nähgarn
- auswaschbarer Markierstift
- Holzknopf, ⌀ 3 cm

Häkelschrift und Skizzen

Seite 135, Skizze auf 30 cm vergrößern

Farbfolge 1: 1. Rd: Rosa, 2. Rd: Weiß, 3. Rd: Bast
Farbfolge 2: 1. Rd: Rosa, 2. Rd: Weiß, 3. Rd: Apfel
Farbfolge 3: 1. Rd: Rosa, 2. Rd: Weiß, 3. Rd: Hellblau

Büschelmasche

* 1 U auf die Nd nehmen, in die M einstechen, den Faden durchholen, ab * noch 3x wdh (= 9 Schlingen auf der Nd). Garn holen und alle Schlaufen zusammen abmaschen.

Steige-Büschelmasche

2 Lm, * 1 U auf die Nd nehmen, in die M einstechen, den Faden durchholen, ab * noch 2x wdh (= 7 Schlingen auf der Nd). Garn holen und alle Schlaufen zusammen abmaschen.

Anleitung

Hexagon-Blüte (28x)

Einen Magic-Ring anfertigen.
1. Rd: 3 Lm (= 1. Stb), 11 Stb in den Ring häkeln. Mit 1 Km zur Rd schließen.
2. Rd: Neue Fb mit 1 Km an 1 Stb anschlingen, 1 Steige-Büschel-M in dieselbe M, 2 Lm, * [1 Büschel-M, 2 Lm] in die folgende M, ab * noch 10x wdh, die Rd mit 1 Km in die Spitze der 1. Büschel-M schließen.
3. Rd: Neue Fb mit 1 Km in einen Lm-Bogen anschlingen, * [2 Stb, 2 Lm, 2 Stb] in den folgenden Lm-Bogen, 3 Stb in den folgenden Lm-Bogen, ab * noch 4x wdh.
4. Rd: 1 Lm, 1 fM in jedes Stb, 3 fM in jeden Lm-Bogen.
Insgesamt 28 Hexagon-Blüten häkeln, dabei 14 Hexagon-Blüten in der Fb-Folge 1, 7 Hexagon-Blüten in Fb-Folge 2 und 7 Hexagon-Blüten in Fb-Folge 3 arb.

Granny-Tasche

Die Grannys nach der Skizze auf Seite 135 in Bast zusammennähen.

Futter-Tasche

Den Wollfilz so falten, dass er in der Höhe der Granny-Tasche doppelt liegt. Die offenen Seiten mit 0,5 cm Nahtzugabe absteppen. Die Wollfilz-Tasche in die Granny-Tasche links auf links stecken. Den Wollfilz rundherum an die Oberkante der Granny-Tasche mit Stecknd feststecken und im Blindstich von Hand mit farblich passendem Nähgarn die Filztasche an die Granny-Tasche nähen.
Die Schablone auf die Klappe legen, mit Markierstift aufzeichnen und ausschneiden. Die Klappe mit Festonstich in Kiwi einsäumen. Damit der Festonstich schön gleichmäßig wird, im Abstand von 1 cm und 1 cm ab Kante mit dem Markierstift die Einstiche anzeichnen.
Das Garn in Apfel mit 1 Km in der 1. Schlinge des Festonstichs anschlingen, 1 Lm, 2 fM in dieselbe Schlinge, je 3 fM in jede weitere Schlinge. In der Mitte der Klappe 15 Lm für die Knopfschlaufe anschl, 1 Km in die 1. der 15 Lm, dann wieder in jede Schlinge 3 fM. Garn abschneiden und durchziehen.
Um die Knopfschlaufe zu verstärken, in Kiwi mit 1 Km in der 6. fM vor der Schlaufe anschlingen, 1 fM in jede der folgenden 5 fM, 20 fM in die Lm-Schlaufe, je 1 fM in die folgenden 5 fM, 1 Km in die folgende fM. Garn abschneiden und durchziehen.

Fertigstellen

Einen Platz für den Holzknopf bestimmen, dazu die Klappe schließen und den Knopf in Kiwi festnähen.

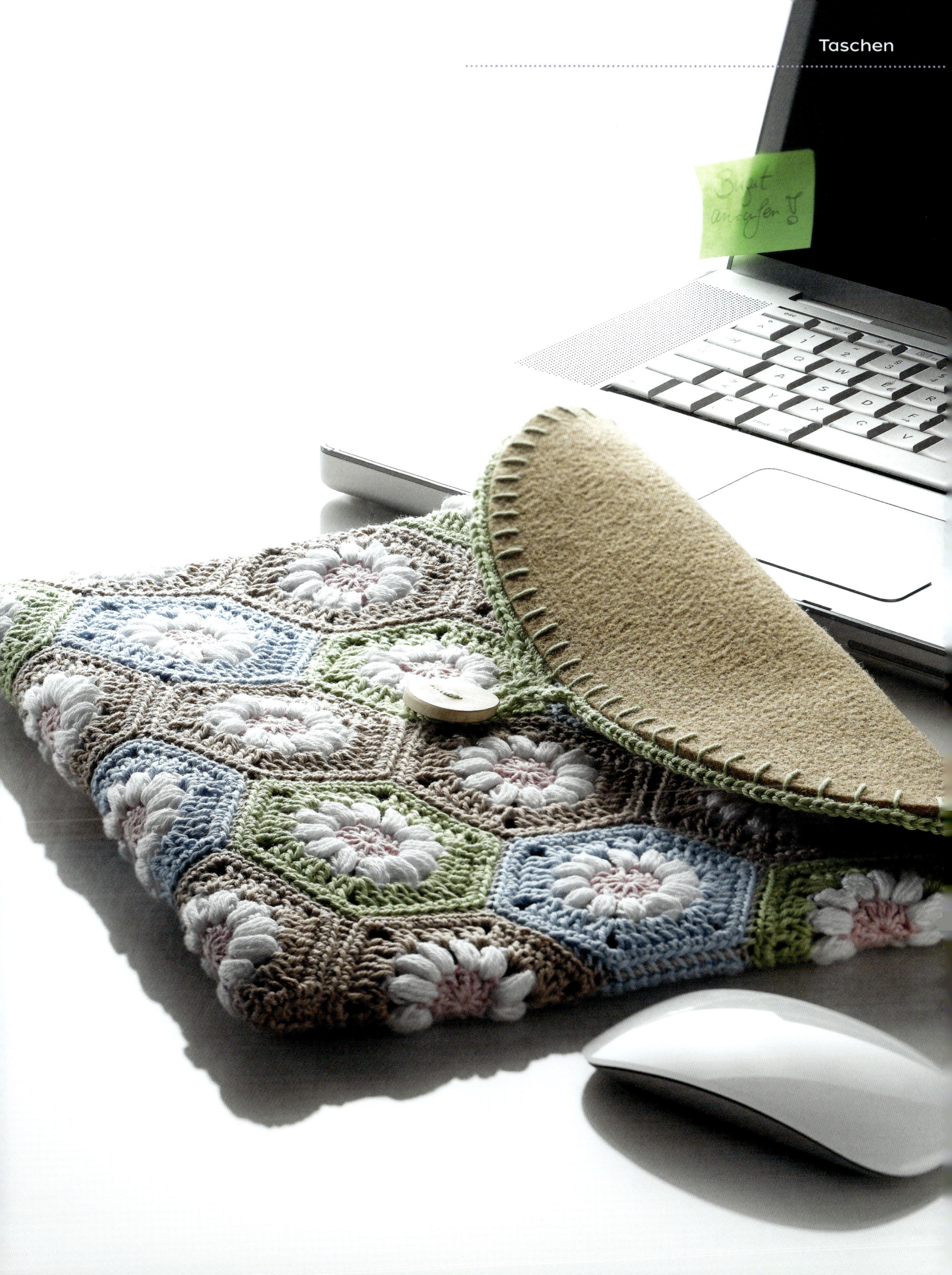

Clutch mit Intarsien

Material 

Schwierigkeitsgrad

● ● ●

Größe

ca. 20 cm x 12 cm

Material

- Schachenmayr Catania (LL 125 m/ 50 g) in Natur (Fb 105), 100 g, Royal (Fb 201) und Mimose (Fb 100), je 50 g
- Häkelnadel 3,0 mm
- 2 Druckknöpfe, ø 15 mm

Maschenprobe

fM mit Nd 3,0 mm in Rd
23 M und 27 Rd = 10 cm x 10 cm

Anleitung

In Natur 47 Lm und 1 Steige-Lm anschlagen. 1 R fM häkeln, dabei die 1. fM in die 2. Lm von der Nd aus häkeln. In die letzte Lm 3 fM häkeln und die Lm-Kette von der anderen Seite ebenfalls mit fM behäkeln, dabei in die letzte M 2 fM häkeln. Weiter fM in Spiral-Rd arb. In einer Höhe von ca. 12 cm bis zu einer Seitenkante häkeln. Über die folgende lange Seite für die Klappe über die mittleren 46 M das Zählmuster in Intarsientechnik häkeln.
Für die Handschlaufe über die äußeren linken 4 M 54 R fM häkeln, den Faden etwa 25 cm lang abschneiden und durchziehen. Den Streifen zu einer Schlaufe nach innen legen und annähen.

Fertigstellen

Die Tasche anfeuchten und in Form ziehen, trocknen lassen. Die beiden Druckknöpfe von innen an die Klappe und die gegenüberliegende Seite der Tasche nähen.

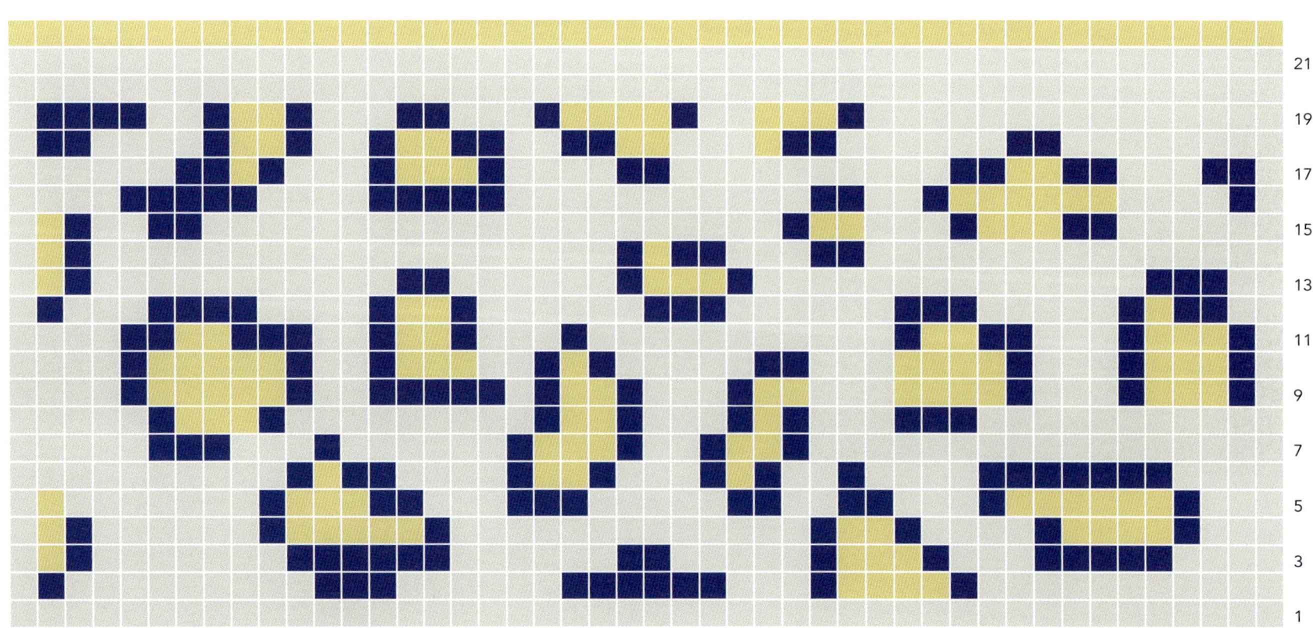

= 1 feste Masche in Natur
= 1 feste Masche in Mimose
= 1 feste Masche in Royal

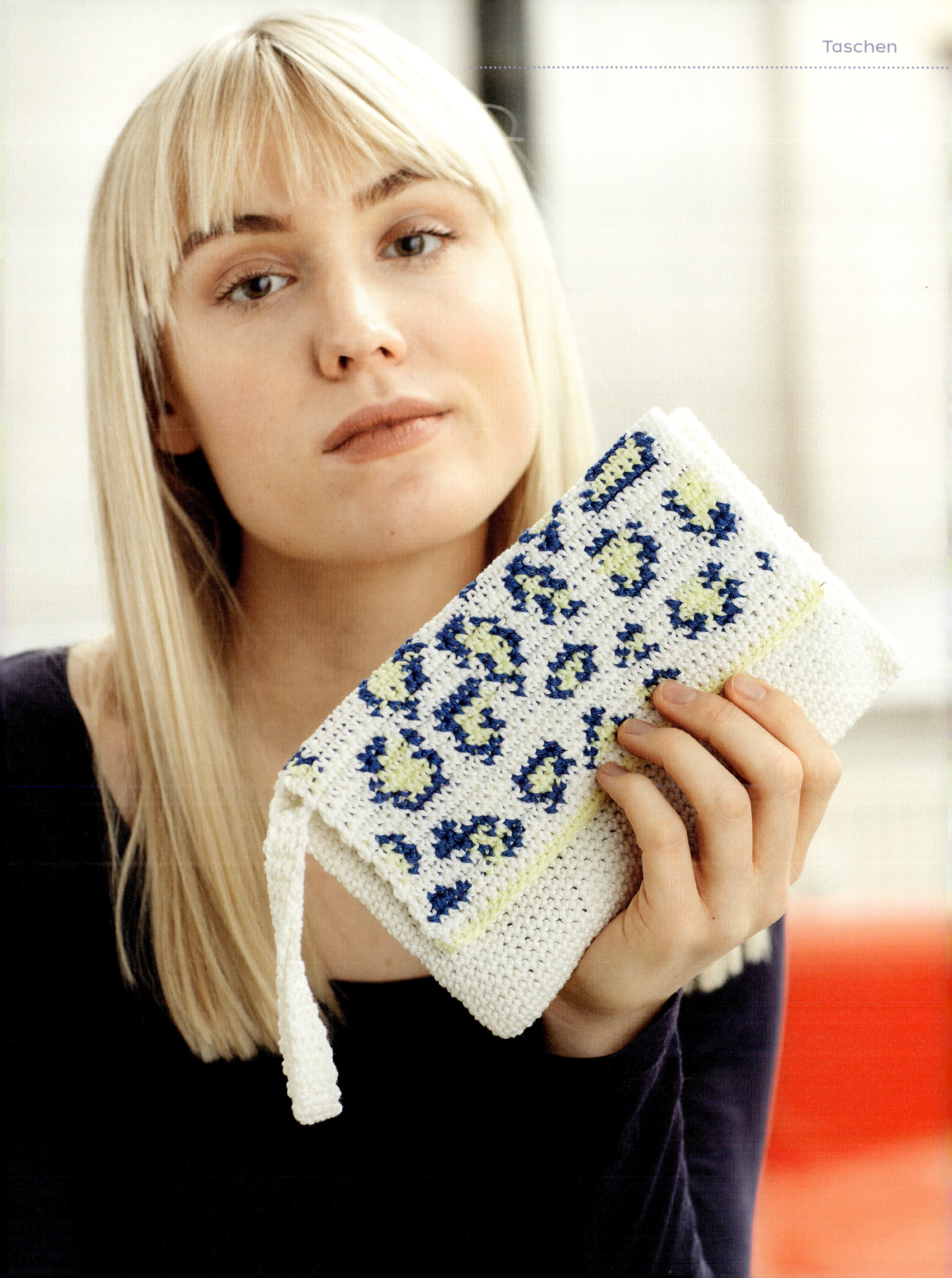

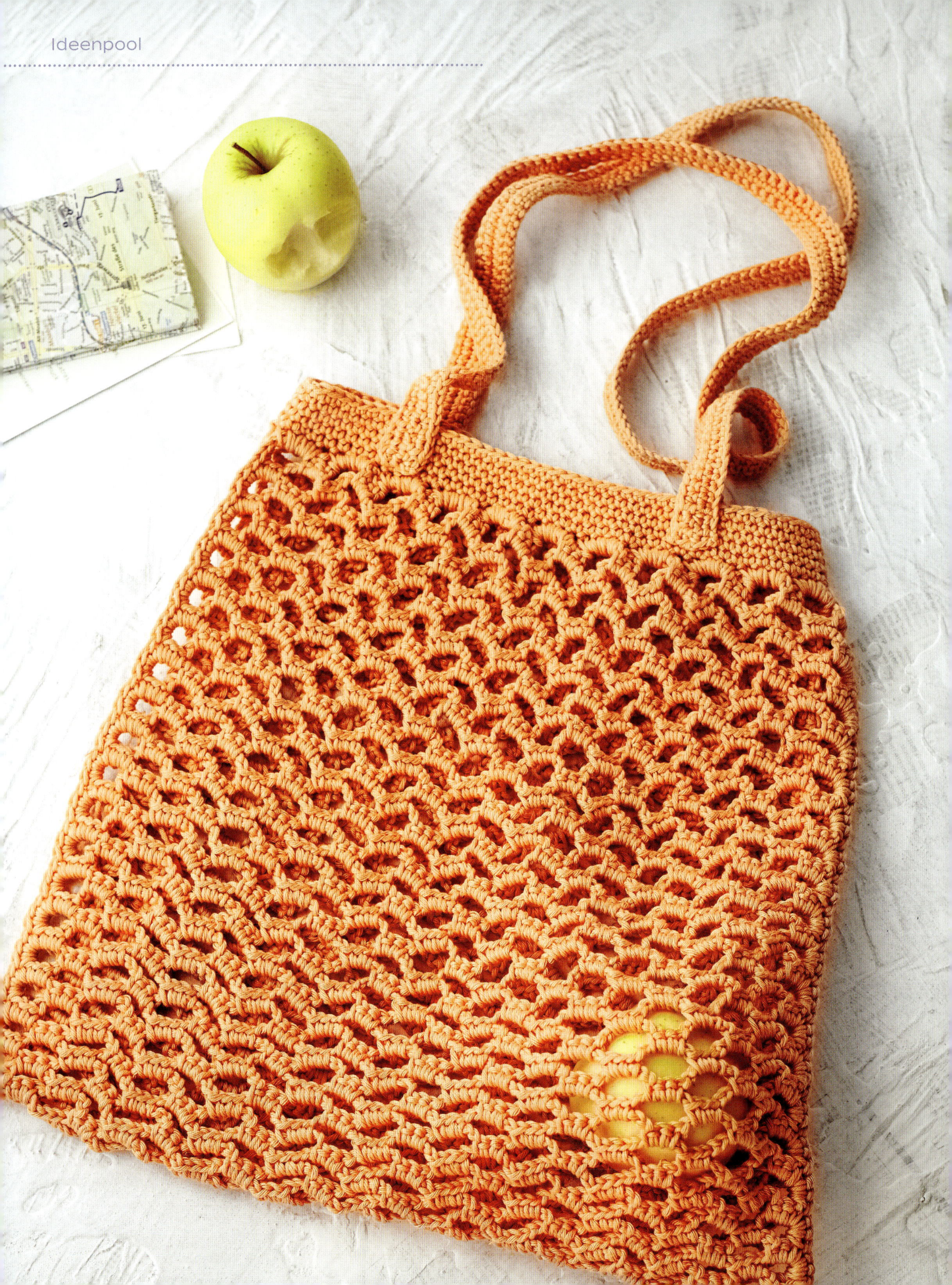

Einkaufsnetz

Material 

Schwierigkeitsgrad

Größe

30 cm x 38 cm

Material

- Schachenmayr Catania Grande (LL 63 m/50 g) in Mandarine (Fb 3230), 300 g
- Häkelnadel 3,5 mm

Bogenmuster

M-Zahl teilbar durch 4+5

1. R: In die 5. Lm ab Nd 3 fM häkeln, * 5 Lm, 3 M übergehen, 3 fM in die 4. M, ab * fortlaufend wdh.

2. R: * 5 Lm, 3 fM in den Lm-Bogen, ab * fortlaufend wdh.

Die 2. R fortlaufend wdh.

Anleitung

Taschenbeutel

In Mandarine 65 Lm anschlagen und weiter in R häkeln.

1. R: In die 5. Lm ab Nd 3 fM häkeln, * 5 Lm, 3 M übergehen, 3 fM in die 4. M, ab * fortlaufend wdh.

2.-75. R: * 5 Lm, 3 fM in den Lm-Bogen, ab * fortlaufend wdh.

Den Faden abschneiden und durchziehen.

Seitennähte

Das Häkelteil mittig zusammenlegen und zunächst an der linken Seite wie folgt zusammenhäkeln: Am Boden der Tasche anschlingen und in jedes durch das Muster entstandene Loch in Vorder- und Rückseite 3 fM nach oben häkeln. Oben den Faden abschneiden, durch die Arbeitsschlinge ziehen. Auf der gegenüberliegenden Seite ebenso arb, dort jedoch den Faden nicht abschneiden, sondern am oberen Taschenrand für das Bündchen wie folgt in Rd weiterhäkeln:

1. Rd: Von rechts nach links in jeden Bogen 4 fM häkeln.

2.-6. Rd: Jeweils 1 fM in jede fM häkeln.

Den Faden abschneiden und durchziehen.

Henkel (2x)

131 Lm anschl und weiter in R häkeln. Dabei am Ende jeder R 1 Wende-Lm arb.

1.-4. R: Jeweils 130 fM häkeln.

Den 2. Henkel ebenso häkeln..

Fertigstellen

Die Henkel auf beiden Seiten des Taschenbeutels fest annähen. Alle Fäden vernähen.

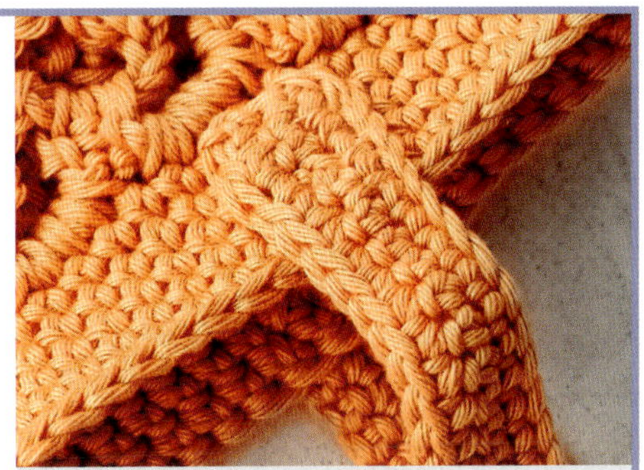

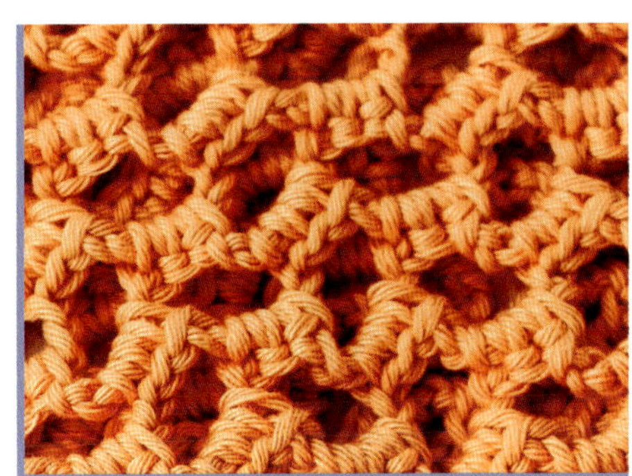

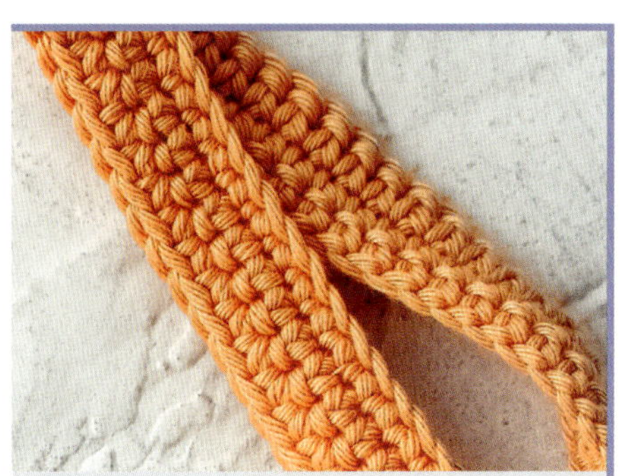

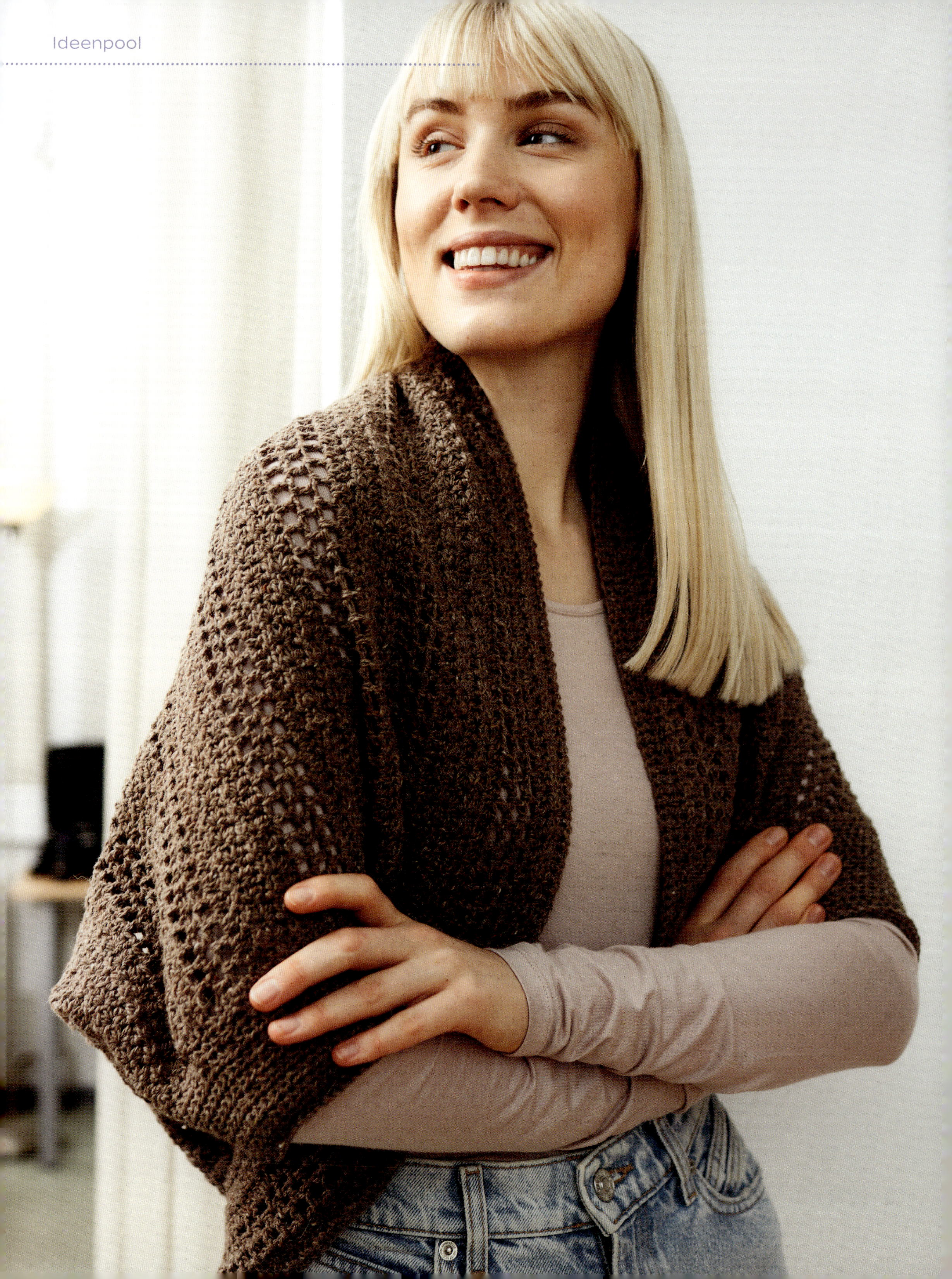

Seelenwärmer mit kleinen Sternen

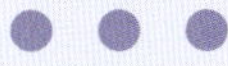

Material 

Schwierigkeitsgrad

● ● ●

Größe

36-42

Material

- Schachenmayr Tuscany Tweed (LL 170 m/50 g) in Erde (Fb 10), 400 g
- Häkelnadel 5,0 mm

Maschenprobe

Mit Nd 5,0 mm im Lochmuster 19 M und 10 R = 10 cm x 10 cm

Lochmuster

Ungerade M-Zahl + 3 Wende-Lm (= 1 Stb = 1 M) anschlagen. Das ergibt eine gerade M-Zahl.
Nach der Häkelschrift und wie folgt arb:
3. R: * 1 Stb, 1 Lm, 1 M übergehen, ab * fortlaufend wdh. Die R mit 1 Stb in die 2. Wende-Lm beenden. 3 Wende-Lm.
4. R: * 1 Stb um den folgenden Lm-Bogen, 1 Lm ab * fortlaufend wdh. Die R mit 1 Stb in die 3. Wende-Lm beenden. 3 Wende-Lm.
5. R: Wie die 4. R häkeln.
6. R: 1 Stb um den 1. Lm-Bogen, dann 2 Stb um jeden folgenden Lm-Bogen. Die R mit 1 Stb und 1 Stb in die 3. Wende-Lm beenden. 3 Wende-Lm.

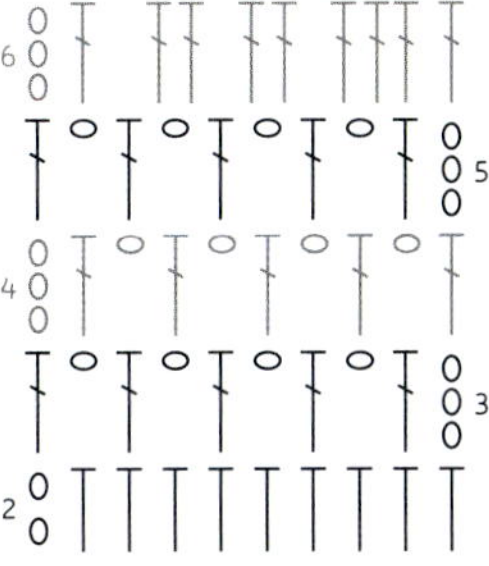

○ = Luftmasche

Ŧ = Stäbchen

Sternchenmuster

7. R: Je 1 Schlinge durch die 2. und 3. Lm von der Nd aus, je 1 Schlinge aus den nächsten 3 M (= 6 Schlingen auf der Nd), 1 U, Faden durch alle 6 Schlingen ziehen, 1 Lm. * 1 Schlinge durch das Sternchenloch, 1 Schlinge durch die nächste M (nur in die vordere Schlaufe einstechen), 1 Schlinge aus der M, aus der die letzte Schlinge des vorigen Sternenlochs geholt wurde, je 1 Schlinge durch die nächsten 2 M (= 6 Schlingen auf der Nd), 1 U, Faden durch alle 6 Schlingen ziehen, 1 Lm, ab * fortlaufend wdh. Mit 1 hStb die R beenden. 2 Wende-Lm.
8. R: 2 hStb in jedes Sternchenloch. Mit 1 hStb die R beenden. 3 Wende-Lm.
9. R: Wie die 7. R häkeln.
10. R: Wie die 8. R häkeln.

Anleitung

Zunächst ein Rechteck häkeln. Es wird später zum Seelenwärmer geschlossen. In Hin- und Rückr arb, d.h. nach jeder R wenden. Das Lochmuster und das Sternchenmuster wechseln sich fortlaufend ab. Dabei werden 2 Wende-Lm für 1 hStb bzw. 3 Wende-Lm für 1 Stb gearbeitet. Zum Schluss die Ärmel und den Halsausschnitt umhäkeln.

Rechteck

155 Lm locker anschlagen.
1. R: In der 2. Lm von der Nd aus beginnen: Je 1 Schlinge durch die nächsten 5 M holen (= 6 Schlingen auf der Nd), 1 U, Faden durch alle 6 Schlingen ziehen, 1 Lm. Dadurch ergibt sich ein kleines Loch (= Sternchenloch). * 1 Schlinge durch das Sternchenloch, 1 Schlinge durch die nächste M (nur in die vordere Schlaufe einstechen), 1 Schlinge aus der M, aus der die letzte Schlinge des vorigen Sternenlochs geholt wurde, je 1 Schlinge durch die nächsten 2 M (= 6 Schlingen auf der Nd), 1 U, den Faden durch alle 6 Schlingen ziehen, 1 Lm, ab * fortlaufend wdh. Mit 1 hStb die R beenden. 2 Wende-Lm (= 75 Sternchen).
2. R: 2 hStb in jedes Sternchenloch. Mit 1 hStb die R beenden. 3 Wende-Lm (= 152 M).
3.-6. R: Im Lochmuster arb (= 152 M).
7.-10. R: Im Sternchenmuster arb (= 75 Sternchen).
Die 3.-10. R noch 9x wdh.
Zum Schluss die 3.-8. R noch 1x häkeln. Das Häkelstuck sollte nun eine Höhe von ca. 84 cm und eine Breite von 80 cm haben. Den Faden lang abschneiden und durchziehen.

Seiten schließen

Das Häkelstück rechts auf rechts zur Hälfte legen, sodass ein Rechteck von 42 cm x 80 cm entsteht. Dann die Schmalkanten von den offenen Kanten zur Umbruchlinie hin jeweils 22 cm lang zusammennähen. Die restlichen 20 cm bleiben offen und dienen als Öffnung für die Arme.

Armbündchen (2x)

Am Armausschnitt neu anschlingen und diesen mit hStb wie folgt umhäkeln.
1. Rd: 2 Lm (= 1 hStb), dann 63 hStb häkeln. Die Rd mit 1 Km in die 2. Lm vom Rd-Anfang schließen (= 64 M).
2. Rd: 2 Lm, dann hStb häkeln, dabei jedes 7. und 8. hStb zusammen abmaschen. Die Rd mit 1 Km in die 2. Lm vom Rd-Anfang schließen (= 56 M).
3. Rd: 2 Lm, dann hStb häkeln, dabei jedes 13. und 14. hStb zusammen abmaschen. Die Rd mit 1 Km in die 2. Lm vom Rd-Anfang schließen (= 52 M).
4.-9. Rd: 2 Lm, dann 51 hStb häkeln.
Die Rd mit 1 Km in die 2. Lm vom Rd-Anfang schließen (= 52 M).
10. Rd: 1 Lm, dann um jede M 1 Relief-fM von hinten häkeln. Die Rd mit 1 Km in die Lm vom Rd-Anfang schließen (= 52 M).
Das 2. Ärmelbündchen ebenso arb.

Fertigstellen

Für die Umrandung die M des Lm-Anschlags und die letzte R mit 1 Rd fM umhäkeln. Alle Fäden vernähen.

Leseratte

Material 

Schwierigkeitsgrad

Größe

31 cm lang

Material

- Schachenmayr Catania (LL 125 m/50 g) in Stein (Fb 242), 50 g, in Weiß (Fb 106), Schwarz (Fb 110) und Soft Aprikot (Fb 263), Reste
- Häkelnadel 2,5 mm
- Füllwatte, Rest

Anleitung

Kopf

In Soft Apricot einen Magic-Ring anfertigen. Weiter in Spiral-Rd arb.

1. Rd: 6 fM in den Ring häkeln (= 6 M).

2. Rd: Jede 2. fM verdoppeln (= 9 M).

3. Rd: Jede 2. + 3. fM zusammen abmaschen (= 6 M).

4. Rd (Stein): Jede 2. fM verdoppeln (= 9 M).

5. Rd: 1 fM, 1 fM verdoppeln, * jede 3. fM verdoppeln, ab * noch 1x wdh, 1 fM (= 12 M).

6. Rd: Jede 4. fM verdoppeln (= 15 M).

7. Rd: Jede 7. fM verdoppeln (= 17 M).

8. Rd: Jede 8. fM verdoppeln (= 19 M).

9. Rd: Jede 9. fM verdoppeln (= 21 M).

10. Rd: Jede 10. fM verdoppeln (= 23 M).

11.-15. Rd: Jeweils 23 fM häkeln.

16. Rd: * Jede 7. + 8. fM zusammen abmaschen, ab * noch 1x wdh, 5 fM, 2 fM zusammen abmaschen (= 20 M).

17. Rd: Jede 4. + 5. M zusammen abmaschen (= 16 M).

Den Kopf mit Watte ausstopfen. Den Kopf so zusammendrücken, dass die R sich gegenüberliegen. Die zuletzt gehäkelte M liegt dabei rechts. Durch die nächste und die direkt gegenüberliegende M 1 fM arb. Auf diese Weise alle sich gegenüberliegenden M mit fM verbinden (= 7 M). Den Faden nicht abschneiden, sondern weiter den Körper wie folgt häkeln.

Körper

In Stein R in weiterarb.

1. R: 1 Wende-Lm, 1 fM verdoppeln, 5 fM, 1 fM verdoppeln (= 9 M).

2. R: 1 Wende-Lm, 1 fM verdoppeln, 7 fM, 1 fM verdoppeln (= 11 M).

3. R: 1. Bein arb (siehe „Bein"), 11 fM am Körper häkeln, 2. Bein arb (siehe „Bein").

4. R: 11 fM am Körper häkeln.

5. R: 1 Wende-Lm, 1 fM verdoppeln, 9 fM, 1 fM verdoppeln (= 13 M).

6.-58. R: 1 Wende-Lm, 13 fM.

59. R: Ohne Wende-Lm wenden, 12 fM (= 12 M).

60. R: Ohne Wende-Lm wenden, 11 fM (= 11 M).

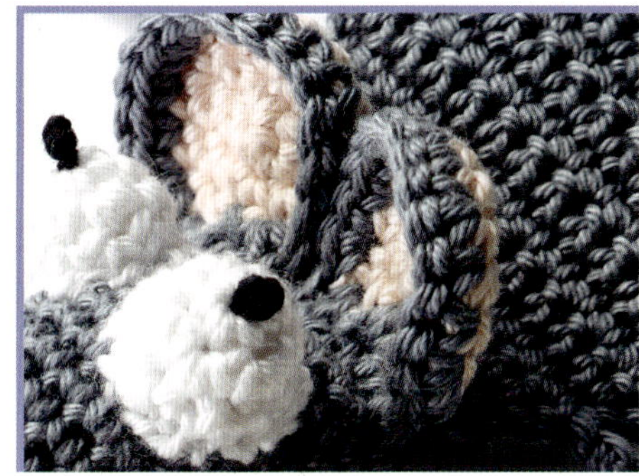

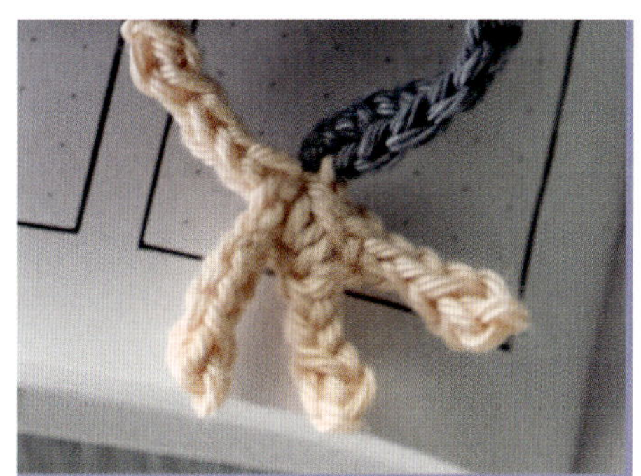

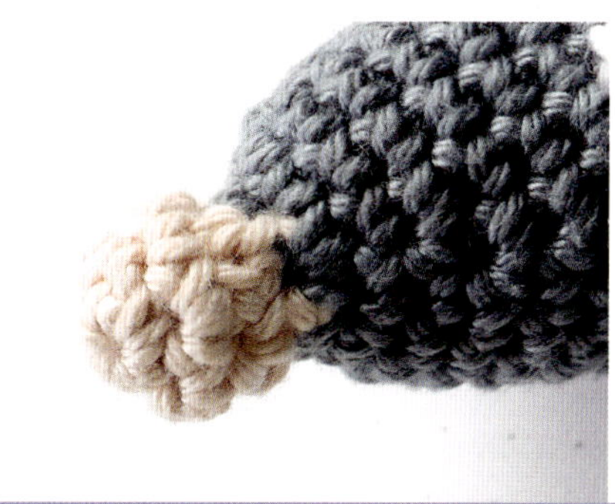

61. R: Das 3. Bein arb (siehe „Bein"), 11 fM am Körper häkeln, das 4. Bein arb (siehe „Bein").
62. R: 11 fM am Körper häkeln.
63. R: Ohne Wende-Lm wenden, 10 fM (=10 M).
64. R: Ohne Wende-Lm wenden, 9 fM (= 9 M).
65. R: Ohne Wende-Lm wenden, 4 Km. Für den Rattenschwanz zu Soft Apricot wechseln. 36 Lm anschlagen. Ab der 2. M von Nd aus 25 fM und 10 hStb häkeln. Wieder zu Stein wechseln und 4 Km am Körper arb (= 8 M).
Faden aschneiden und durchziehen.

Bein (4x)

Das Bein beim Häkeln des Körpers mithäkeln. Dafür weiter in Stein arb.
1. R (Stein): 12 Lm, weiter in Soft Apricot, * 6 Lm, 1 fM, 4 Km, ab * noch 3x wdh (= 4 Zehen).
Mit der Häkelnd durch die M links des zuletzt gehäkelten Zehs stechen, den Faden aufnehmen und durchziehen. Dies für alle weiteren M zwischen den Zehen und der M links des ersten gehäkelten Zehs wdh. Es liegen nun 4 Schlaufen auf der Nd. Erneut den Faden holen und durch alle 4 Schlaufen ziehen.
2. R (Stein): 12 fM entlang der Lm-Kette häkeln.
Weitere Beine in der 3. und 61. R häkeln.

Ohr (2x)

In Soft Apricot einen Magic-Ring anfertigen. Weiter in Spiral-Rd arb.
1. Rd: 5 fM in den Ring häkeln (= 5 M).
2. Rd: Jede fM verdoppeln (= 10 M).
3. Rd: Jede 2. fM verdoppeln (= 15 M).
4. Rd (Stein): 1 fM, 1 fM verdoppeln, * jede 3. fM verdoppeln, ab * noch 3x wdh, 1 fM (= 20 M).
Den Faden lang abschneiden durchziehen.
Das 2. Ohr ebenso häkeln.

Auge (2x)

In Weiß einen Magic-Ring anfertigen. Weiter in Spiral-Rd arb.
1. Rd: 5 fM in den Ring häkeln (= 5 M).
2. Rd: Jede fM verdoppeln (= 10 M).
3. Rd: 10 fM häkeln.
4. Rd: 2 fM häkeln, die restlichen M bleiben unbehäkelt.
Den Faden lang abschneiden durchziehen.
Das 2. Auge enenso häkeln.

Pupille (2x)

Einen schwarzen Faden nehmen und die Fadenenden so übereinanderlegen, dass sich ein Kreis bildet. Ein Fadenende 3x durch den Kreis wickeln und anschließend zusammenziehen. Beide Fadenenden mit einer Wollnd durch die Augenmitte hindurchziehen und auf der Innenseite des Auges mit mehreren Knoten befestigen, sodass die Pupille nicht mehr durch die Mitte hindurchrutschen kann.
Die 2. Pupille ebenso anfertigen.

Fertigstellen

Die Augen 6 R über der Nase an den Kopf nähen, an der engsten Stelle mit einem Abstand von 1 M zueinander. Die Ohren 2 R über den Augen gerade annähen. Alle Fäden vernähen.

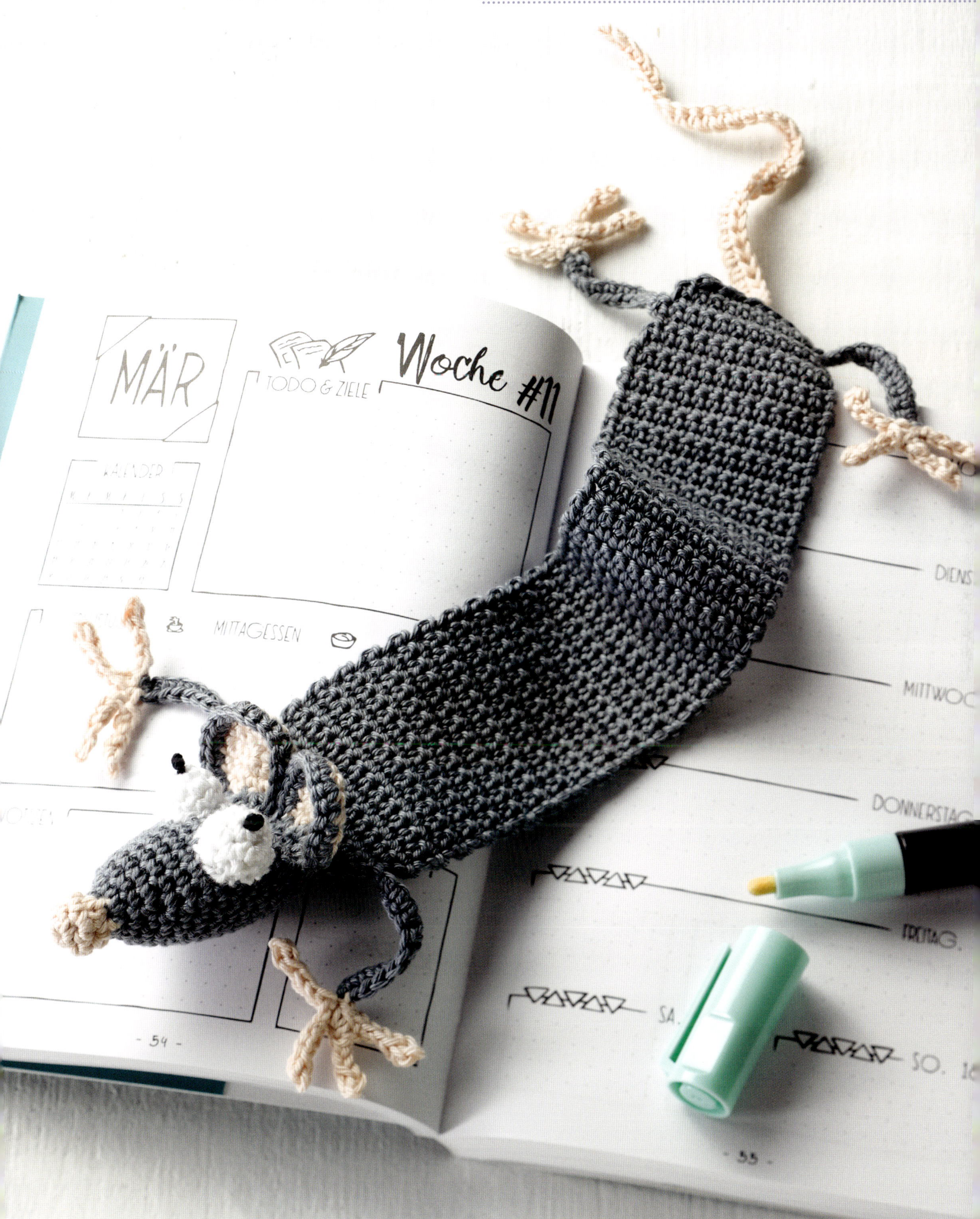
MÄR
TODO & ZIELE
Woche #11
KALENDER
MITTAGESSEN
DONNERSTAG
FREITAG.
SA.
SO.
- 54 -
- 55 -

Wandbehang Home

Material 

Schwierigkeitsgrad

Größe

50 cm breit
1 Wimpel: 12 cm x 21 cm (ohne Fransen)

Material

- Buttinette Woll Butt Primo Sommergarn Linda Uni (LL 98 m/50 g) in Senf (Fb 13923) und Leinen (Fb 338829), je 100 g
- Häkelnadel 3,5 mm
- Ast, 65 cm lang

Maschenprobe

Mit Nd 3,5 mm und fM
18 M und 20 R
= 10 cm x 10 cm

Zählmuster

Seite 136

Anleitung

Wimpel „H"

In Senf 10 Lm + 1 Wende-Lm anschlagen und weiter in R häkeln. Am Ende jeder R mit 1 Lm wenden.

1. R: 10 fM, dabei die 1. fM in die in 2. Lm von der Nd aus arb.
2. R: 1 fM verdoppeln, 8 fM, 1 fM verdoppeln (= 12 M).
3. R: 1 fM verdoppeln, 10 fM, 1 fM verdoppeln (= 14 M).
4. R: 1 fM verdoppeln, 12 fM, 1 fM verdoppeln (= 16 M).
5. R: 1 fM verdoppeln, 14 fM, 1 fM verdoppeln (= 18 M).
6. R: 1 fM verdoppeln, 16 fM, 1 fM verdoppeln (= 20 M).
7. R: 1 fM verdoppeln, 18 fM, 1 fM verdoppeln (= 22 M).
8. R: 22 fM häkeln.
9.+10. R (Leinen): Jeweils 22 fM häkeln.
11.+12. R (Senf): Jeweils 22 fM häkeln.
13.-16. R (Leinen): Jeweils 22 fM häkeln.
17.-36. R: Die 1.-20. R von Zählmuster 1 in Intarsientechnik arb.
37.-40. R (Leinen): Jeweils 22 fM häkeln.
41.+42. R (Senf): Jeweils 22 fM häkeln.
43. R: * 8 Lm häkeln, 1 M übergehen, 1 Km, ab * fortlaufend wdh.

Den Faden abschneiden und durchziehen.

Wimpel „O", „M" und „E"

Wie Wimpel „H" häkeln, jedoch die 17.-36. R nach den Zählmustern 2-4 arb.

Fertigstellen

Alle Fäden vernähen. Für die Fransen je Wimpel 15x 2 Fäden von 12 cm Länge abschneiden, zur Hälfte legen und in die untere Kante einknüpfen. Die Fransenbüschel auf eine einheitliche Länge von 5-6 cm kürzen. Alle Wimpel wie abgebildet nacheinander auf den Ast fädeln.

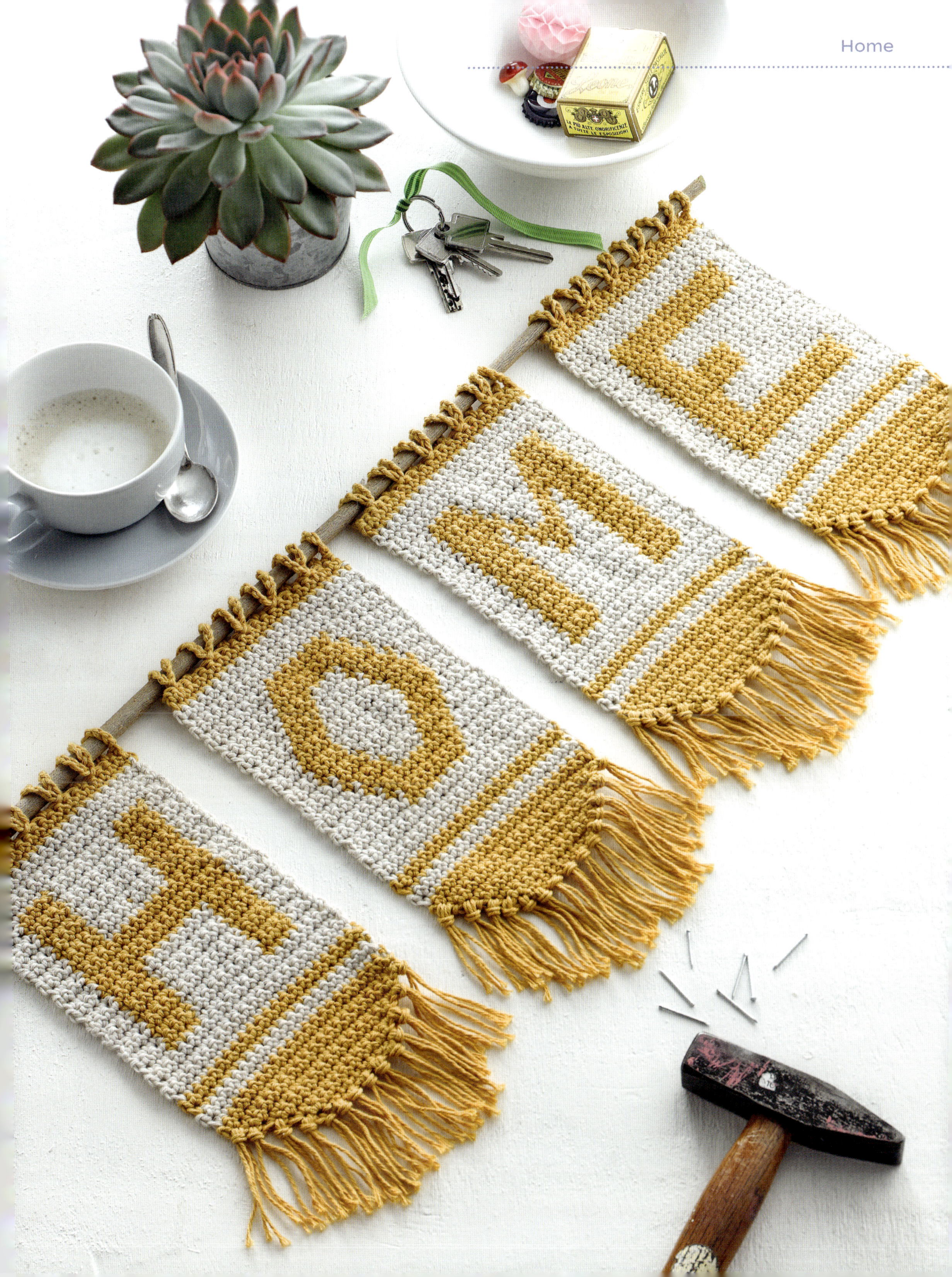

Kuschelbär mit Kleeblatt und Blume

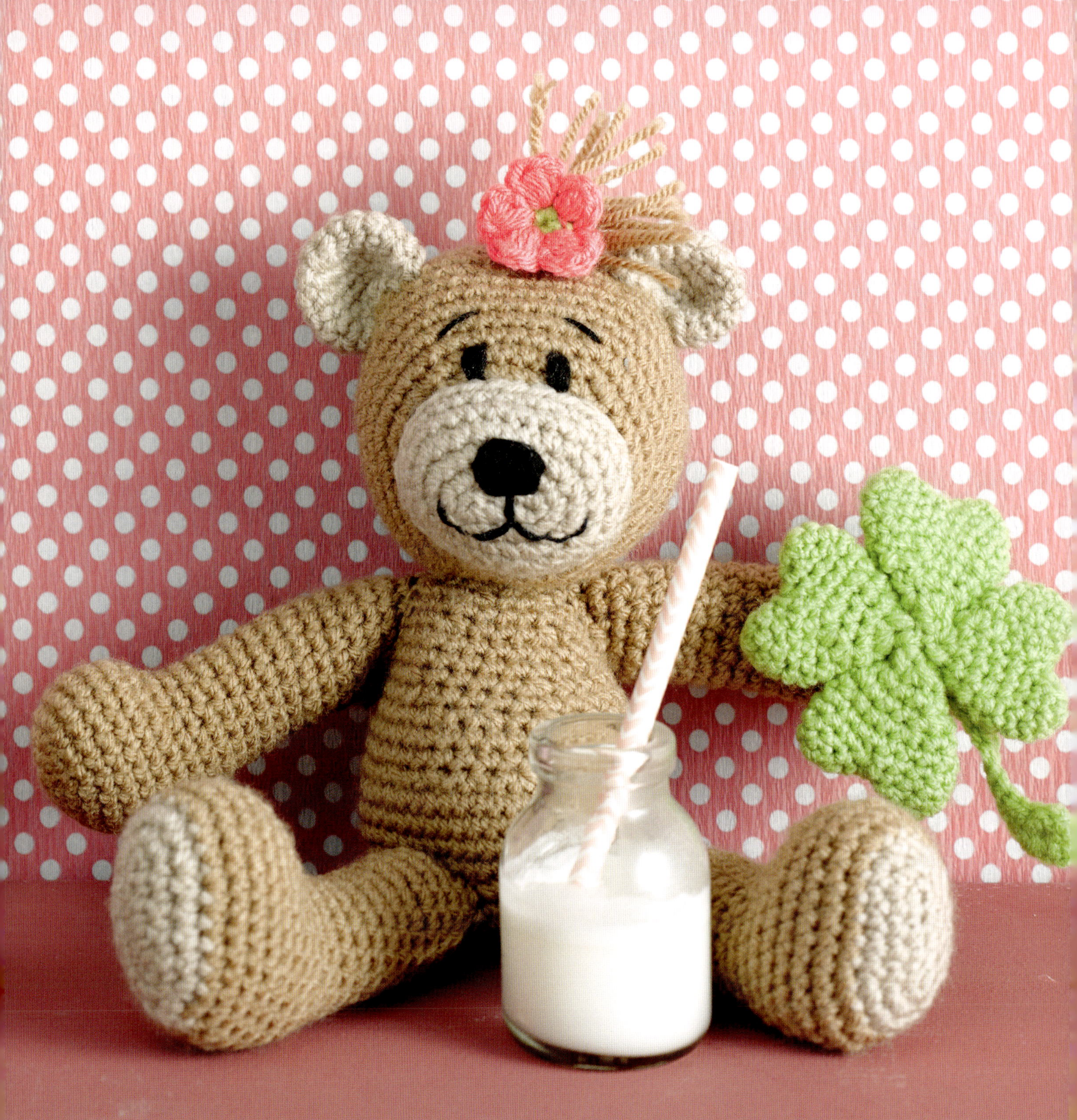

Material 

Schwierigkeitsgrad

Größe

Bär: 26 cm
Kleeblatt: 7 cm
Blume: 1,5 cm

Material

- Schachenmayr Bravo (LL 133 m/50 g) in Beige (Fb 8312), Sisal meliert (Fb 8267) und Anis (Fb 8325), je 50 g, in Candy (Fb 8305), Rest
- Häkelnadel 3,5 mm
- Füllwatte
- 1 Druckknopf, ø 11 mm
- Stickgarn in Schwarz

Büschelmasche

* 1 U auf die Nd nehmen, einstechen, Faden holen, ab * noch 3x wdh, dabei immer in dieselbe M einstechen, sodass insgesamt 9 Schlingen auf der Nd liegen. Den Faden noch einmal holen und durch alle Schlingen ziehen, 1 Lm.

Anleitung

Schnauze

In Beige 5 Lm locker anschlagen.
1. Rd: Die Lm-Kette von beiden Seiten behäkeln. Ab der 2. Lm von der Nd aus 3 fM häkeln, 3 fM in die letzte M. Weiter auf der Unterseite 2 fM, 2 fM in die letzte M. Mit 1 Km schließen (= 10 M).
Weiter in geschlossenen Rd arb.
2. Rd: (1 Lm, 1 fM) in die Km der Vor-Rd, 2 fM, 3 fM verdoppeln, 2 fM, 2 fM verdoppeln. Mit 1 Km in die 1. Lm schließen (= 16 M).
3. Rd: (1 Lm, 1 fM) in die 1. Lm der Vor-Rd, 3 fM, * 1 fM verdoppeln, 1 fM, ab * noch 2x wdh, 2 fM, ** 1 fM verdoppeln, 1 fM, ab * noch 1x wdh. Mit 1 Km in die 1. Lm schließen (= 22 M).
4. Rd: (1 Lm, 1 fM) in die 1. Lm der Vor-Rd, 4 fM, * 1 fM verdoppeln, 2 fM, ab * noch 2x wdh, 2 fM, ** 1 fM verdoppeln, 2 fM, ab ** noch 1x wdh (= 28 M).
Weiter in Spiral-Rd häkeln.
5.+6. Rd: In jede fM 1 fM arb.
Den Faden lang abschneiden und durchziehen.

Kopf

In Beige einen Magic-Ring anfertigen.
1. Rd: 6 fM in den Ring häkeln (= 6 M).
Weiter in Spiral-Rd häkeln.
2. Rd: Jede fM verdoppeln (= 12 M).
3. Rd: Jede 2. fM verdoppeln (= 18 M).
4. Rd: Jede 3. fM verdoppeln (= 24 M).
5. Rd: Jede 4. fM verdoppeln (= 30 M).
6. Rd: Jede 5. fM verdoppeln (= 36 M).
7. Rd: Jede 6. fM verdoppeln (= 42 M).
8. Rd: Jede 7. fM verdoppeln (= 48 M).
9.-16. Rd: Jeweils 48 fM häkeln.
Die Schnauze annähen und dabei mit Watte ausstopfen.
17. Rd: Jede 7. und 8. fM zusammen abmaschen (= 42 M).
18. Rd: Jede 6. und 7. fM zusammen abmaschen (= 36 M).
19. Rd: Jede 5. und 6. fM zusammen abmaschen (= 30 M).
20. Rd: Jede 4. und 5. fM zusammen abmaschen (= 24 M).
21. Rd: Jede 3. und 4. fM zusammen abmaschen (= 18 M).
22. Rd: Jede 2. und 3. fM zusammen abmaschen (= 12 M).
Den Kopf mit Füllwatte ausstopfen.
23. Rd: Fortlaufend 2 fM zusammen abmaschen (= 6 M).
Den Faden abschneiden, durchziehen und die verbleibende Öffnung damit schließen.

Körper

In Beige einen Magic-Ring anfertigen.
1. Rd: 6 fM in den Ring häkeln (= 6 M).
Weiter in Spiral-Rd häkeln.
2. Rd: Jede fM verdoppeln (= 12 M).
3. Rd: Jede 2. fM verdoppeln (= 18 M).
4. Rd: Jede 3. fM verdoppeln (= 24 M).
5. Rd: Jede 4. fM verdoppeln (= 30 M).
6. Rd: Jede 5. fM verdoppeln (= 36 M).
7. Rd: Jede 6. fM verdoppeln (= 42 M).
8. Rd: Jede 7. fM verdoppeln (= 48 M).
9.-12. Rd: Jeweils 48 fM häkeln.
13. Rd: 12 fM, * 2 fM zusammen abmaschen, 1 fM, ab * noch 7x wdh,12 fM (= 40 M).
14.+15. Rd: Jeweils 40 fM häkeln.
16. Rd: 14 fM, * 2 fM zusammen abmaschen, 1 fM, ab * noch 3x wdh, 14 fM (= 36 M).
17. Rd: Jeweils 36 fM häkeln.
18. Rd: Jede 5. und 6. fM zusammen abmaschen (= 30 M).
19.+20. Rd: Jeweils 30 fM häkeln.
21. Rd: Jede 4. und 5. fM zusammen abmaschen (= 24 M).
22. Rd: 24 fM häkeln.
23. Rd: Jede 3. und 4. fM zusammen abmaschen (= 18 M).
Den Faden abschneiden und durchziehen.
Den Körper mit Füllwatte ausstopfen.

Bein (2x)
In Beige 6 Lm locker anschlagen.
1. Rd: Die Lm-Kette von beiden Seiten behäkeln. Ab der 2. Lm von der Nd aus 4 fM häkeln, 3 fM in die letzte M. Weiter auf der Unterseite 3 fM, 2 fM in die letzte M. Mit 1 Km schließen (= 12 M).
Weiter in geschlossenen R darb.
2. Rd: (1 Lm, 1 fM) in die 1. fM der Vor-Rd, 3 fM, 3 fM verdoppeln, 3 fM, 2 fM verdoppeln. Mit 1 Km in die 1. Lm schließen (= 18 M).
3. Rd: (1 Lm, 1 fM) in die 1. fM der Vor-Rd, 4 fM, * 1 fM verdoppeln, 1 fM, ab * noch 2x wdh, 3 fM, ** 1 fM verdoppeln, 1 fM, ab ** noch 1x wdh. Mit 1 Km schließen (= 24 M).
4. Rd (Beige): (1 Lm, 1 fM) in die 1. fM der Vor-Rd, 5 fM, * 1 fM verdoppeln, 2 fM, ab * noch 2x wdh, 3 fM, ** 1 fM verdoppeln, 2 fM, ab ** noch 1x wdh (= 30 M). Diese Rd nicht mit 1 Km schließen, sondern weiter in Spiral-Rd häkeln:
5.-8. Rd: Jeweils 30 fM häkeln.
9. Rd: 9 fM, * 2 fM zusammen abmaschen, ab * noch 5x wdh, 9 fM (= 24 M).
10. Rd: 8 fM, * 2 fM zusammen abmaschen, ab * noch 3x wdh, 8 fM (= 20 M).
11. Rd: Jede 4. und 5. fM zusammen abmaschen (= 16 M).
12.-22. Rd: Jeweils 16 fM häkeln.
23. Rd: Jede 3. und 4. fM zusammen abmaschen (= 12 M).
Den Faden abschneiden und durchziehen.
Das 2. Bein ebenso häkeln.
Die Beine mit Füllwatte ausstopfen.

Arm (2x)
In Beige einen Magic-Ring anfertigen.
1. Rd: 6 fM in den Ring häkeln (= 6 M).
Weiter in Spiral-Rd arb.
2. Rd: Jede fM verdoppeln (= 12 M).
3. Rd: Jede 2. fM verdoppeln (= 18 M).
4. Rd: Jede 3. fM verdoppeln (= 24 M).
5.-8. Rd: Jeweils 24 fM häkeln.
9. Rd: 6 fM, * 2 fM zusammen abmaschen, ab * noch 5x wdh, 6 fM (= 18 M).
10. Rd: Jede 5. und 6. fM zusammen abmaschen (= 15 M).
11.-23. Rd: Jeweils 15 fM häkeln.
Den Faden abschneiden und durchziehen.
Den 2. Arm ebenso häkeln.
Die Arme mit Füllwatte stopfen.

Ohr (2x)
In Beige einen Magic-Ring anfertigen.
1. Rd: 6 fM in den Ring häkeln (= 6 M).
2. Rd: Jede fM verdoppeln (= 12 M).
3. Rd: Jede 2. fM verdoppeln (= 18 M).
4.-6. Rd: Jeweils 18 fM häkeln.
Den Faden abschneiden und durchziehen.
Das 2. Ohr ebenso häkeln.
Die Ohren flach drücken.

Kleeblatt (4x)
Zunächst die beiden Spitzen eines Blattes wie folgt häkeln:
In Anis einen Magic-Ring anfertigen.
1. Rd: 6 fM in den Ring häkeln (= 6 M).
2. Rd: Jede 3. fM verdoppeln (= 8 M).
3. Rd: 8 fM häkeln.
Faden abschneiden und durchziehen.
Die 2. Blattspitze ebenso häkeln.
Beide Spitzen mit 1 Km links neben die letzte fM der 1. Spitze verbinden.
4. Rd: Weiter zuerst um die 1. und dann um die 2. Spitze fM häkeln (= 2x je 8 fM), dabei einen Markierungsfaden einlegen (= 16 M).
5. Rd: 16 fM häkeln.
6. Rd: Jede 3. und 4. fM zusammen abmaschen (= 12 M).
7. Rd: Jede 5. und 6. fM zusammen abmaschen (= 10 M).
8. Rd: Jede 4. und 5. fM zusammen abmaschen (= 8 M).
9. Rd: Fortlaufend 2 fM zusammen abmaschen (= 4 fM).
Den Faden lang abschneiden und durchziehen.
Weitere 3 Blätter ebenso häkeln.

Stiel
In Anis 14 Lm und 1 Wende-Lm locker anschlagen. Ab der 2. Lm von der Nd aus 11 fM, 1 hStb und 2 Stb in die Lm-Kette arb.
Faden lang abschneiden.

Blume
In Anis einen Magic-Ring anfertigen.
1. Rd: 5 fM in den Ring häkeln und mit 1 Km zur Rd schließen.
2. Rd (Candy): (2 Lm, 1 Büschel-M, 2 Lm) in dieselbe Einstichstelle wie die Km der Vor-Rd, * (1 Km, 2 Lm, 1 Büschel-M, 2 Lm) in die nächste M, ab * noch 3x wdh. Mit 1 Km in die Lm vom Rd-Beginn schließen.

Fertigstellen
Den Kopf auf den Körper nähen. Arme und Beine annähen. Die Ohren zur Muschel formen und annähen, dabei etwas einhalten. Mit schwarzem Stickgarn das Gesicht aufsticken. Die 4 Kleeblätter flach drücken, im Kreis anordnen und an 3 Seiten an der unteren Hälfte zusammennähen. Den Stiel in die offene Seite des Kleeblatts schieben und mit dem Arbeitsfaden annähen. Den Druckknopf auf den Arm des Bären und auf das Kleeblatt nähen. In Beige 7 Fäden von 10 cm Länge zuschneiden und zur Hälfte durch die Blumenmitte auf der Rückseite ziehen, sodass immer 5 cm Garn hinter der Blume hervorschauen. Die Fäden ggf. festknoten und auf eine Länge schneiden. Die Blume zwischen die Ohren auf die Stirn nähen.

Kuschelhase

Material 

Schwierigkeitsgrad

● ● ○

Größe

25 cm hoch

Material

- Schachenmayr Bravo (LL 133 m/50 g) in Ecru (Fb 8200), 50 g, Beige (Fb 8312), 100 g und in Schwarz (Fb 8226), Rest
- Häkelnadel 3,5 mm
- 1 Paar Sicherheitsaugen in Schwarz, ⌀ 12 mm
- Füllwatte, 60 g

Anleitung

Alle Teile werden in Spiral-Rd gehäkelt. Den Rd-Anfang mit einem Kontrastfaden markieren.

Kopf

In Beige einen Magic-Ring anfertigen.
1. Rd: 6 fM in den Ring häkeln (= 6 M).
2. Rd: Jede fM verdoppeln (= 12 M).
3. Rd: Jede 2. fM verdoppeln (= 18 M).
4. Rd: Jede 3. fM verdoppeln (= 24 M).
5. Rd: Jede 4. fM verdoppeln (= 30 M).
6. Rd: Jede 5. fM verdoppeln (= 36 M).
7. Rd: Jede 6. fM verdoppeln (= 42 M).
8. Rd: Jede 7. fM verdoppeln (= 48 M).
9.+10. Rd: Jeweils 48 fM häkeln.
11. Rd: Jede 8. fM verdoppeln (= 54 M).
12.-21. Rd: Jeweils 54 fM häkeln.
22. Rd: Jede 8. und 9. fM zusammen abmaschen (= 48 M).
23. Rd: Jede 7. und 8. fM zusammen abmaschen (= 42 M).
24. Rd: Jede 6. und 7. fM zusammen abmaschen (= 36 M).
25.-31. Rd: Jeweils 36 fM häkeln.
Die Sicherheitsaugen mit 7 M Abstand zwischen der 27. und 28. Rd anbringen. Den Kopf ausstopfen.
32. Rd: Jede 5. und 6. fM zusammen abmaschen (= 30 M).
33. Rd: Jede 4. und 5. fM zusammen abmaschen (= 24 M).
34. Rd: Jede 3. und 4. fM zusammen abmaschen (= 18 fM).
Den Kopf weiter ausstopfen.
35. Rd: Jede 2. und 3. fM zusammen abmaschen (= 12 M).
36. Rd: Fortlaufend 2 fM zusammen abmaschen (= 6 M).
Faden abschneiden und durchziehen. Das Loch am oberen Ende mit dem Restfaden schließen.

Körper

In Beige einen Magic-Ring anfertigen.
1. Rd: 6 fM in den Ring häkeln (= 6 M).
2. Rd: Jede fM verdoppeln (= 12 M).
3. Rd: Jede 2. fM verdoppeln (= 18 M).
4. Rd: Jede 3. fM verdoppeln (= 24 M).
5. Rd: Jede 4. fM verdoppeln (= 30 M).
6. Rd: Jede 5. fM verdoppeln (= 36 M).
7. Rd: Jede 6. fM verdoppeln (= 42 M).
8. Rd: Jede 7. fM verdoppeln (= 48 M).
9. Rd: Jede 8. fM verdoppeln (= 54 M).
10.-17. Rd: Jeweils 54 fM häkeln.
18. Rd: Jede 8. und 9. fM zusammen abmaschen (= 48 M).
19.+20. Rd: Jeweils 48 fM häkeln.
21. Rd: Jede 7. und 8. fM zusammen abmaschen (= 42 M).
22.+23. Rd: Jeweils 42 fM häkeln.
24. Rd: Jede 6. und 7. fM zusammen abmaschen (= 36 M).
25.+26. Rd: Jeweils 36 fM häkeln.
27. Rd: Jede 5. und 6. fM zusammen abmaschen (= 30 M).
28.+29. Rd: Jeweils 30 fM häkeln.
30. Rd: Jede 4. und 5. fM zusammen abmaschen (= 24 M).
31.-33. Rd: Jeweils 24 fM häkeln.

Faden abschneiden und durchziehen. Den Körper ausstopfen.

Bein (2x)

In Beige einen Magic-Ring anfertigen.
1. Rd: 6 fM in den Ring häkeln (= 6 M).
2. Rd: Jede fM verdoppeln (= 12 M).
3. Rd: Jede 2. fM verdoppeln (= 18 M).
4. Rd: Jede 3. fM verdoppeln (= 24 M).
5. Rd: Jede 4. fM verdoppeln (= 30 M).
6. Rd: Jede 5. fM verdoppeln (= 36 M).
7.-10. Rd: Jeweils 36 fM häkeln.
Faden abschneiden und durchziehen. Das Bein ausstopfen.
Das 2. Bein ebenso häkeln.

Fuß (2x)

In Beige einen Magic-Ring anfertigen.
1. Rd: 6 fM in den Ring häkeln (= 6 M).
2. Rd: Jede fM verdoppeln (= 12 M).
3. Rd: Jede 2. fM verdoppeln (= 18 M).
4. Rd: Jede 3. fM verdoppeln (= 24 M).
5.-7. Rd: Jeweils 24 fM häkeln.
8. Rd: Jede 3. und 4. fM zusammen abmaschen (= 18 M).
9.+10. Rd: Jeweils 18 fM häkeln.
11. Rd: Jede 2. und 3. fM zusammen abmaschen (= 12 M).
12.+13. Rd: Jeweils 12 fM häkeln.
Faden abschneiden und durchziehen. Den Fuß vorne fest, nach hinten zur Öffnung hin leichter ausstopfen.
Den 2. Fuß ebenso häkeln.

Arm (2x)

In Beige einen Magic-Ring anfertigen.
1. Rd: 6 fM in den Ring häkeln (= 6 M).
2. Rd: Jede fM verdoppeln (= 12 M).
3.-20. Rd: Jeweils 12 fM häkeln.
Den Arm beenden und leicht ausstopfen.
Den 2. Arm ebenso häkeln.

Ohr (2x)

In Beige einen Magic-Ring anfertigen.
1. Rd: 6 fM in den Ring häkeln (= 6 M).
2. Rd: Jede 2. fM verdoppeln (= 9 M).
3. Rd: Jede 3. fM verdoppeln (= 12 M).
4. Rd: Jede 4. fM verdoppeln (= 15 M).
5. Rd: Jede 5. fM verdoppeln (= 18 M).
6. Rd: Jede 6. fM verdoppeln (= 21 M).
7. Rd: Jede 7. fM verdoppeln (= 24 M).
8.-11. Rd: Jeweils 24 fM häkeln.
12. Rd: Jede 7. und 8. fM zusammen abmaschen (= 21 M).
13.+14. Rd: Jeweils 21 fM häkeln.
15. Rd: Jede 6. und 7. fM zusammen abmaschen (= 18 M).
16.+17. Rd: Jeweils 18 fM häkeln.
18. Rd: Jede 5. und 6. fM zusammen abmaschen (= 15 M).
19.+20. Rd: Jeweils 15 fM häkeln.
21. Rd: Jede 4. und 5. fM zusammen abmaschen (= 12 M).
22.-25. Rd: Jeweils 12 fM häkeln.
26. Rd: Jede 3. und 4. fM zusammen abmaschen (= 9 M).
27.-29. Rd: Jeweils 9 fM häkeln.
Faden abschneiden und durchziehen. Das Ohr nicht stopfen, sondern flach drücken.
Das 2. Ohr ebenso häkeln.

Schwanz

In Beige einen Magic-Ring anfertigen.
1. Rd: 6 fM in den Ring häkeln (= 6 M).
2. Rd: Jede fM verdoppeln (= 12 M).
3. Rd: Jede 2. fM verdoppeln (= 18 M).
4. Rd: Jede 3. fM verdoppeln (= 24 M).
5.-7. Rd: Jeweils 24 fM häkeln.
8. Rd: Jede 3. und 4. fM zusammen abmaschen (= 18 M).
9. Rd: Jede 2. und 3. fM zusammen abmaschen (= 12 M).
Faden abschneiden und durchziehen. Den Schwanz ausstopfen.

Bauch

In Ecru einen Magic-Ring anfertigen.
1. Rd: 6 fM in den Ring häkeln (= 6 M).
2. Rd: Jede fM verdoppeln (= 12 M).
3. Rd: Jede 2. fM verdoppeln (= 18 M).
4. Rd: Jede 3. fM verdoppeln (= 24 M).
5. Rd: Jede 4. fM verdoppeln (= 30 M).
6. Rd: Jede 5. fM verdoppeln (= 36 M).
7. Rd: Jede 6. fM verdoppeln (= 42 M).
8. Rd: 42 fM häkeln.
Faden abschneiden und durchziehen

Fertigstellen

In Ecru die Nase vorne auf den Kopf sticken. In Schwarz die Nasenumrandung und die Schnauze aufsticken. Die Ohren zwischen der 31. und 34. Rd seitlich an den Kopf nähen. Den Bauch vorne auf den Körper, den Schwanz hinten auf den unteren Körper nähen, sodass er den Hasen beim Stehen abstützt. Den Kopf auf die Körperöffnung nähen. Die Arme seitlich zwischen der 28. und 31. Rd an den Körper nähen, die Beine seitlich ab der 7. Rd unten an den Körper. Die Füße mit der offenen Kante so vorne auf die Beine nähen, dass der Hase alleine stehen kann.

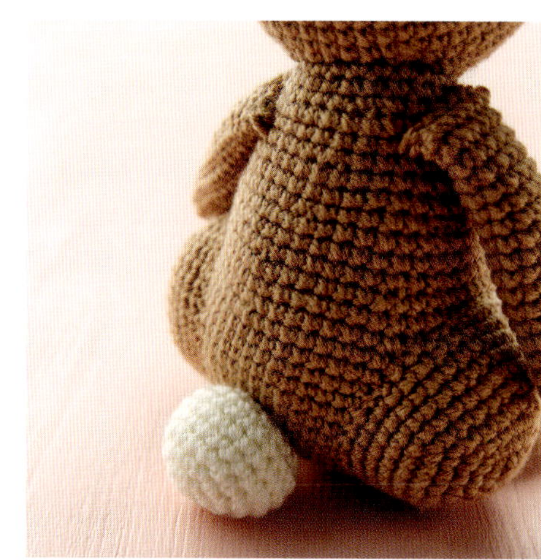

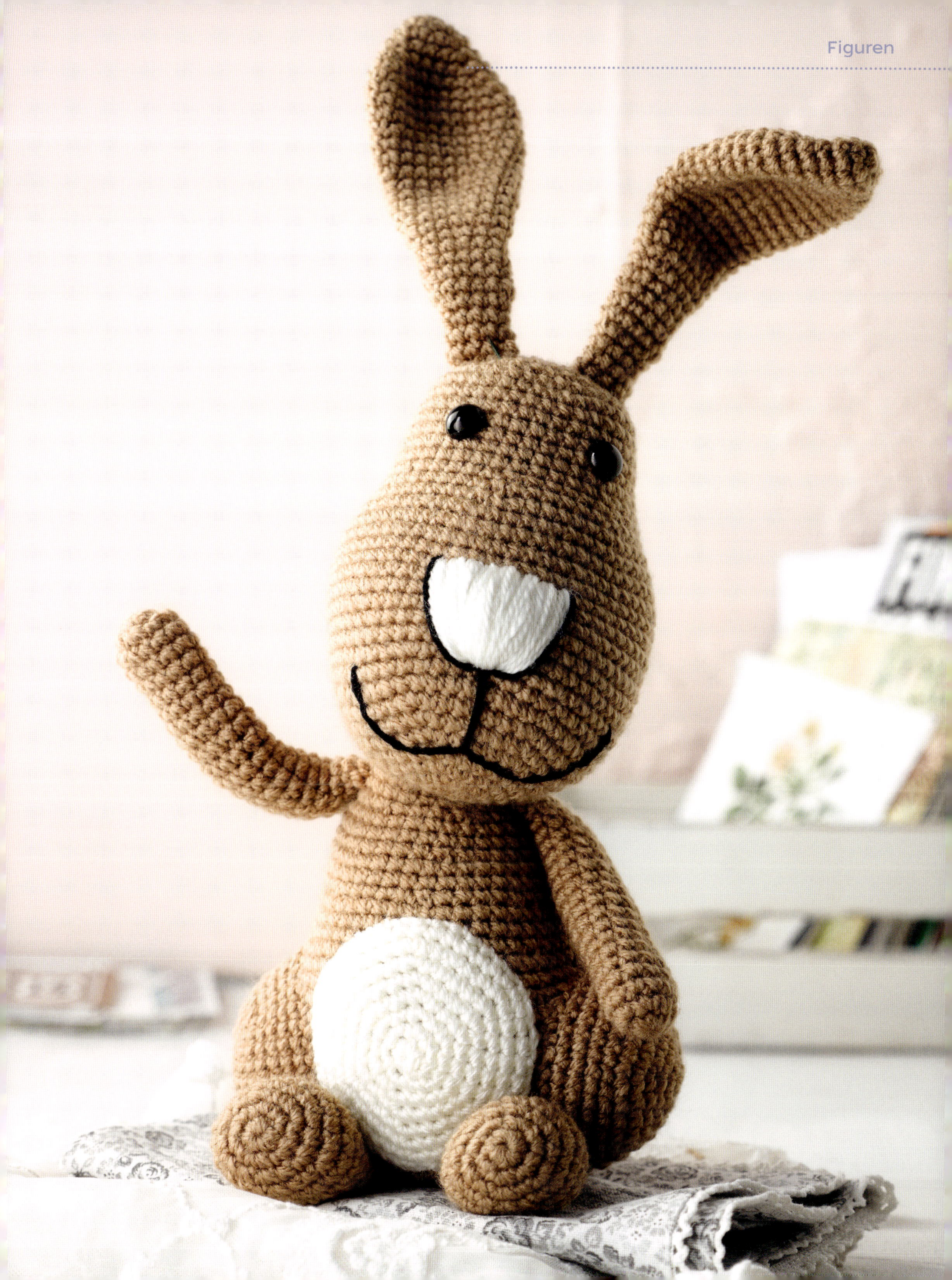

Bade-Ente

Material 

Schwierigkeitsgrad

Größe

13 cm x 10 cm

Material

- Rellana Funny Scrub (LL 100 m/50 g) in Gelb (Fb 21) und Orange (Fb 68), je 50 g
- Häkelnadeln 2,5 mm und 3,0 mm
- Stickgarn in Schwarz, Rest
- Schwammgarnreste zum Befüllen
- ggf. Rassel oder Quietscher zum Einnähen

Tipps & Tricks

✦ Zum Quietschen können Sie eine Rassel oder einen Quietscher aus dem Bastelladen in den Körper einarbeiten.

Anleitung

Alle Teile werden in Spiral-Rd gehäkelt. Den Rd-Anfang mit einem Kontrastfaden markieren.

Kopf und Körper

In Gelb mit Häkelnd 3,0 mm 2 Lm anschlagen.
1. Rd: 6 fM in die 2. Lm ab Nd häkeln.
2. Rd: Jede fM verdoppeln (= 12 fM).
3. Rd: Jede 2. fM verdoppeln (= 18 M).
4. Rd: Jede 3. fM verdoppeln (= 24 M).
5. Rd: Jede 4. fM verdoppeln (= 30 M).
6.-9. Rd: Jeweils 30 fM häkeln.
10. Rd: Jede 4. und 5. fM zusammen abmaschen (= 24 fM).
11. Rd: Jede 3. und 4. fM zusammen abmaschen (= 18 M).
12. Rd: Jede 2. und 3. fM zusammen abmaschen (= 12 M).
13.+14. Rd: Für den Hals jeweils 12 fM häkeln.
15. Rd: Jede fM verdoppeln (= 24 M).
16. Rd: Jede 2. fM verdoppeln (= 36 M).
Den Kopf mit Garnresten ausstopfen und weiter den Bauch häkeln.
17. Rd: Jede 3. fM verdoppeln (= 48 M).
18.-22. Rd: Jeweils 48 fM häkeln.
23. Rd: Jede 5. und 6. fM zusammen abmaschen (= 40 M).
24. Rd: Jede 4. und 5. fM zusammen abmaschen (= 32 M).
25. Rd: Jede 3. und 4. fM zusammen abmaschen (= 24 M).
26. Rd: Jede 2. und 3. fM zusammen abmaschen (= 16 M).
Den Rest des Körpers mit Garnresten ausstopfen und den Körper mit den folgenden 2 Rd schließen:
27. Rd: Fortlaufend 2 fM zusammen abmaschen (= 8 M).
28. Rd: Fortlaufend 2 fM zusammen abmaschen (= 4 M).
Faden abschneiden und durchziehen.

Bürzel

In Gelb mit Häkelnd 3,0 mm 2 Lm anschlagen.
1. Rd: 6 fM in die 2. Lm von der Nd aus häkeln.
2. Rd: Jede fM verdoppeln (= 12 M).
3. Rd: Jede 4. fM verdoppeln (= 15 M).
4. Rd: Jede 5. fM verdoppeln (= 18 M).
5. Rd: Jede 6. fM verdoppeln (= 21 M).
6. Rd: Jede 7. fM verdoppeln (= 24 M).
7. Rd: 24 fM häkeln.
8. Rd: Jede 8. fM verdoppeln (= 27 M).
9. Rd: Jede 9. fM verdoppeln (= 30 M).
10. Rd: Jede 10. fM verdoppeln (= 33 M).
11. Rd: Jede 11. fM verdoppeln (= 36 M).
12. Rd: 36 fM häkeln.
Faden abschneiden und durchziehen.

Schnabel

In Orange mit Häkelnd 2,5 mm 2 Lm anschlagen.
1. Rd: 6 fM in die 2. Lm ab Nd häkeln.
2. Rd: Jede 2. fM verdoppeln (= 9 M).
3. Rd: 9 fM häkeln.
4. Rd: Jede 3. fM verdoppeln (= 12 M).
5. Rd: 12 fM häkeln.
Faden abschneiden und durchziehen.

Flügel (2x)

In Gelb mit Häkelnd 3,0 mm 2 Lm anschlagen.
1. Rd: 6 fM in die 2. Lm ab Nd häkeln.
2. Rd: Jede fM verdoppeln (= 12 M).
3. Rd: Jede 2. fM verdoppeln (= 18 M).
4. Rd: Jede 3. fM verdoppeln (= 24 M).
Faden abschneiden und durchziehen.
Den 2. Flügel ebenso häkeln.

Fertigstellen

Den Bürzel ausstopfen und hinten am Körper festnähen, somit wird die kleine Öffnung verdeckt. Anschließend den Schnabel an den Kopf nähen. Die Augen mit schwarzem Stickgarn im Knötchenstich aufsticken. Die Flügel seitlich an den Körper nähen, dabei nur 2/3 des Rands festnähen, sodass sie hinten ein klein wenig abstehen.

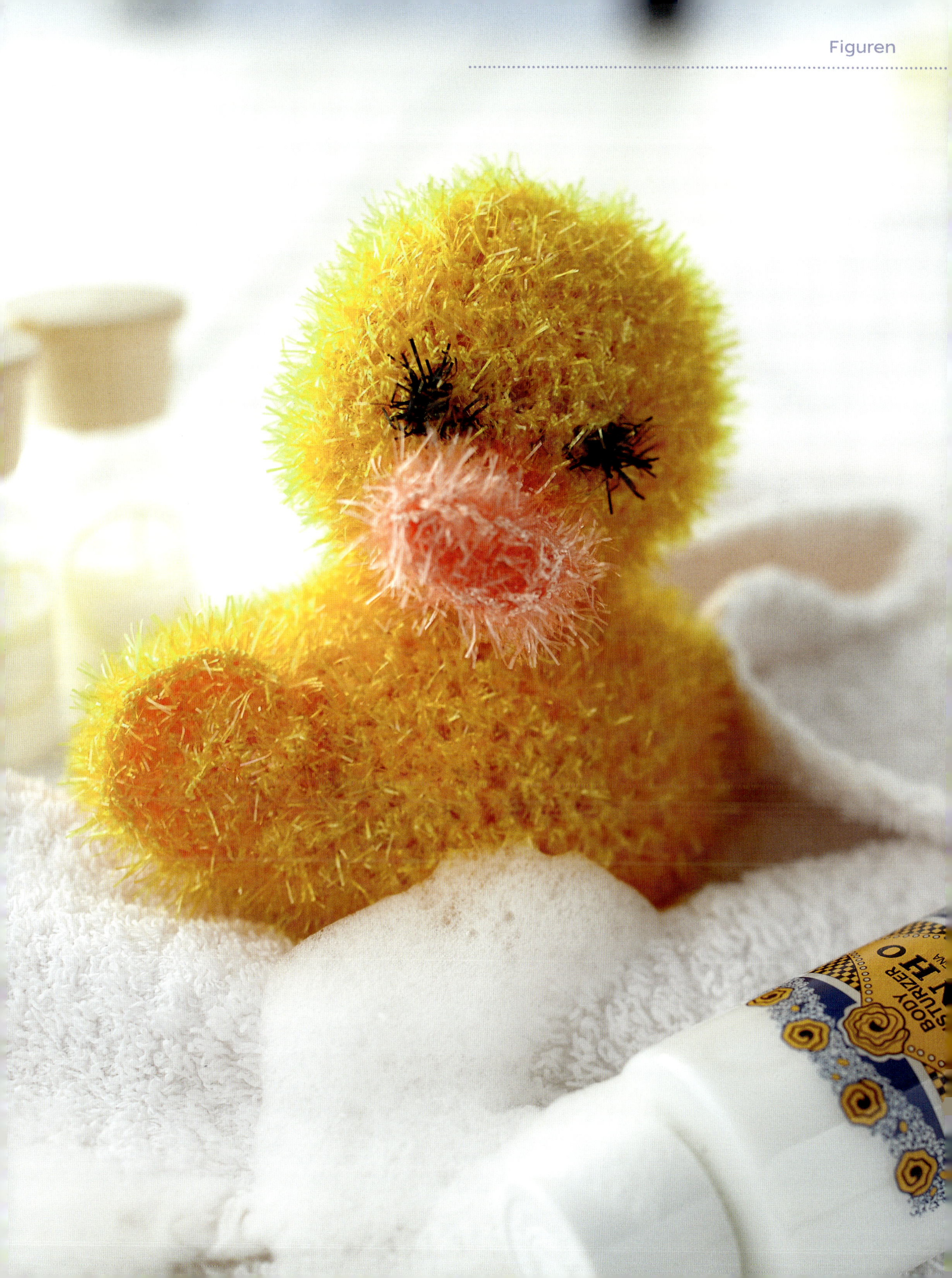

Drei Schneeflocken

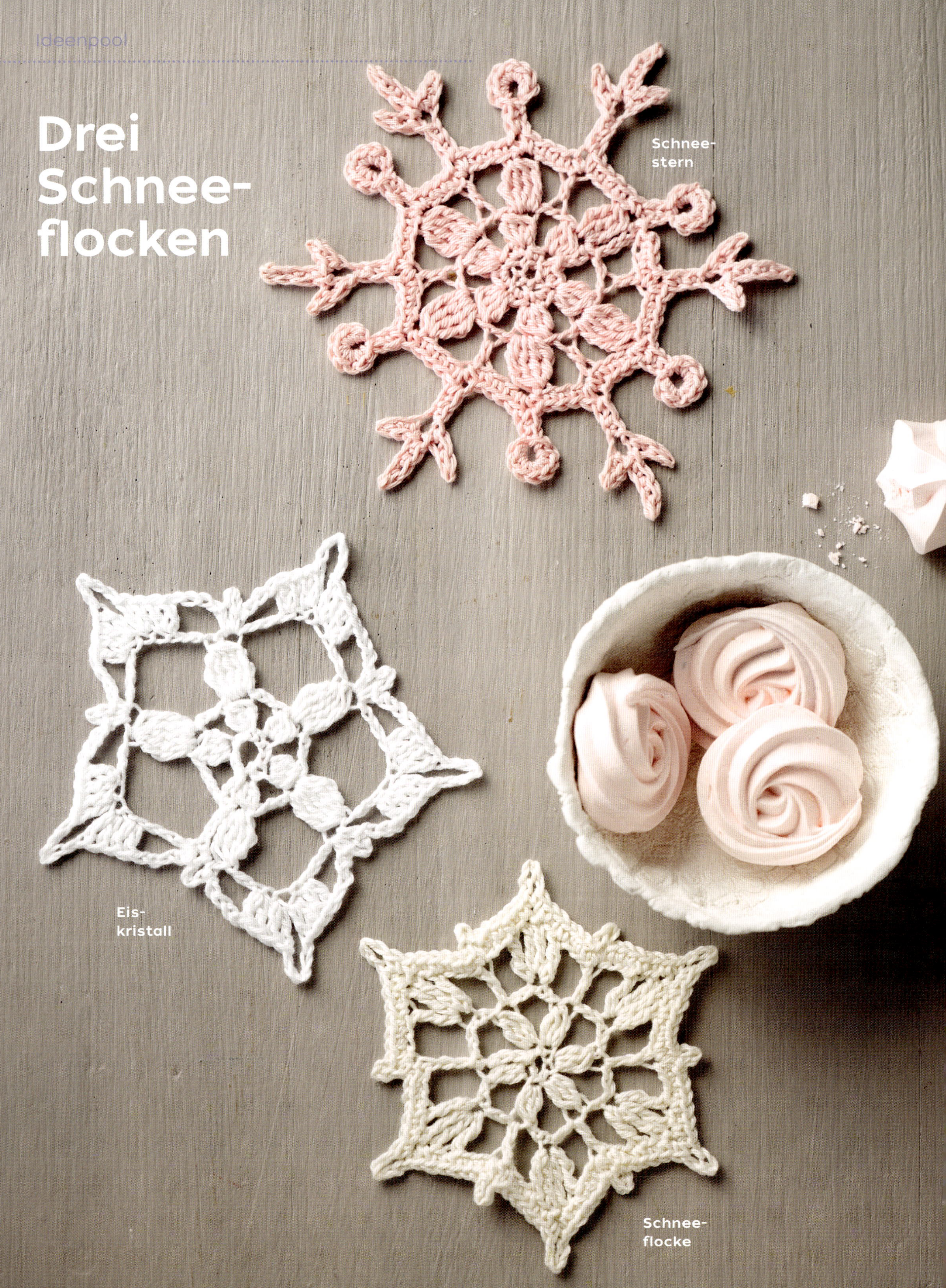

Schneestern

Eiskristall

Schneeflocke

Material 

Schwierigkeitsgrad

Größe

Schneeflocke: ø 10 cm
Schneestern: ø 13 cm
Eiskristall: ø 10 cm

Material

- Schachenmayr Catania fine (LL 165 m/50 g) in Weiß (Fb 106) und Rosé (Fb 1010), Reste
- Häkelnadel 2,0 mm

Häkelschriften

Seite 136

Anleitung

Schneeflocke

Beim Pfeil beginnend 6 Lm anschlagen und mit 1 Km zur Rd schließen.
1. Rd: 3 Lm (= 1. Stb) und 2 zusammen abgemaschte Stb in die 1. Lm des Rings arb, * 5 Lm, dann 3 zusammen abgemaschte Stb in die nächste Lm des Rings häkeln, ab * noch 4x wdh. 5 Lm, 1 Km in die 2 zusammen abgemaschten Stb zur Rd schließen.
2. Rd: 3 Lm (= 1. Stb), * 3 Lm, (1 DStb, 1 Lm, 1 DStb, 1 Lm, 1 DStb, 1 Lm, 1 DStb) in die 3. Lm des Lm-Bogens der Vor-Rd, 3 Lm, 1 Stb in die 3 zusammen abgemaschten Stb der Vor-Rd. Ab * noch 4x wdh. 3 Lm, (1 DStb, 1 Lm, 1 DStb, 1 Lm, 1 DStb, 1 Lm, 1 DStb) in die 3. Lm des folgenden Lm-Bogens, 3 Lm. Mit 1 Km in die 3. Ersatz- Lm schließen. Mit 1 Km zum Beginn der folgenden Rd weitergehen.
3. Rd: 1 Lm (= 1. fM). * 6 fM, 4 Lm, 1 fM in dieselbe M, 7 fM, 3 Lm, 1 fM in dieselbe M. Ab * noch 5x wdh. Mit 1 Km in die 1. Lm zur Rd schließen.

Schneestern

Beim Pfeil beginnend 6 Lm anschlagen und mit 1 Km zur Rd schließen.
1. Rd: 1 Lm (= 1. fM) und 1 fM in die 1. Lm des Rings arb. Dann in jede M des Rings 2 fM häkeln. Mit 1 Km in die Ersatz-Lm zur Rd schließen.
2. Rd: 3 Lm (= 1. Stb) und 3 zusammen abgemaschte Stb in die 1. M der Vor-Rd häkeln. * 3 Lm, 4 zusammen abgemaschte Stb in die übernächste fM der Vor-Rd häkeln. Ab * noch 4x wdh. 3 Lm häkeln und mit 1 Km in die 3 zusammen abgemaschten Stb zur Rd schließen.
3. Rd: 4 Lm (= 1. DStb) und 3 zusammen abgemaschte DStb in die 1. M der Vor-Rd häkeln. 3 Lm, 1 hStb in die mittlere Lm des folgenden Bogens der Vor-Rd und 3 Lm arb, * 4 zusammen abgemaschte DStb in die 4 zusammen abgemaschten Stb der Vor-Rd häkeln. 3 Lm, 1 hStb in die mittlere Lm des folgenden Bogens der Vor-Rd und 3 Lm arb. Ab * noch 4x wdh. Mit 1 Km in die 3 zusammen abgemaschten DStb zur Rd schließen.
4. Rd: * 4 Lm arb, 7 fM in die 2. Lm von der Nd aus arb, 1 Km in dieselbe Lm häkeln, je 1 fM in die folgenden beiden Lm arb, 1 Km in die 3 zusammen abgemaschten DStb der Vor-Rd häkeln. Je 1 fM in die folgenden 3 Lm der Vor-Rd arb, 1 Km in das folgende hStb, 6 Lm, je 1 fM in die 2. und 3. Lm von der Nd aus, 1 Km in die nächste Lm, 4 Lm, je 1 fM in die 2., 3. und 4. Lm von der Nd aus, 1 Km auf die zuvor gearb Km, 3 Lm, je 1 fM in die 2. und 3. Lm von der Nd aus, 1 Km auf die zuvor gearb beiden Km, je 1 fM in die nächsten 2 Lm, 1 weitere Km in das hStb arb. Je 1 fM in die folgenden 3 Lm der Vor-Rd arb, 1 Km in die folgenden 4 zusammen abgemaschten DStb häkeln. Ab * noch 5x wdh.

Eiskristall

Beim Pfeil beginnend 10 Lm anschlagen und mit 1 Km zur Rd schließen.
1. Rd: 3 Lm (= 1. Stb) und 2 zusammen abgemaschte Stb in die 1. Lm des Rings arb. * 3 Lm, 3 zusammen abgemaschte Stb in die übernächste Lm des Rings häkeln. Ab * noch 3x wdh. 3 Lm häkeln und mit 1 Km in die ersten 2 zusammen abgemaschten Stb zur Rd schließen.
2. Rd: 4 Lm (= 1. DStb) und 4 zusammen abgemaschte DStb in die beiden zusammen abgemaschten Stb der Vor-Rd arb. * 10 Lm häkeln, 5 zusammen abgemaschte DStb in die 3 zusammen abgemaschten Stb der Vor-Rd arb. Ab * noch 3x wdh. 10 Lm häkeln und mit 1 Km in die ersten 4 zusammen abgemaschten DStb zur Rd schließen.
3. Rd: 1 Lm (= 1. fM) häkeln, 3 Lm, 1 fM in die 1. M arb. 4 Lm, je 2 Stb in die 4. und 5. Lm des folgenden Lm-Bogens der Vor-Rd häkeln, 5 Lm, je 2 Stb in die 6. und 7. Lm des Lm-Bogens häkeln, 4 Lm arb. * 1 fM, 3 Lm und 1 fM in die folgenden 5 zusammen abgemaschten DStb der Vor-Rd. 4 Lm, je 2 Stb in die 4. und 5. Lm des folgenden Lm-Bogens der Vor-Rd häkeln, 5 Lm, je 2 Stb in die 6. und 7. Lm des Lm-Bogens, 4 Lm häkeln. Ab * noch 3x wdh. Mit 1 Km in die Ersatz-Lm zur Rd schließen.

Flauschige Schnee-Eule

Material 

Schwierigkeitsgrad

Größe

⌀ 40 cm

Material

- Buttinette Woll Butt Cosy (LL 65 m/100 g) in Hellgrau, 300 g
- Buttinette Woll Butt Ida Uni (LL 60 m/50 g) in Schwarz, 50 g, in Hellgrau, Curry und Natur, Reste
- Häkelnadeln 6,0 mm und 9,0 mm
- Rundkissen, ⌀ 40 cm oder Füllwatte

Maschenprobe

Mit Nd 9,0 mm und fM 8 fM und 9 Rd = 10 cm x 10 cm

Anleitung

Alle Teile mit Ausnahme des Schnabels und der Flügel werden in Spiral-Rd gehäkelt. Den Rd-Anfang mit einem Kontrastfaden markieren.

Vorderseite

In Hellgrau (Cosy) mit Nd 9,0 mm einen Magic-Ring anfertigen. Weiter in Spiral-Rd arb:
1. Rd: 6 fM in den Ring häkeln (= 6 M).
2. Rd: Jede fM verdoppeln (= 12 M).
3. Rd: Jede 2. fM verdoppeln (= 18 M).
4. Rd: Jede 3. fM verdoppeln (= 24 M).
5. Rd: 1 fM, 1 fM verdoppeln, * 3 fM, 1 fM verdoppeln, ab * noch 4x wdh. Mit 2 fM enden (= 30 M).
6. Rd: Jede 5. fM verdoppeln (= 36 M).
7. Rd: 2 fM, 1 fM verdoppeln, * 5 fM, 1 fM verdoppeln, ab * noch 4x wdh. Mit 3 fM enden (= 42 M).
8. Rd: Jede 7. fM verdoppeln (= 48 M).
9. Rd: 3 fM, 1 fM verdoppeln, * 7 fM, 1 fM verdoppeln, ab * noch 4x wdh. Mit 4 fM enden (= 54 M).
10. Rd: Jede 9. fM verdoppeln (= 60 M).
11. Rd: 4 fM, 1 fM verdoppeln, * 9 fM, 1 fM verdoppeln, ab * noch 4x wdh. Mit 5 fM enden (= 66 M).
12. Rd: Jede 11. fM verdoppeln (= 72 M).
13. Rd: 5 fM, 1 fM verdoppeln, * 11 fM, 1 fM verdoppeln, ab * noch 4x wdh. Mit 6 fM enden (= 78 M).
14. Rd: Jede 13. fM verdoppeln (= 84 M).
15. Rd: 6 fM, 1 fM verdoppeln, * 13 fM, 1 fM verdoppeln, ab * noch 4x wdh. Mit 7 fM enden (= 90 M).
16. Rd: Jede 15. fM verdoppeln (= 96 M).
17. Rd: 7 fM, 1 fM verdoppeln, * 15 fM, 1 fM verdoppeln, ab * noch 4x wdh. Mit 8 fM enden (= 102 M).
Das Häkelstück sollte nun einen Durchmesser von 40 cm haben. Ggf. noch 1-2 Rd mehr oder weniger häkeln. Die letzte Rd mit 1 Km schließen.

Rückseite

Wie die Vorderseite häkeln.

Auge (2x)

In Schwarz mit Nd 6,0 mm einen Magic-Ring anfertigen. Weiter in Spiral-Rd häkeln.
1. Rd: 6 fM in den Ring häkeln (= 6 M).
2. Rd: Jede fM verdoppeln (= 12 M).
3. Rd: Jede 2. fM verdoppeln (= 18 M).
4. Rd: Jede 3. fM verdoppeln (= 24 M).
5. Rd: 1 fM, 1 fM verdoppeln, * 3 fM, 1 fM verdoppeln, ab * noch 5x wdh. Die Rd mit 2 fM und 1 Km beenden (= 30 M).
Den Arbeitsfaden etwas länger abschneiden und durchziehen.
Das 2. Auge ebenso häkeln.

Lichtreflex (2x)

In Natur mit Nd 6,0 mm einen Magic-Ring anfertigen.
1. Rd: 5 fM in den Ring häkeln. Die Rd mit 1 Km schließen (= 5 M).
Den Faden lang abschneiden und durchziehen.
Den 2. Lichtreflex ebenso häkeln.

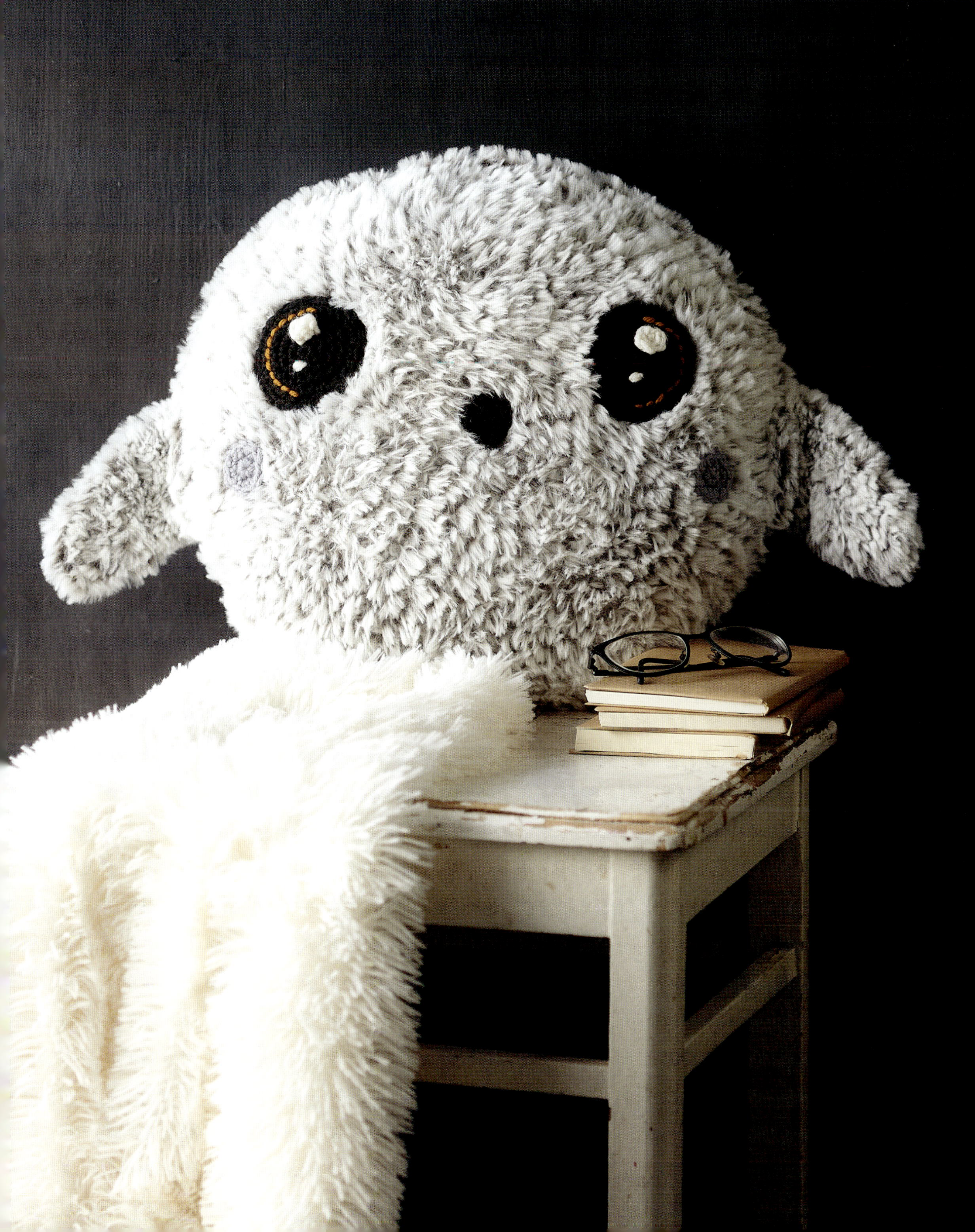

Tipps & Tricks

✦ Das Kissen kann mit Füllwatte oder mit einem runden Füllkissen gefüllt werden. Wird ein Füllkissen verwendet, empfiehlt es sich, einen Reißverschluss einzunähen. Dann lässt sich das Füllkissen zum Waschen herausnehmen. Mit Füllwatte ausgestopfte Kissen lassen sich meist mit der Füllwatte waschen, dazu die Herstellerangaben beachten.

Schnabel

In Schwarz mit Nd 6,0 mm 1 Lm und 1 Wende-Lm locker anschlagen. Weiter in R häkeln. Am Ende jeder R 1 Wende-Lm arb.

1. R: 1 fM in die 2. Lm von der Nd aus häkeln (= 1 M).
2. R: 1 fM verdoppeln (= 2 M).
3. R: 2 fM häkeln.
Den Schnabel mit fM umhäkeln, dabei an den äußeren Ecken und an der Schnabelspitze
jeweils 2 fM in 1 M arb. Die Rd mit 1 Km schließen. Den Faden lang abschneiden und durchziehen.

Wange (2x)

In Hellgrau (Ida) mit Nd 6,0 mm einen Magic-Ring anfertigen. Weiter in Spiral-Rd arb:

1. Rd: 6 fM in den Ring häkeln (= 6 M).
2. Rd: Jede fM verdoppeln. Die Rd mit 1 Km schließen (= 12 M).
Den Faden lang abschneiden und durchziehen.
Die 2. Wange ebenso häkeln.

Flügel (2x)

in Hellgrau (Cosy) mit Nd 9,0 mm 7 Lm und 1 Wende-Lm locker anschlagen. Weiter in R häkeln. Am Ende jeder R 1 Wende-Lm arb.

1. R: Ab der 2. Lm von der Nd aus 7 fM häkeln (= 7 M).
2. R: 7 fM häkeln.
3. R: Die 1. fM verdoppeln, 4 fM, 2 fM zusammen abmaschen (= 7 M).
4. R: 2 fM zusammen abmaschen, 5 fM (= 6 M).
5. R: 1 fM verdoppeln, 3 fM, 2 fM zusammen abmaschen (= 6 M).
6. R: 2 fM zusammen abmaschen, 4 fM (= 5 M).
7. R: 1 fM verdoppeln, fortlaufend 2 fM zusammen abmaschen (= 4 M).
8. R: Fortlaufend 2 fM zusammen abmaschen (= 2 M).
Den Faden abschneiden und durchziehen.
Den 2. Flügel ebenso häkeln.

Fertigstellen

Die Lichtreflexe auf die Augen aufnähen. Dann einen Bogen in Curry und einen weiteren kleineren Lichtreflex in Natur gemäß Foto aufsticken. Die fertigen Augen, die Wangen und den Schnabel gemäß Foto aufnähen. Vorder- und Rückseite links auf links legen und die Flügel zwischen den Häkelstücken festnähen. Um das Kissen zu schließen, Vorder- und Rückseite mit Nd 9,0 mm wie folgt zusammenhäkeln, dabei das Kissen nach und nach mit Watte ausstopfen oder das Rundkissen einlegen:
18. Rd: * 16 fM, 1 fM verdoppeln, ab * noch 5x wdh (= 108 M). An den Flügeln wird dabei nur in die Vorderseite des Kissens gearbeitet. Die Rd mit 1 Km schließen.

Zwergenjacke

Material 

Schwierigkeitsgrad

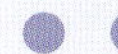 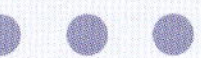

Größe

50/56, 62/68, 74/80, 86/92
Die Angaben für die verschiedenen Größen sind durch Schrägstriche getrennt. Steht nur eine Angabe, gilt diese für alle Größen.

Material

- Schachenmayr Merino Extrafine 170 (LL 170 m/50 g) in Nostalgy (Fb 43), 200/200/250/250 g
- Häkelnadel 3,0 mm
- 4/4/5/5 Holzknöpfe, ø 18 mm

Maschenprobe

Mit Nd 3,0 mm und hStb
22 hStb und 17 R
= 10 cm x 10 cm

Anleitung

Vorder- und Rückenteil

Vorder- und Rückenteil werden zunächst in einem Stück gehäkelt.
Mit Nd 3,0 mm 95/103/111/119 Lm + 2 Wende-Lm (für 1 hStb) locker anschlagen und hStb in R häkeln.
1. R: hStb häkeln, dabei das 1. hStb in die 3. Lm von der Nd aus arb. 2 Wende-Lm (= 96/104/112/120 M).
2. R: hStb häkeln, 2 Wende-Lm (= 96/104/112/120 M).
Die 2. R so oft wdh, bis das Häkelstück eine Höhe von 12/14/16/18 cm hat. Nach der letzten R die Wende-Lm weglassen, den Faden abschneiden und durchziehen. Die Arbeit wenden.

Rückenteil

Das Rückenteil wie folgt über die mittleren 48/52/56/60 M häkeln:
1. R: * 2 hStb zusammen abmaschen, ab * noch 1x wdh, dann 1 hStb in jede M häkeln. Zum Schluss wieder ** 2 hStb zusammen abmaschen, ab ** noch 1x wdh, 2 Wende-Lm (= 44/48/52/56 M).
2. R: * 2 hStb zusammen abmaschen, ab * noch 1x wdh, dann 1 hStb in jede M häkeln. Zum Schluss wieder ** 2 hStb zusammen abmaschen, ab ** noch 1x wdh, 2 Wende-Lm (= 40/44/48/52 M).
3. R: 2 hStb zusammen abmaschen, dann 1 hStb in jede M häkeln. Die letzten 2 hStb zusammen abmaschen, 2 Wende-Lm (= 38/42/46/50 M).
4. R: hStb häkeln, 2 Wende-Lm (= 38/42/46/50 M).
Die 4. R so oft wdh, bis das Häkelstück ab Beginn eine Höhe von 20/22/24/26 cm hat.
Nun für den Halsausschnitt beide Seiten getrennt voneinander häkeln. Dafür die mittleren 14/18/22/26 M unbehäkelt lassen (= 12 M auf jeder Seite).
1. R: 8 hStb, dann * 2 hStb zusammen abmaschen, ab * noch 1x wdh, 2 Wende-Lm (= 10 M).
2. R: * 2 hStb zusammen abmaschen, ab * noch 1x wdh, dann hStb häkeln. 2 Wende-Lm (= 8 M).
3. R: hStb häkeln (= 8 M).
Den Faden abschneiden und durchziehen. Das Häkelstück sollte nun ab Beginn eine Höhe von 22/24/26/28 cm haben. Die andere Seite gegengleich arb.

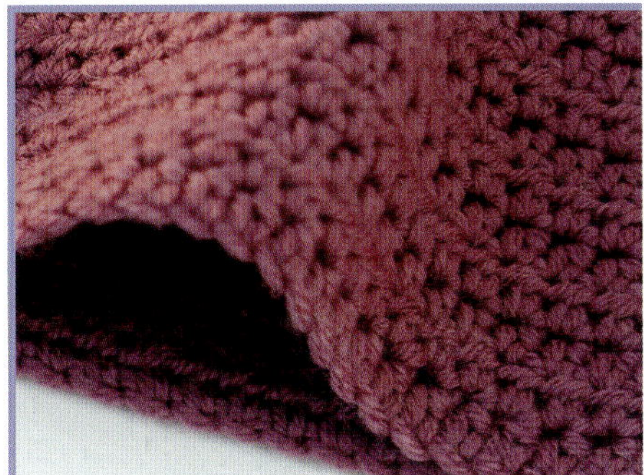

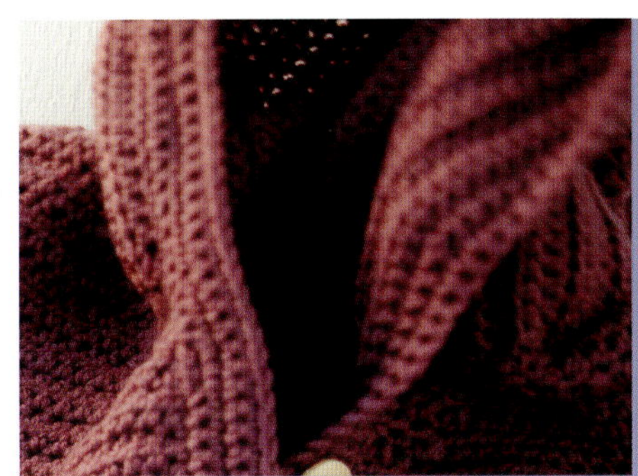

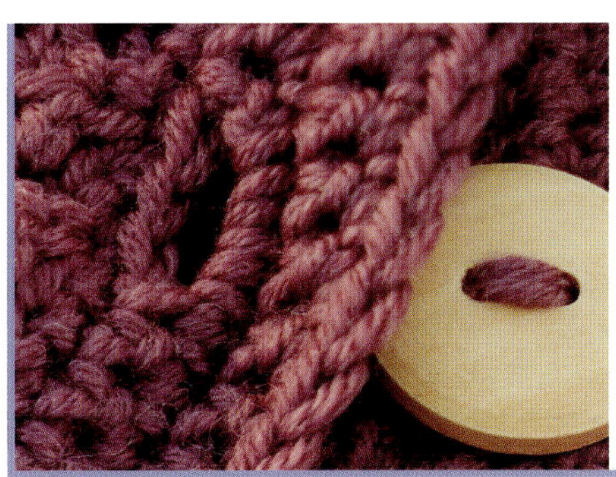

Vorderteil

Für das rechte Vorderteil einen neuen Faden an der rechten Seite anschlingen und über die 20/22/24/26 M der rechten Seite häkeln. Dabei für die Unterarmkante an der linken Seite 4 M unbehäkelt lassen.
Für den Armausschnitt wie folgt häkeln:
1. R: hStb häkeln. Die letzten 2 hStb zusammen abmaschen, 2 Wende-Lm (= 19/21/23/25 M).
2. R: hStb häkeln, 2 Wende-Lm (= 19/21/23/25 M).
3. R: hStb häkeln. Die letzten 2 hStb zusammen abmaschen, 2 Wende-Lm (= 18/20/22/24 M).
4. R: hStb häkeln, 2 Wende-Lm (= 18/20/22/24 M).
Die 4. R so oft wdh, bis das Häkelstück ab Beginn eine Höhe von 17/19/21/23 cm hat. Dabei mit einer Rückr enden.
Für den Halsausschnitt wie folgt weiterarb:
1. R: * 2 hStb zusammen abmaschen, ab * noch 1x wdh, dann hStb häkeln. 2 Wende-Lm (= 16/18/20/22 M).
2. R: hStb häkeln. Zum Schluss * 2 hStb zusammen abmaschen, ab * noch 1x wdh, 2 Wende-Lm (= 14/16/18/20 M).
3. R: Wie die 1. R häkeln (= 12/14/16/18 M).
4. R: Wie die 2. R häkeln (= 10/12/14/16 M).
5. R: Wie die 1. R häkeln (= 8/10/12/14 M).
Größe 50/56 endet hier.
Größe 62/68:
6. R: Wie die 2. R häkeln (= 8 M).
Größe 74/80:
6. R: Wie die 2. R häkeln (= 10 M).
7. R: Wie die 1. R häkeln (= 8 M).
Größe 86/92:
6. R: Wie die 2. R häkeln (= 12 M).
7. R: Wie die 1. R häkeln (= 10 M).
8. R: Wie die 2. R häkeln (= 8 M).
Weiter für alle Größen fM häkeln, bis das Häkelstück ab Beginn eine Höhe von 22/24/26/28 cm hat. Nach der letzten R die Wende-Lm weglassen und das rechte Vorderteil beenden. Das linke Vorderteil gegengleich häkeln. Dafür einen neuen Faden an der 20./22./24./26. M von links neu anschlingen.

Ärmel (2x)

35/37/39/41 Lm + 2 Wende-Lm (für 1 hStb) locker anschlagen.
1. R: hStb häkeln, dabei das 1. hStb in die 3. Lm von der Nd aus arb. 2 Wende-Lm (= 36/38/40/42 M).
2.-7. R: hStb häkeln. 2 Wende-Lm (= 36/38/40/42 M).
8. R: 1 hStb verdoppeln, dann hStb häkeln, in die letzte M 1 hStb verdoppeln, 2 Wende-Lm (= 38/40/42/44 M).
Die 1.-8. R so oft wdh, bis das Häkelstück ab Beginn eine Höhe von 12/14/16/19 cm hat.
Dann wie folgt weiterarb: In den folgenden 2 R am Anfang und am Ende der R jeweils 2x 2 M zusammen abmaschen. Dann in den folgenden 5/6/7/8 R jeweils die ersten 2 M und die letzten 2 M zusammen abmaschen. In den letzten 3 R am Anfang und am Ende der R jeweils 2x 2 M zusammen abmaschen. Den Faden lang abschneiden (mit diesem wird der Ärmel später geschlossen) und durchziehen.
Den 2. Ärmel ebenso häkeln.

Kapuze

83/85/87/89 Lm + 2 Wende-Lm (für 1 hStb) locker anschlagen.
1. R: hStb häkeln, dabei das 1. hStb in die 3. Lm von der Nd aus arb. 2 Wende-Lm (= 84/86/88/90 M).
2. R: hStb häkeln, 2 Wende-Lm (= 84/86/88/90 M).
Die 2. R so oft wdh, bis das Häkelstück eine Höhe von 15/16/17/18 cm hat. Nach der letzten R die Wende-Lm weglassen. Den Faden durchziehen, abschneiden und vernähen.

Fertigstellen

Nun die Schulter- und Ärmelnähte schließen und die Ärmel einsetzen. Die Kapuze doppelt legen und die Naht ebenfalls schließen. Dann die Kapuze mittig feststecken und mit Überwendlingsstichen an die Jacke nähen.
Für die Vorderteilblende/Knopfleiste die beiden Vorderteilkanten und die Kapuze mit fM umhäkeln. Dafür an der rechten unteren Ecke der Jacke einen neuen Faden anschlingen (aus Sicht des Betrachters links unten).
1. R: fM häkeln, 1 Wende-Lm.
2. R: fM häkeln. Dabei an der Kapuze gleichmäßig verteilt 2 M abnehmen. Auf der rechten Vorderseite (aus Sicht des Betrachters links) gleichmäßig verteilt 4/4/5/5 Knopflöcher arb: 1 Knopfloch = 3 Lm, 3 M übergehen. 1 Wende-Lm.
3. R: fM häkeln. An den Knopflöchern jeweils 3 fM um den Lm-Bogen häkeln. An der Kapuze gleichmäßig verteilt 2 M abnehmen. 1 Wende-Lm.
4. R: fM häkeln. An der Kapuze gleichmäßig verteilt 2 M abnehmen. 1 Wende-Lm.
5. R: fM häkeln. Den Faden abschneiden und durchziehen. Dann auf der linken Seite (aus Sicht des Betrachters rechts) die Knöpfe annähen.
Für die Ärmelblende beide Ärmel mit 2 Rd fM umhäkeln. Dafür an der Naht einen neuen Faden anschlingen und jede Rd mit 1 Km in die 1. fM beenden. Den Faden durchziehen, abschneiden und vernähen.
Alle Fäden vernähen.

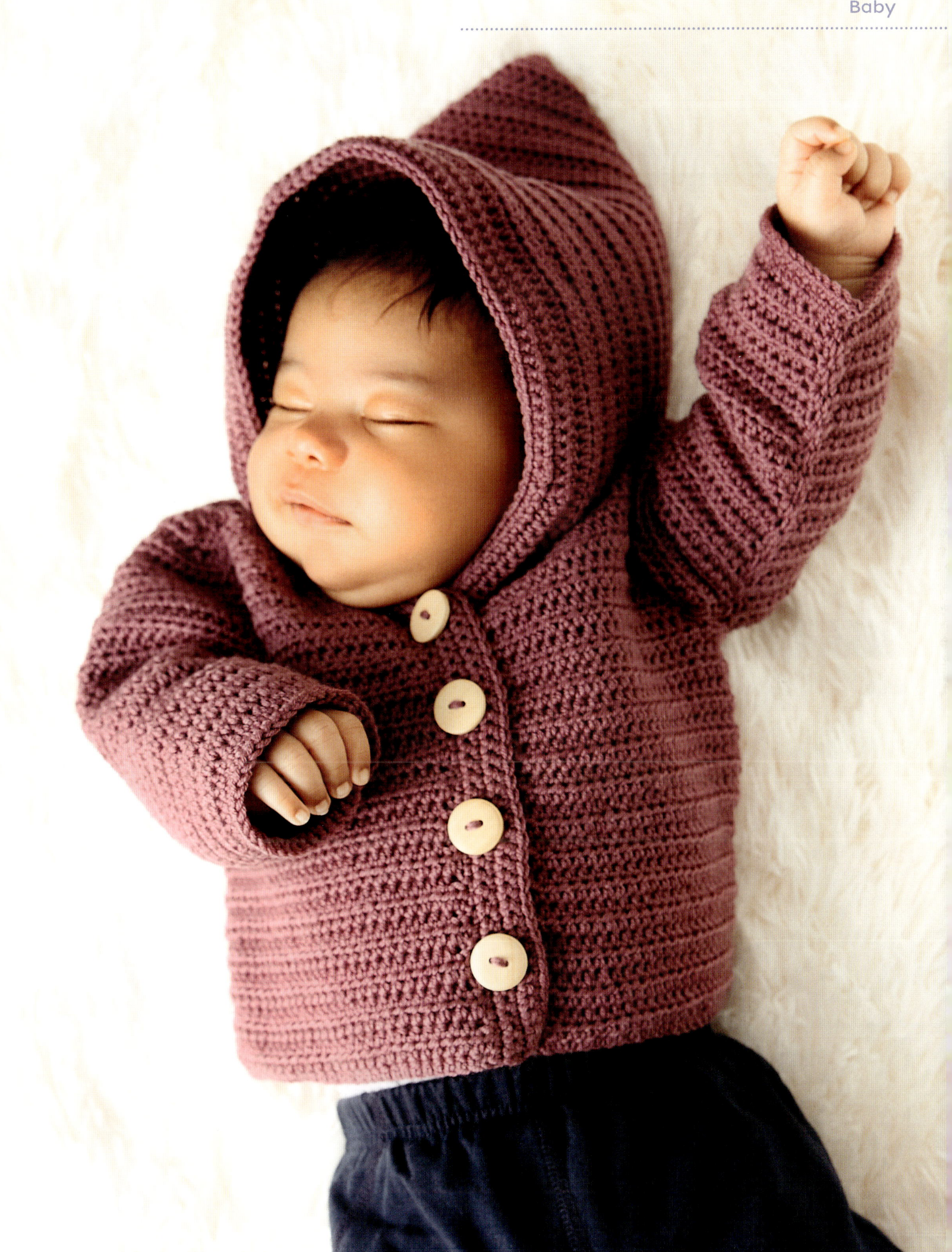

Babymütze

Material 

Schwierigkeitsgrad

Größe

Kopfumfang 40 cm

Material

- Lana Grossa Cool Wool Baby (LL 220 m/ 50 g) in Hellgrau/ Beere/Brombeer/Gelb (Fb 357), 50 g, in Gelb (Fb 273) und Erika (Fb 242), Reste
- Häkelnadel 3,0 mm und 4,5 mm
- ggf. Pomponmaker

Maschenprobe

Mit Nd 3,0 mm und hStb 20 M und 20 R = 10 cm x 10 cm

Anleitung

In Hellgrau/Beere/Brombeer/Gelb und Häkelnd 3,0 mm 3 Lm anschlagen.

1. Rd: In die 3. Lm von der Nd aus 8 hStb häkeln.

Weiter hStb in Spiral-Rd arb, den Rd-Anfang mit einem Kontrastfaden markieren.

2. Rd: Jedes hStb verdoppeln (= 16 M).

3. Rd: Jedes 2. hStb verdoppeln (= 24 M).

4. Rd: Jedes 3. hStb verdoppeln (= 32 M).

5. Rd: Jedes 4. hStb verdoppeln (= 40 M).

6. Rd: Jedes 5. hStb verdoppeln (= 48 M).

7. Rd: Jedes 6. hStb verdoppeln (= 56 M).

8. Rd: Jedes 7. hStb verdoppeln (= 64 M).

9. Rd: Jedes 8. hStb verdoppeln (= 72 M).

10.-28. Rd: Jeweils 72 hStb häkeln. Faden abschneiden und durchziehen.

Für die 1. Ohrenklappe vom letzten Rd-Wechsel aus gesehen die nächsten 7 M unbehäkelt lassen. In der 8. M neu anschlingen.

* 2 Lm und 15 hStb häkeln, dabei das 1. hStb in dieselbe M arb, in die neu angeschlungen wurde. Weiter in R wie folgt hStb häkeln und dabei nach jeder Reihe 2 Wende-Lm häkeln:

2. R: 15 hStb häkeln.

3. R: 2 hStb zusammen abmaschen, 11 hStb, 2 hStb zusammen abmaschen (= 13 M).

4. R: 2 hStb zusammen abmaschen, 9 hStb, 2 hStb zusammen abmaschen (= 11 M).

5. R: 2 hStb zusammen abmaschen, 7 hStb, 2 hStb zusammen abmaschen (= 9 M).

6. R: 2 hStb zusammen abmaschen, 5 hStb, 2 hStb zusammen abmaschen (= 7 M).

Den Faden abschneiden und durchziehen.

Die nächsten 28 M der Vor-Rd unbehäkelt lassen. In der 29 M neu anschlingen und die 2. Ohrenklappe ab * ebenso häkeln.

Fertigstellen

Die Mütze anfeuchten und in Form ziehen, trocknen lassen. Für den Rand mit Nd 4,5 mm und doppeltem Faden in Gelb und Fuchsia 1 Rd Krebs-M, beginnend an der hinteren Mitte, arb. Für die Bindebändchen jeweils an den unteren Kanten der Ohrenklappen mit doppeltem Faden in Gelb und Fuchsia und Nd 4,5 mm neu anschlingen und 40 Lm häkeln. Über diese Lm-Kette 1 R Km häkeln, den Faden abschneiden und durchziehen. Einen Pompon mit ⌀ 5 cm in Gelb und Fuchsia anfertigen und an die Mützenspitze nähen. Alle Fäden vernähen.

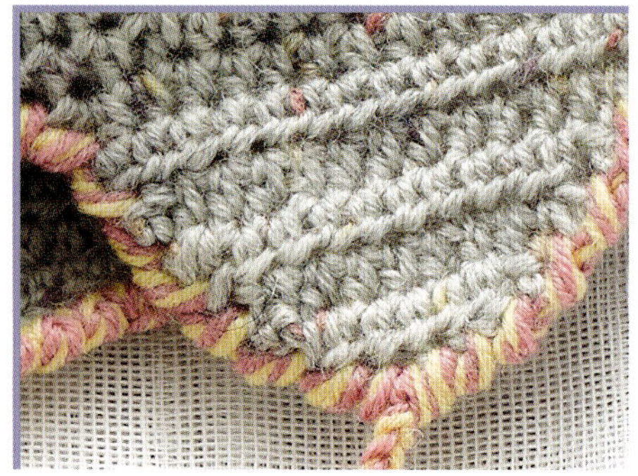

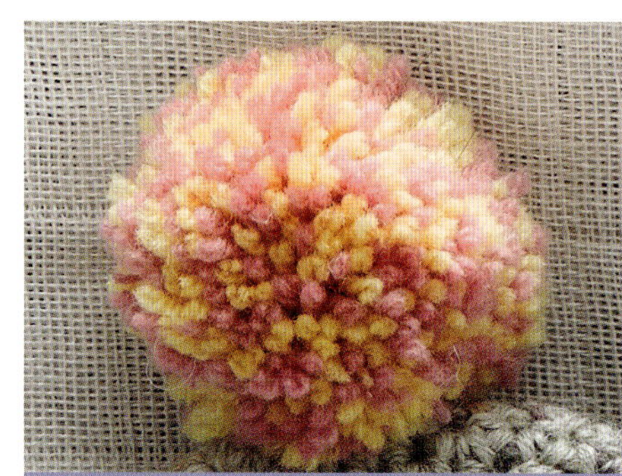

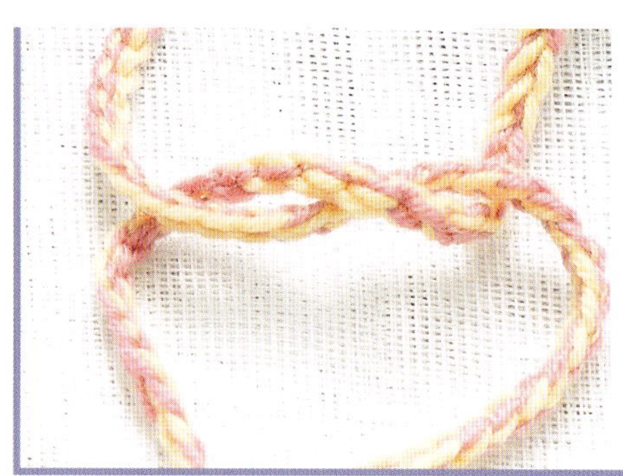

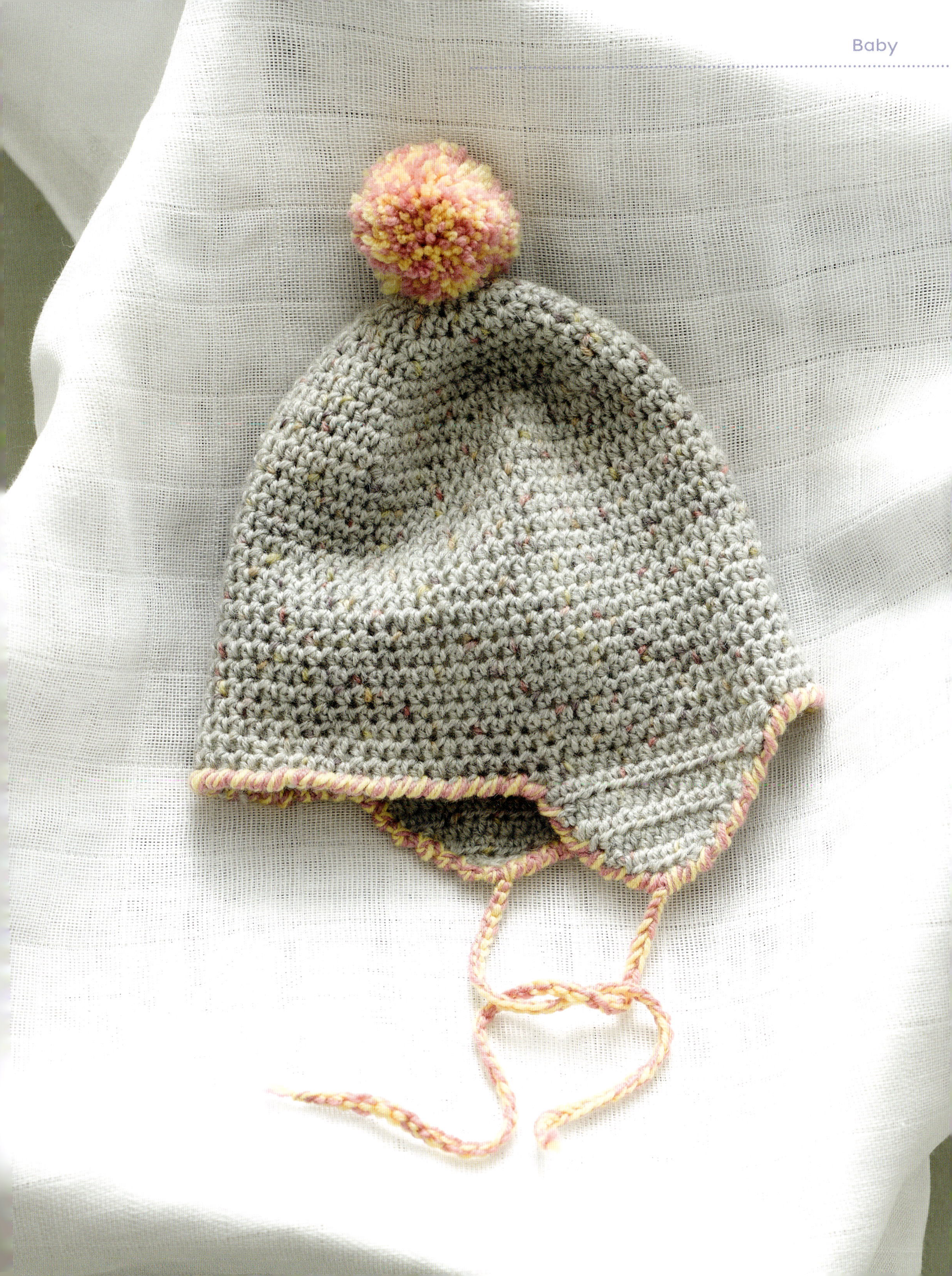

Dreieckstuch fürs Baby

Material 

Schwierigkeitsgrad

Größe

10 cm x 15 cm

Material

- Schachenmayer Catania (LL 125 m/50 g) in Nebel (Fb 434), 50 g und Denim (Fb 421), Rest
- Häkelnadel 3,0 mm
- 1 Knopf, ø 12 mm

Maschenprobe

Mit Nd 3,0 mm und hStb 21 M und 17 R = 10 cm x 10 cm

Noppe

Für * 1 Stb 1 U auf die Nd nehmen, in die M einstechen, den Faden durchholen und die ersten 2 Schlingen abmaschen. Ab * noch 4x wdh, dabei immer in dieselbe M einstechen. Zuletzt liegen 6 Schlingen (= 1 Arbeitsschlinge und 1 Schlinge pro Stb) auf der Nd. Den Faden erneut holen und durch alle 6 Schlingen ziehen.
Die Noppen werden in der Rückr gehäkelt. Sie wölben sich später auf der Vorderseite nach vorne.

Anleitung

In Nebel 1 Lm + 2 Wende-Lm anschlagen. Weiter in R häkeln. Am Ende jeder R 2 Wende-Lm (zählen nicht als Masche) häkeln.
1. R: 5 hStb in die 3. Lm von der Nd aus (= 5 M).
2. R: 3 hStb in 1 M, 1 hStb, 3 hStb in 1 M, 1 hStb, 3 hStb in 1 M (= 11 M).
3. R: 3 hStb in 1 M, 4 hStb, 3 hStb in 1 M, 4 hStb, 3 hStb in 1 M (= 17 M).
4. R: 3 hStb in 1 M, 7 hStb, 3 hStb in 1 M, 7 hStb, 3 hStb in 1 M (= 23 M).
5. R: 3 hStb in 1 M, 10 hStb, 3 hStb in 1 M, 10 hStb, 3 hStb in 1 M (= 29 M).
6. R: 3 hStb in 1 M, 13 hStb, 3 hStb in 1 M, 13 hStb, 3 hStb in 1 M (= 35 M).
7.-19. R: Nach diesem Prinzip weiter M an den gleichen Stellen zunehmen, am Ende der 19. R (= 113 M).
Nun Noppen in Denim in der Intarsientechnik häkeln, die fM dazwischen weiter in Nebel häkeln.
20. R: 2 fM (Nebel), * 1 Noppe (Denim), 3 fM (Nebel), ab * noch 12x wdh, 1 Noppe (Denim), 1 fM, 3 fM in die mittlere M, 1 fM (Nebel), **1 Noppe (Denim), 3 fM (Nebel), ab ** noch 12x wdh, 1 Noppe (Denim), 2 fM (Nebel) (= 115 M).
21. R (Nebel): 3 hStb in 1 M, 53 hStb, 3 hStb in 1 M, 53 hStb, 3 hStb in 1 M (= 121 M).
Am Ende der R für die Knopfschlaufe 8 Lm anschlagen und mit 1 Km in die 1. M der Vor-R zur Rd schließen. Den Faden abschneiden und durchziehen.

Fertigstellen

Den Knopf an die Spitze gegenüber der Knopfschlaufe annähen. Alle Fäden vernähen.

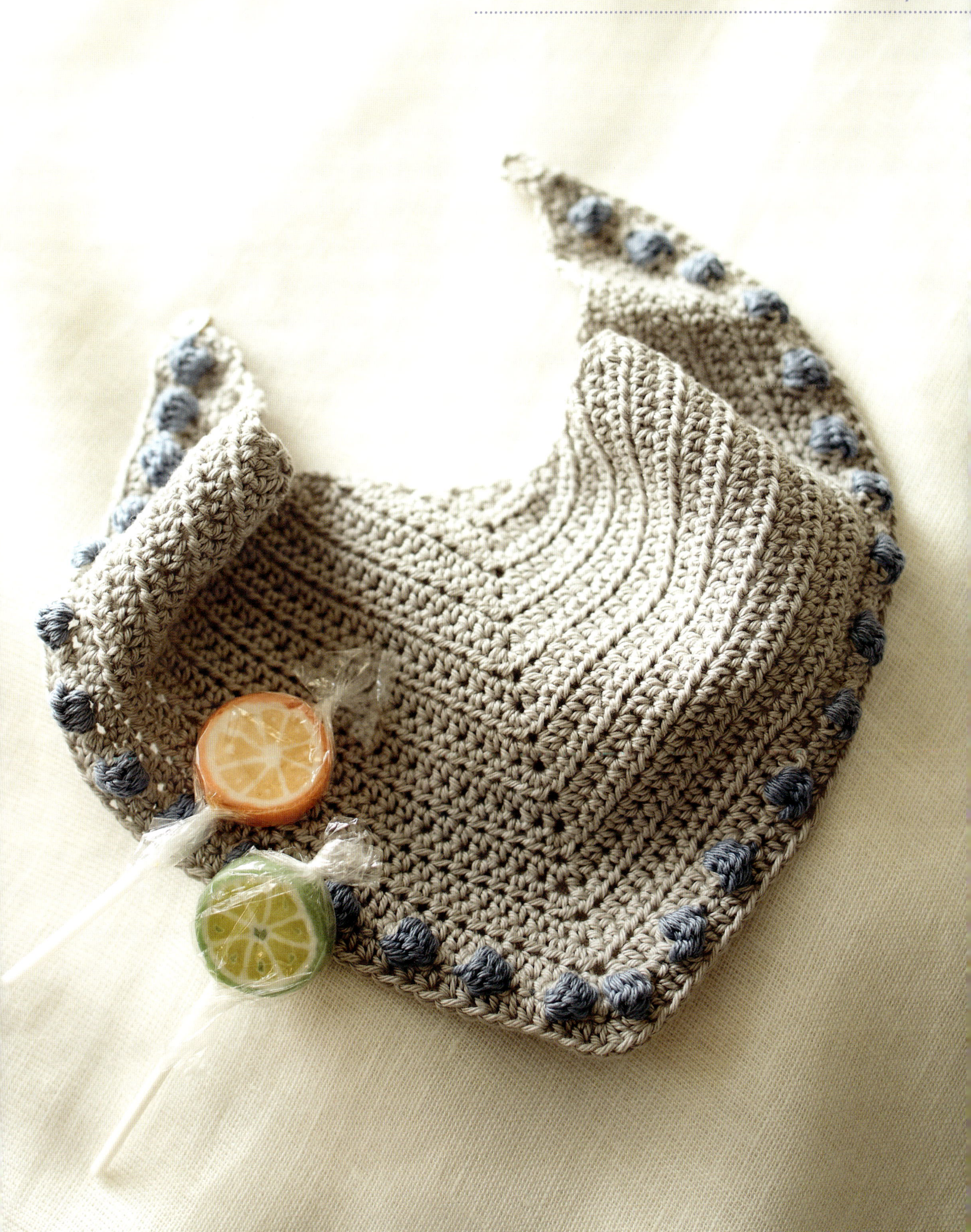

Pucksack

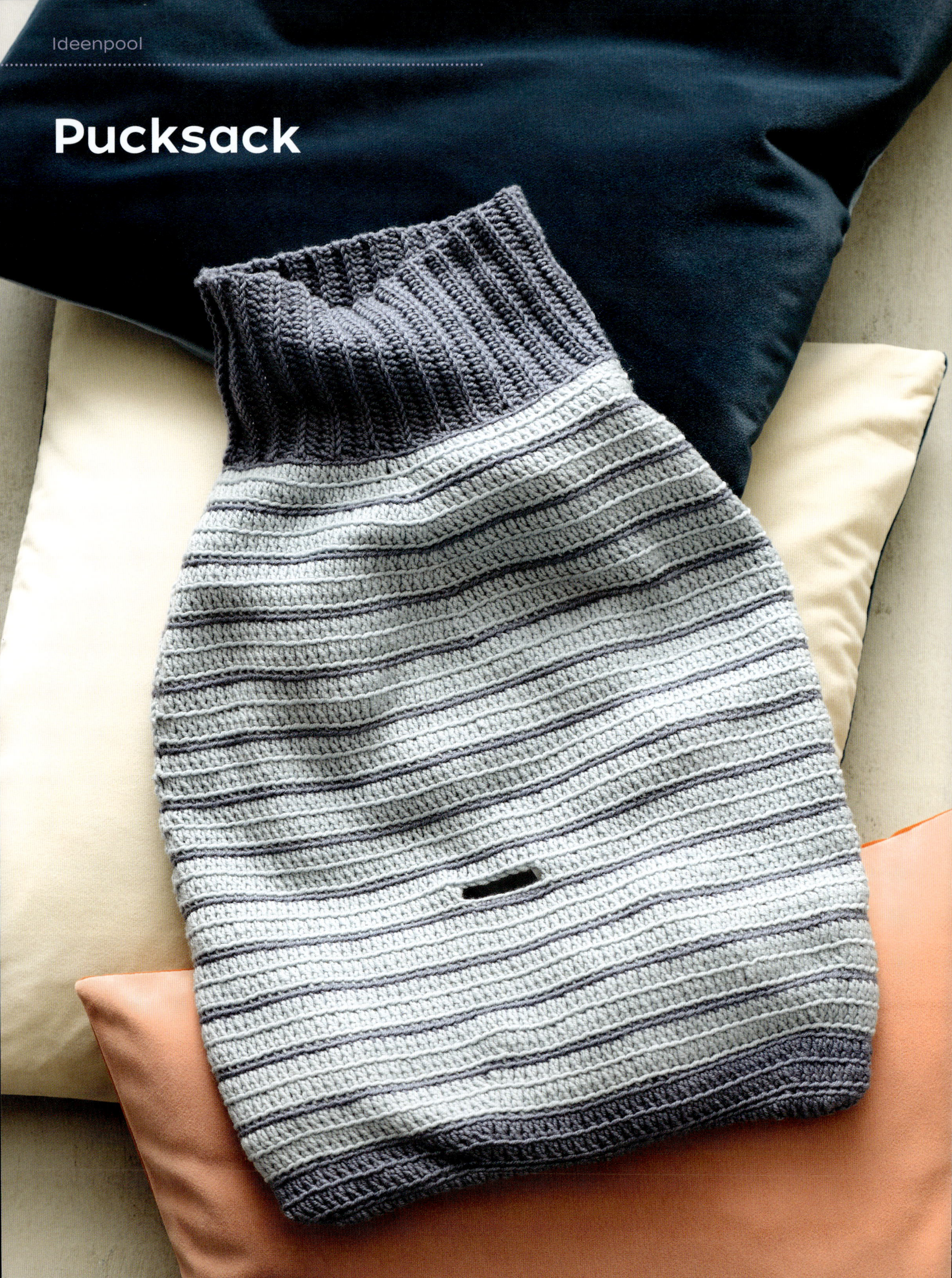

Material 

Schwierigkeitsgrad

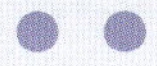

Größe

31 cm x 45 cm

Material

- Lana Grossa Cool Wool Uni (LL 160 m/50 g) in Graublau (Fb 2037) und Eisblau (Fb 2028), je 100 g
- Häkelnadel 3,5 mm

Maschenprobe

Mit Nd 3,5 mm im Streifenmuster 21 M und 11 R = 10 cm x 10 cm

Streifenmuster

1. Rd (Eisblau): 3 Steige-Lm, Stb in die hinteren M-Glieder arb, mit 1 Km in die 3. Steige-Lm schließen.
2. Rd (Eisblau): 3 Steige-Lm, Stb in die hinteren M-Glieder arb, mit 1 Km in Graublau in die 3. Steige-Lm schließen.
3. Rd (Graublau): 1 Steige-Lm, fM in in die hinteren M-Glieder, mit 1 Km in Eisblau in die Steige-Lm schließen.
Die 1.-3. Rd fortlaufend wdh. Beim Fb-Wechsel die Km zum Schließen der Rd bereits mit der neuen Fb abmaschen.

Anleitung

Zuerst das Bündchen in R häkeln und dann an eine Seitenkante in Rd den Pucksack von oben nach unten häkeln.
Für das Bündchen in Graublau 23 Lm + 2 Steige-Lm anschlagen. Weiter in R häkeln und am Ende jeder R 2 Wende-Lm arb.
1. R: Ab der 3. Lm ab Nd 23 hStb häkeln.
Die 1. R fortlaufend wdh, dabei nur in die hinteren M-Glieder einstechen, bis eine Höhe von ca. 38 cm erreicht ist. Das Bündchen an der langen Seite zur Hälfte legen und die kurzen Kanten mit fM zusammenhäkeln.
Aus einer der beiden Seitenkanten in Graublau 92 fM heraushäkeln und die Rd mit 1 Km in Graublau schließen. Der Rd-Wechsel verläuft an einer Seite.
Weiter im Streifenmuster in geschlossenen Rd häkeln:
1. Rd (Eisblau): 3 Steige-Lm, 92 Stb in die hinteren M-Glieder arb, mit 1 Km in die 3. Steige-Lm schließen.
2. Rd (Eisblau): 3 Steige-Lm, Stb in die hinteren M-Glieder arb, dabei jedes 23. Stb verdoppeln, mit 1 Km in Graublau in die 3. Steige-Lm schließen (= 96 M).
3. Rd (Graublau): 1 Steige-Lm, fM in in die hinteren M-Glieder, dabei jede 24. fM verdoppeln, mit 1 Km in Eisblau in die Steige-Lm schließen (= 100 M).
Weiter nach dem Streifenmuster arb, dabei die angegebenen Steige-Lm arb und beim Fb-Wechsel die Km entsprechend abmaschen.
4. Rd: Jedes 25. Stb verdoppeln (= 104 M).
5. Rd: Jedes 26. Stb verdoppeln (= 108 M).
6. Rd: Jede 27. fM verdoppeln (= 112 M).
7. Rd: Jedes 28. Stb verdoppeln (= 116 M).
8. Rd: Jedes 29. Stb verdoppeln (= 120 M).
9. Rd: Jede 30. fM verdoppeln (= 124 M).
10. Rd: Jedes 31. Stb verdoppeln (= 128 M).
11. Rd: Jedes 32. Stb verdoppeln (= 132 M).
12. Rd: Jede 33. fM verdoppeln (= 136 M).
13.-25. Rd: Weiter im Streifenmuster ohne Zunahmen häkeln.
Den Schlitz wie folgt häkeln:
26. Rd: 30 Stb in die hinteren M-Glieder, 8 Lm, 8 M übergehen, 60 Stb in die hinteren M-Glieder, 8 Lm, 8 M übergehen, 30 Stb in die hinteren M-Glieder, die Rd mit 1 Km in die 3. Steige-Lm in Graublau schließen.
27.-33. Rd: Weiter im Streifenmuster ohne Zunahmen häkeln.
34.+35. Rd: Die 1. und 2. Rd des Streifenmusters häkeln.
Weiter im Streifenmuster folgende Abnahmen häkeln:
36. Rd: Jede 33. und 34. M zusammen abmaschen (= 132 M).
37. Rd: Jede 32. und 33. M zusammen abmaschen (= 128 M).
38. Rd: Jede 31. und 32. M zusammen abmaschen (= 124 M).
39. Rd: Jede 30. und 31. M zusammen abmaschen (= 120 M).
Weiter im Muster häkeln, aber nur noch in Graublau.
40. Rd (Graublau): Jede 14. und 15. M zusammen abmaschen (= 112 M).
41. Rd: Jede 27. und 28. M zusammen abmaschen (= 108 M).
42. Rd: Jede 26. und 27. M zusammen abmaschen (= 104 M).
43. Rd: Jede 12. und 13. M zusammen abmaschen (= 96 M).
44. Rd: Jede 23. und 24. M zusammen abmaschen (= 92 M).
Den Faden abschneiden und durchziehen.

Fertigstellen

Den Pucksack nach links wenden, so hinlegen, dass die Öffnung der Gurtschlitze deckungsgleich übereinander liegen und die untere Kante mit fM in Graublau zusammenhäkeln.
Alle Fäden vernähen. Den Pucksack in Form ziehen, anfeuchten und trocknen lassen.

Baby-Schuhe

Material 

Schwierigkeitsgrad

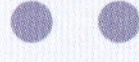
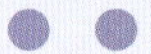

Größe

18/19

Material

- Schachenmayr Catania (LL 125 m/50 g) in Weiß (Fb 106) und Maigrün (Fb 389), je 50, in Schwarz (Fb 110), Rest
- Häkelnadel 3,0 mm
- 6 Ösen aus Metall, ø (innen) 4 mm
- Ösenzange

Anleitung

Schuh (2x)

In Weiß 16 Lm anschlagen und mit 1 Km zur Rd schließen. Weiter in geschlossenen Rd arb.
1. Rd: Ab der 4. Lm von der Nd aus 13 Stb, 6 Stb in 1 M, 13 Stb, 6 Stb in 1 M arb. Mit 1 Km schließen (= 38 M).
2. Rd: 3 Lm, * 13 Stb, 6 Stb verdoppeln, ab * noch 1x wdh (= 50 M).
3. Rd: 3 Lm, * 13 Stb, 12 Stb verdoppeln, ab * noch 1x wdh (= 74 M).
4. Rd: 1 Lm, 74 fM häkeln.
5. Rd: 3 Lm, 74 Relief-hStb von hinten.
6.-9. Rd: 1 Lm, 74 fM häkeln.
Faden abschneiden und durchziehen. Den Schuh mittig falten, von der vorderen Mitte aus nach rechts gezählt in der 4. M in Weiß neu anschlingen. Weiter in R arb.
1. R: 8 fM, 2 Km (= 10 M).
2. R: 1 Lm, 1 Km übergehen, 9 fM, 2 Km in die 9. Rd (= 11 M).
3. R: 1 Lm, 1 Km übergehen, 10 fM, 2 Km in die 9. Rd (= 12 M).
4. R: 1 Lm, 1 Km übergehen, 11 fM, 2 Km in die 9. Rd (= 13 M).
5.-8. R: 1 Lm, 1 Km übergehen, 12 fM, 2 Km in die 9. Rd (= 14 M).
9. R: 1 Lm, 1 Km übergehen, 12 fM, 1 Km in die letzte M der 8. R (= 13 M).
Faden abschneiden und durchziehen. In Maigrün neu anschlingen und für die Zunge wie folgt häkeln:
1. R: 1 Km, 12 hStb (= 13 M).
2. R: 12 hStb, 1 Km bleibt unbehäkelt (= 12 M).
3.-7. R: Jeweils 12 hStb häkeln.
8. R: 2 hStb zusammen abmaschen, 8 hStb, 2 hStb zusammen abmaschen (= 10 M).
Faden abschneiden und durchziehen. In der Km der 1. R der Zunge in Maigrün neu anschlingen und die Zunge mit fM umhäkeln.
Neben der 9. R in Maigrün neu anschlingen und für die Seiten wie folgt häkeln:
1. R: * 2 fM zusammen abmaschen, ab * noch 2x wdh, 36 fM, ** 2 fM zusammen abmaschen, ab ** noch 2x wdh (= 42 M).
2. R: 42 fM häkeln.
3. R: * 2 fM zusammen abmaschen, ab * noch 2x wdh, 30 fM, ** 2 fM zusammen abmaschen, ab ** noch 2x wdh (= 36 M).
4. R: 36 fM häkeln.
5. R: * 2 fM zusammen abmaschen, ab * noch 2x wdh, 24 fM, ** 2 fM zusammen abmaschen, ab ** noch 2x wdh (= 30 M).
6. R: 30 fM häkeln.
7. R: * 2 fM zusammen abmaschen, ab * noch 2x wdh, 18 fM, ** 2 fM zusammen abmaschen, ab ** noch 2x wdh (= 24 M).
8. R: 24 fM häkeln.
In der 1. M der 1. R der Seite neu anschlingen und in Maigrün umhäkeln: 8 fM in die Rdm, 24 fM, 8 fM in die Rdm.
Faden abschneiden und durchziehen. Den 2. Schuh ebenso häkeln.

Schnürsenkel (2x)

In Weiß 2 Lm-Ketten mit 150 Lm häkeln.

Fertigstellen

Alle Fäden vernähen. Die Ösen gemäß Herstellerangaben wie abgebildet zwischen die M schieben und mit der Ösenzange fixieren. Für den schwarzen Kontraststreifen um die fM der 9. Rd Km in Schwarz arb. Den Schuh mittig falten und links und rechts die jeweils 24. M markieren. Zwischen den Markierungen und der 7. und 8. Rd eine Linie Km in Schwarz aufhäkeln. Die Schnürsenkel einziehen.

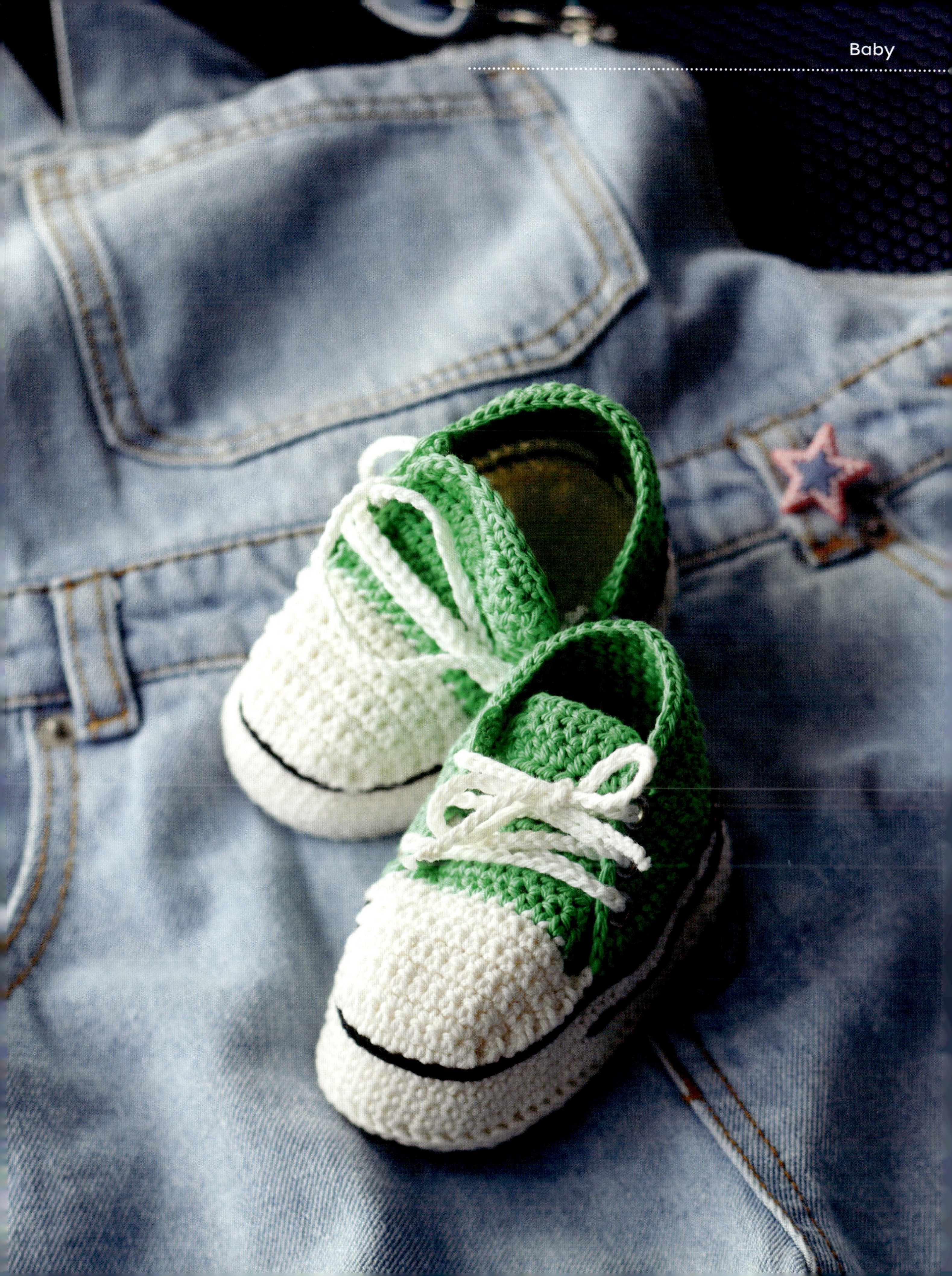

Greifring Bär

Material 

Schwierigkeitsgrad

Größe

ø 12 cm

Material

- Schachenmayr Catania (LL 125 m/50 g) in Weiß (Fb 106), Flieder (Fb 226) und Hellblau (Fb 173), je 50 g
- Perlgarn in Schwarz, Rest
- Häkelnadel 3,0 mm
- Füllwatte
- Sticknadel

Streifenfolge

1 Rd in Hellblau und 1 Rd in Weiß im Wechsel häkeln.

Anleitung

Alle Teile werden in Spiral-Rd gehäkelt. Den Rd-Anfang mit einem Kontrastfaden markieren.

Kopf

In Weiß einen Magic-Ring anfertigen.
1. Rd: 6 fM in den Ring häkeln (= 6 M).
2. Rd: Alle fM verdoppeln (= 12 M).
3. Rd: Jede 2. fM verdoppeln (= 18 M).
4. Rd: Jede 3. fM verdoppeln (= 24 M).
5.+6. Rd: Jeweils 24 fM häkeln.
7. Rd: 1 fM, * 1 fM verdoppeln, ab * 3x wdh, 19 fM (= 28 M).
Den Faden abschneiden und durchziehen, in Flieder neu anschlingen.
8. Rd: 2 fM, * 1 fM verdoppeln, 1 fM, ab * 4x wdh, 16 fM (= 33 M).
9. Rd: 2 fM, 1 fM verdoppeln, 5 fM, 1 fM verdoppeln, 5 fM, 1 fM verdoppeln, 18 fM (= 36 M).
10. Rd: 2 fM, 1 fM verdoppeln, 6 fM, 1 fM verdoppeln, 6 fM, 1 fM verdoppeln, 19 fM (= 39 M).
11. Rd: 11 fM, 1 fM verdoppeln, 27 fM (= 40 M).
12.-16. Rd: Jeweils 40 fM häkeln.
17. Rd: * 6 fM, 2 fM zusammen abmaschen, ab * 4x wdh (= 35 M).
18. Rd: * 5 fM, 2 fM zusammen abmaschen, ab * 4x wdh (= 30 M).
19. Rd: * 3 fM, 2 fM zusammen abmaschen, ab * 5x wdh (= 24 M).
20. Rd: * 2 fM, 2 fM zusammen abmaschen, ab * 5x wdh (= 18 M).
Den Kopf fest mit Füllwatte ausstopfen.
21. Rd: * 1 fM, 2 fM zusammen abmaschen, ab * 5x wdh (= 12 M).
Den Kopf erneut mit Füllwatte ausstopfen.
22. Rd: Immer 2 fM zusammen abmaschen (= 6 M).
Den Faden abschneiden und durchziehen und die damit Öffnung schließen.

Ohr (2x)

In Flieder einen Magic-Ring anfertigen.
1. Rd: 6 fM in den Ring häkeln (= 6 M).
2. Rd: Alle fM verdoppeln (= 12 M).
3. Rd: Jede 4. fM verdoppeln (= 15 M).
4.-6. Rd: Jeweils 15 fM häkeln.
Den Faden lang abschneiden und durchziehen.
Das 2. Ohr ebenso in Hellblau häkeln.

Ring

In Hellblau 10 Lm anschlagen und mit 1 Km zur Rd schließen.
1.-25. Rd: Jeweils 10 fM häkeln.
26. Rd: 9 fM, 1 Km, den Faden stilllegen und in Weiß neu anschlingen.
27. Rd (Weiß): 1 Lm, 9 fM, 1 Km in die Lm.
28.-31. Rd: Nach der Streifenfolge wie die 27. Rd häkeln.
Den Schlauch fest mit Füllwatte ausstopfen
32.-50. Rd (Weiß): Jeweils 10 fM häkeln.
Den Schlauch weiter ausstopfen.
Nun den Ring schließen:
51. Rd: 10 fM auf die 10 Anschlag-Lm arb, dann weitere 10 fM arb (= 20 M).
52. Rd: 20 fM häkeln.
53. Rd: 19 fM, 1 Km arb.
Den Faden lang abschneiden und durchziehen.

Fertigstellen

Die Ohren flach zusammennähen und leicht gebogen annähen. Mund und Augen mit Stickgarn aufsticken. Den Kopf an den Ring nähen.

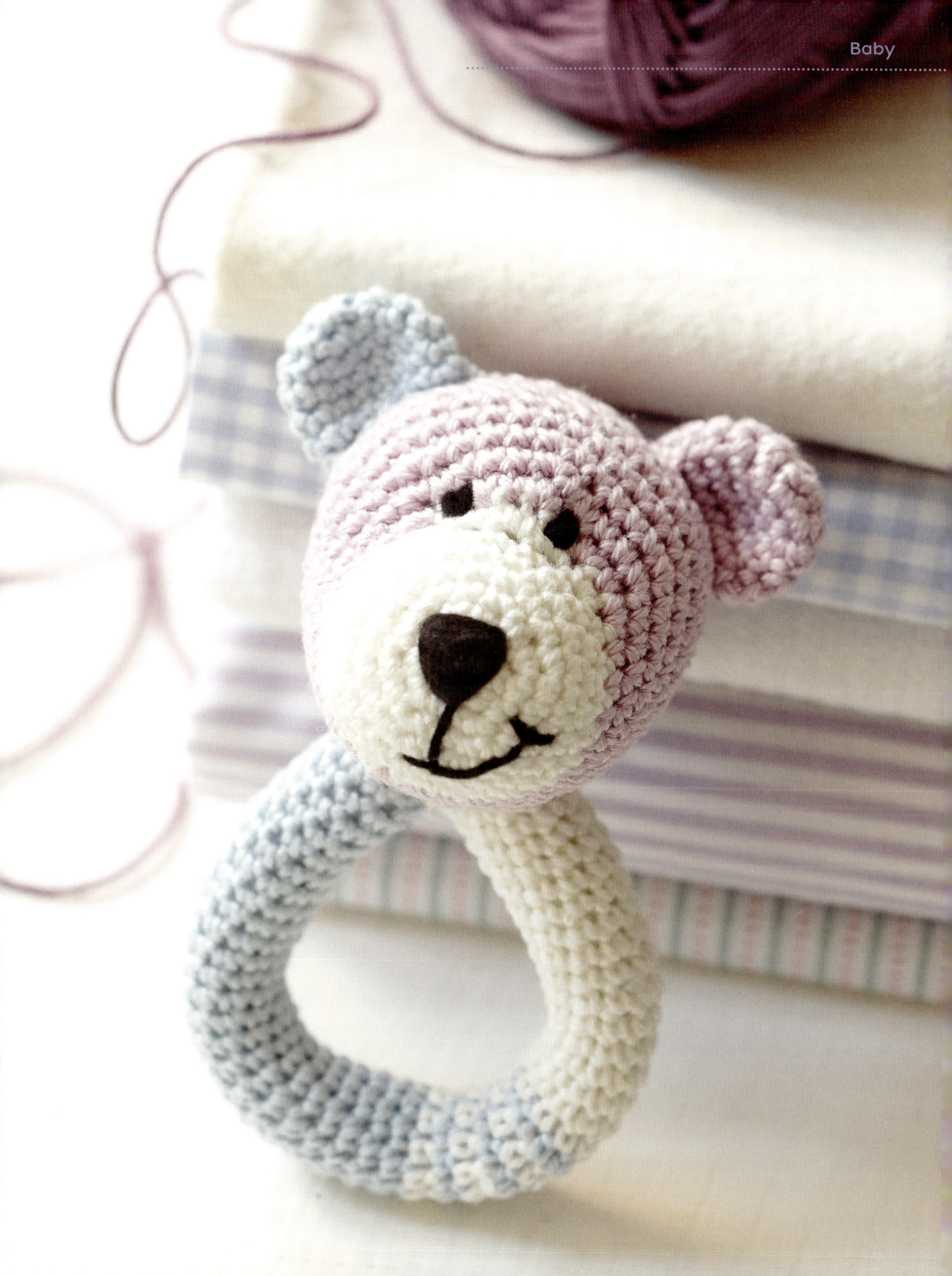

Abkürzungen

arb = arbeiten
DStb = Doppelstäbchen
Fb = Farbe(n)
fM = feste Masche(n)
Häkelnd = Häkelnadel
Hinr = Hinreihe(n)

hStb = halbe(s) Stäbchen
Km = Kettmasche(n)
LL = Lauflänge
Lm = Luftmasche(n)
M = Masche(n)
Nd = Nadel(n)

R = Reihe(n)
Rd = Runde(n)
Rdm = Randmasche(n)
Rückr = Rückreihe(n)
Stb = Stäbchen
wdh = wiederholen

Feste Maschen in das hintere Maschenglied

Seite 51

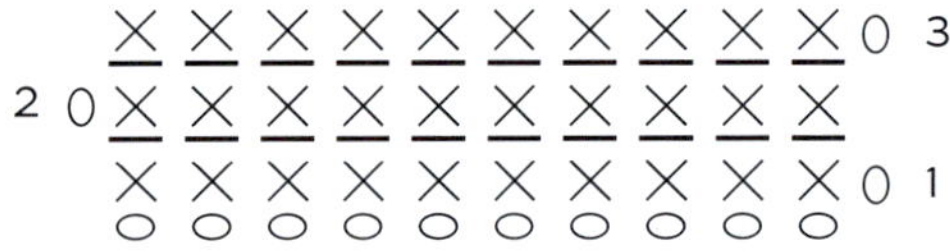

Durchbruchmuster

Seite 56

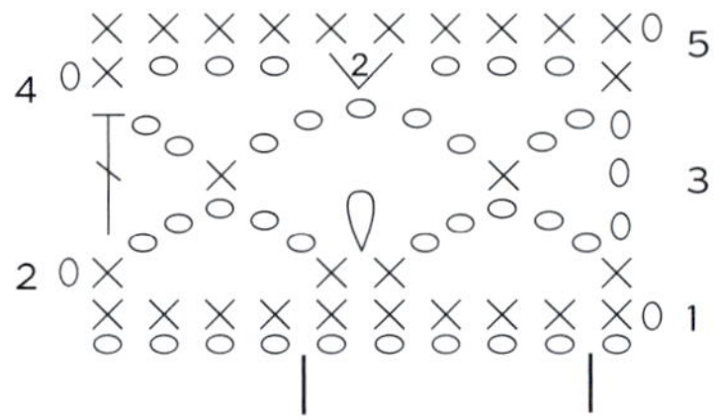

Reliefstäbchen

Seite 52

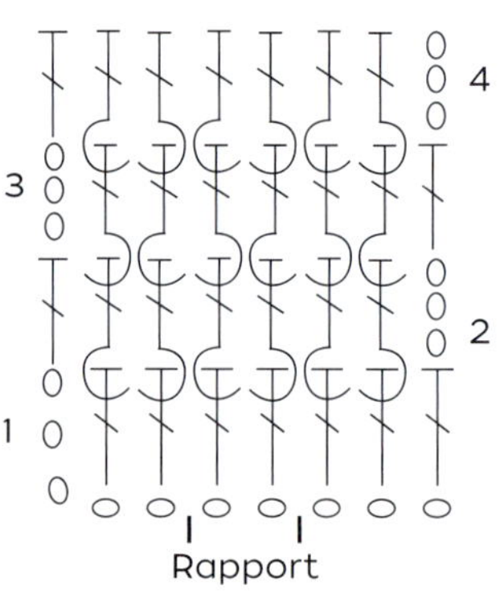

Gekreuzte Stäbchen

Seite 53

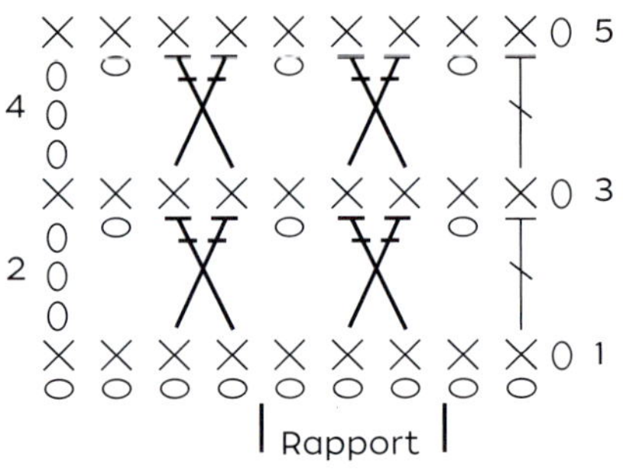

Sternmuster

Seite 55

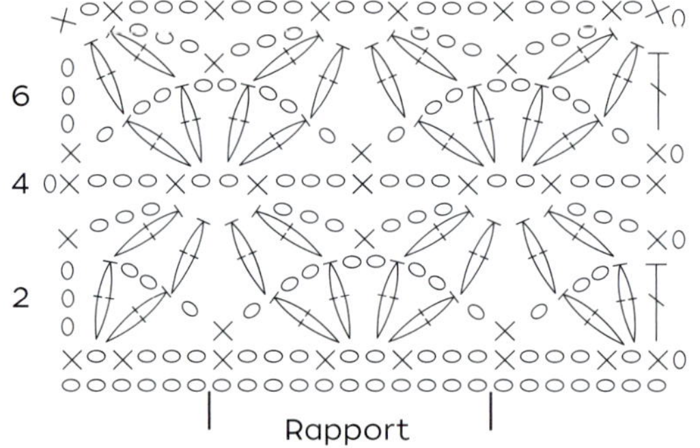

Noppenmuster

Seite 54

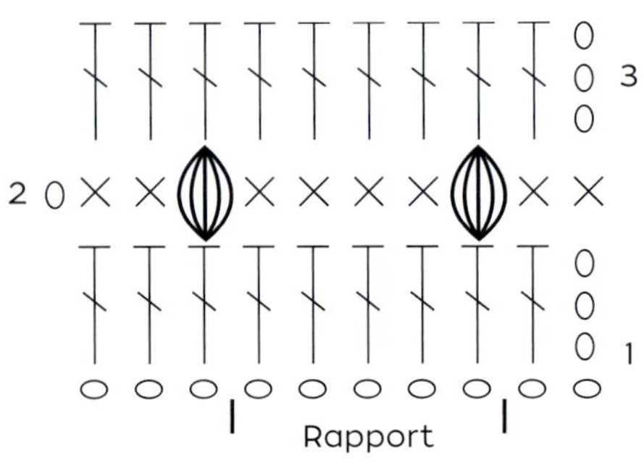

Zackenmuster

Seite 53

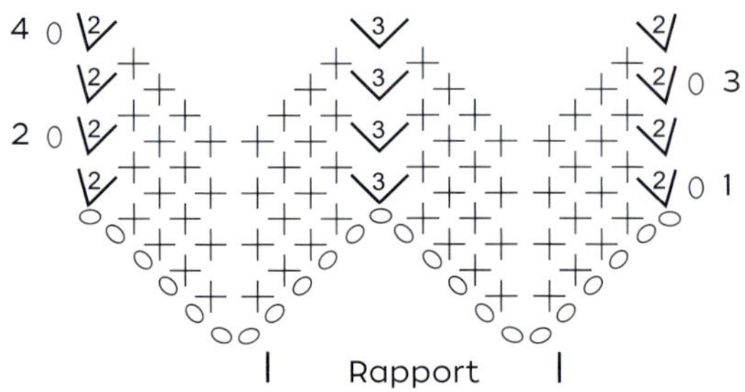

Büschelmuster

Seite 54

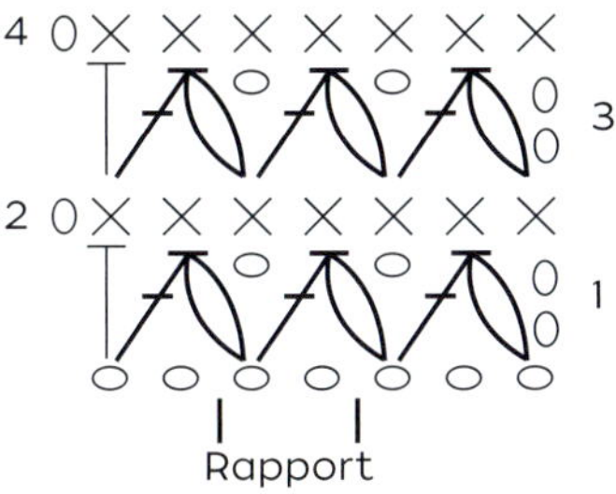

Muschelmuster

Seite 55

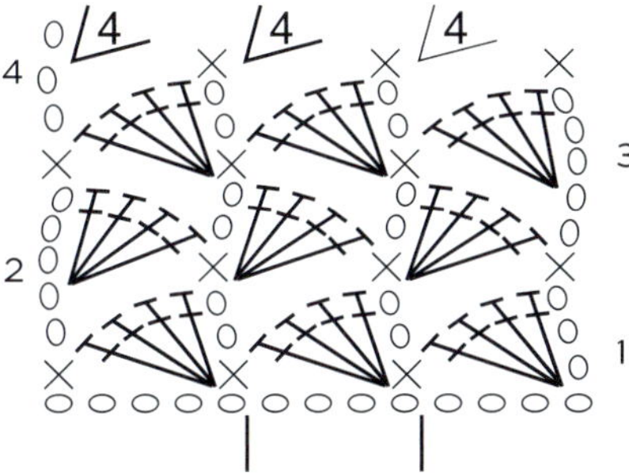

Tiefer gestochene Maschen

Seite 52

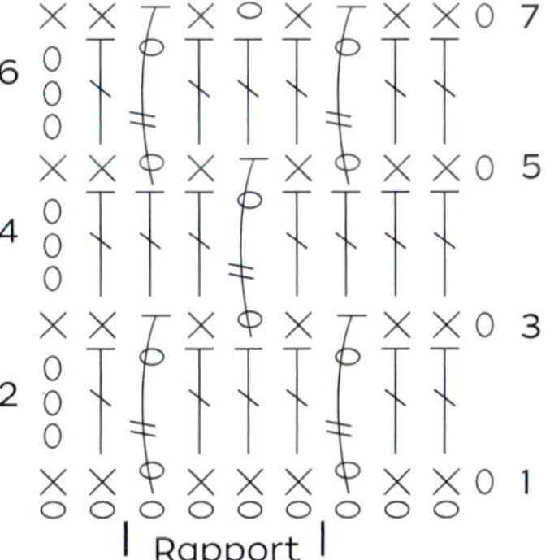

Zeichenerklärung

- = Luftmasche
- = feste Masche
- = feste Masche nur in das hintere Maschenglied
- = 2 feste Maschen in 1 Einstichstelle
- = halbes Stäbchen
- = Stäbchen
- = 2 gekreuzte Stäbchen
- = tiefer gestochenes Doppelstäbchen
- = Reliefstäbchen von vorne
- = Reliefstäbchen von hinten
- = Büschel (= 2 halbe Stäbchen in 1 Einstichstelle und 1 Stäbchen zusammen abgemascht)
- = 1 Noppe (= 5 zusammen abgemaschte Stäbchen in 1 Einstichstelle)
- = 1 Picot (= 3 Luftmaschen und 1 feste Masche zurück in die 1. Luftmasche)
- = 1 Stäbchen, 2 Luftmaschen
- = 3 Stäbchen

Laufen Zeichen oben zusammen, werden die Maschen zusammen abgemascht. Laufen Zeichen unten zusammen, werden die Maschen in eine Einstichstelle gearbeitet.

Top

Seite 90

Alle Angaben in cm.

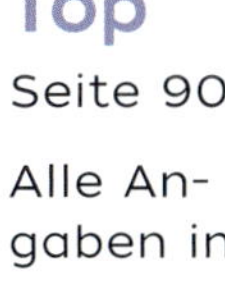

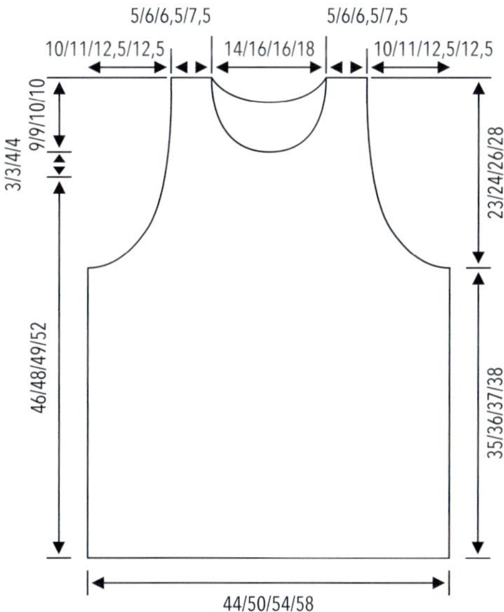

Traumfänger

Seite 72

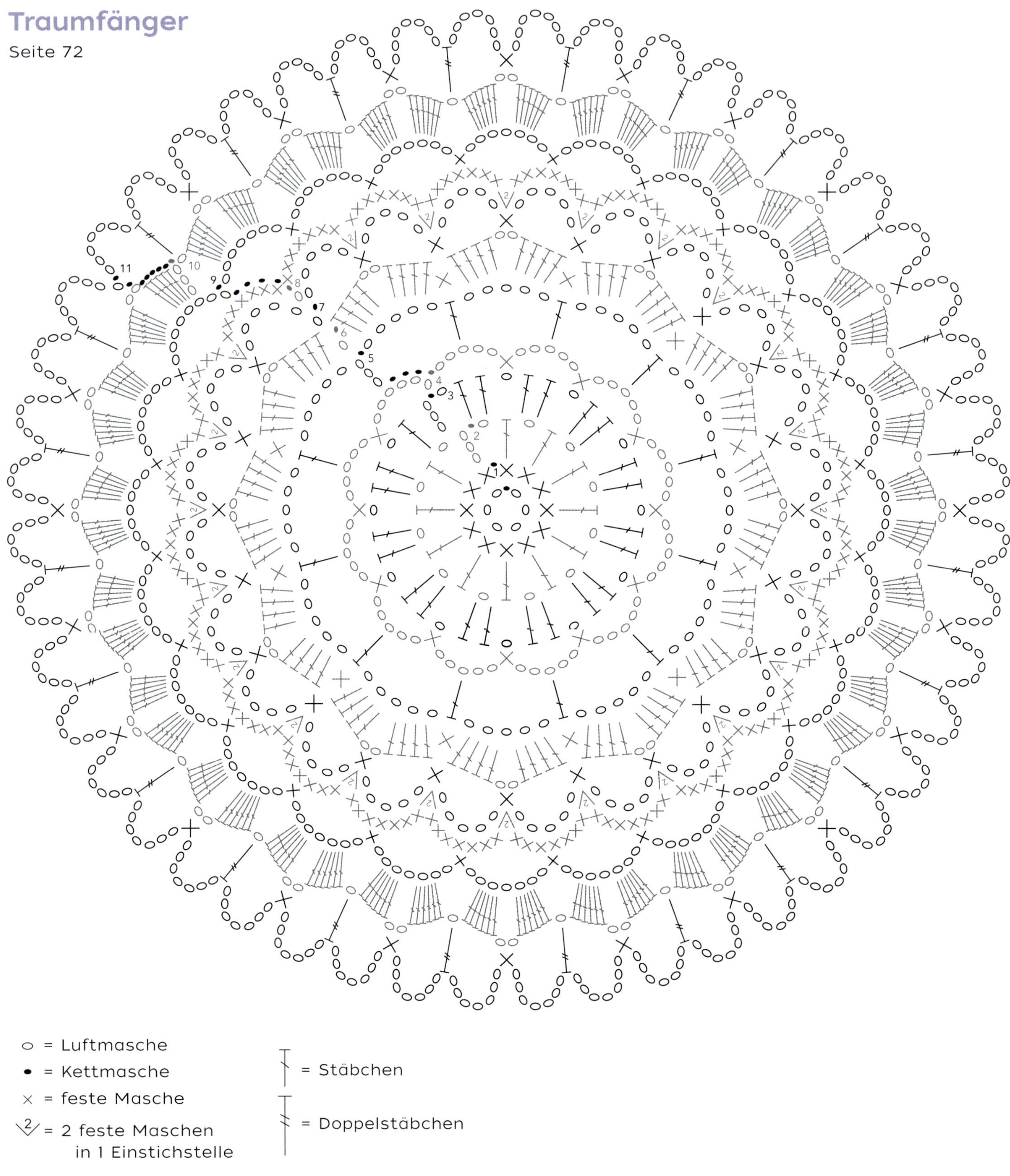

Granny-Wimpelkette

Seite 74

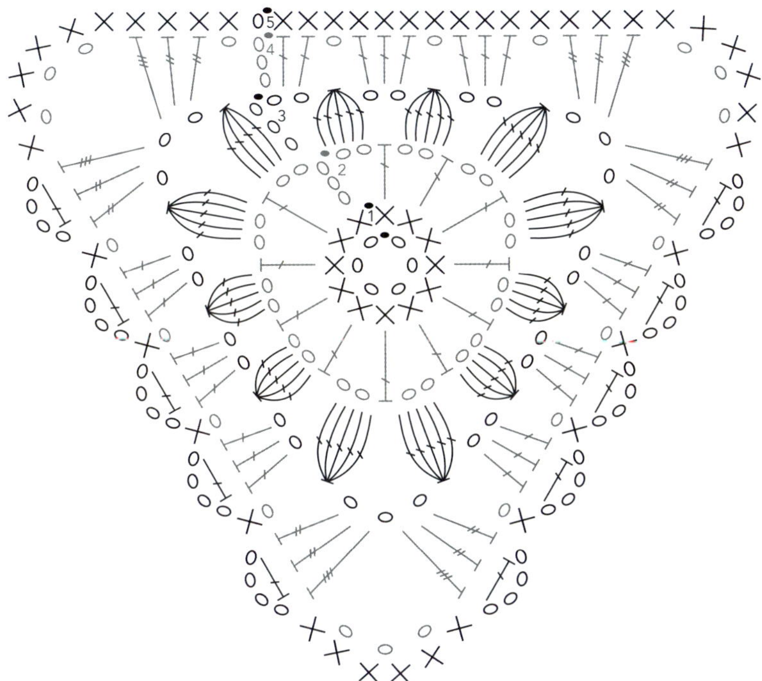

○ = Luftmasche

• = Kettmasche

× = feste Masche

= Stäbchen

= Doppelstäbchen

= Dreifachstäbchen

Laufen die Zeichen oben zusammen, werden die Maschen zusammen abgemascht.

Filetmuster

Seite 56

Pocket-Patch

Seite 58

Herzmuster

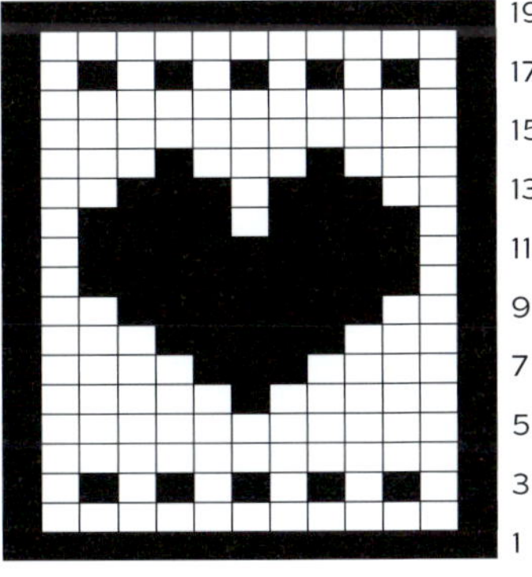

□ = 1 Stäbchen, 2 Luftmaschen

■ = 3 Stäbchen

Notebook-Tasche

Seite 92

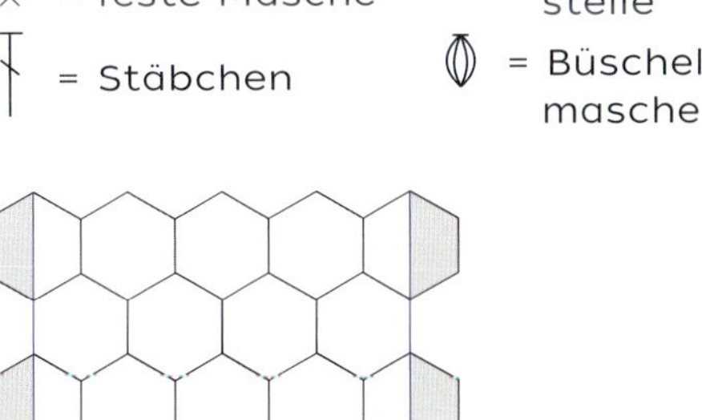

○ = Magic-Ring

○ = Luftmasche

• = Kettmasche

× = feste Masche

= Stäbchen

3 = 3 feste Maschen in eine Einstichstelle

= Büschelmasche

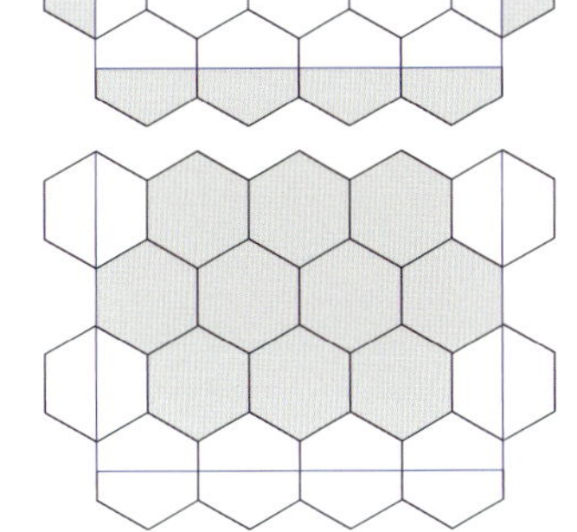

Skizze der Klappe bitte auf 400 % vergrößern

Knopfschlaufe

Wandbehang „Home“

Seite 104

Zählmuster 1

Zählmuster 2

Zählmuster 3

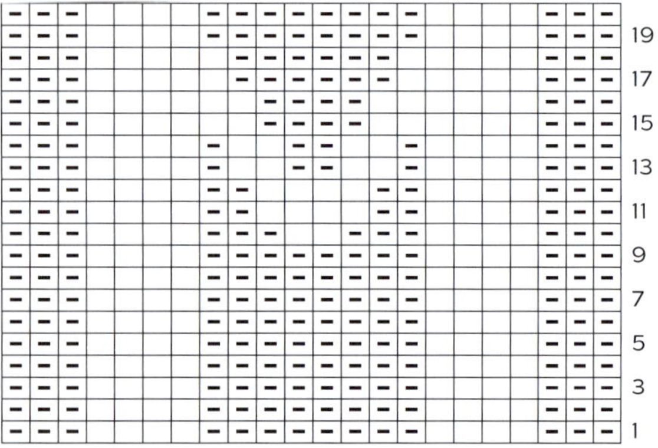

Zählmuster 4

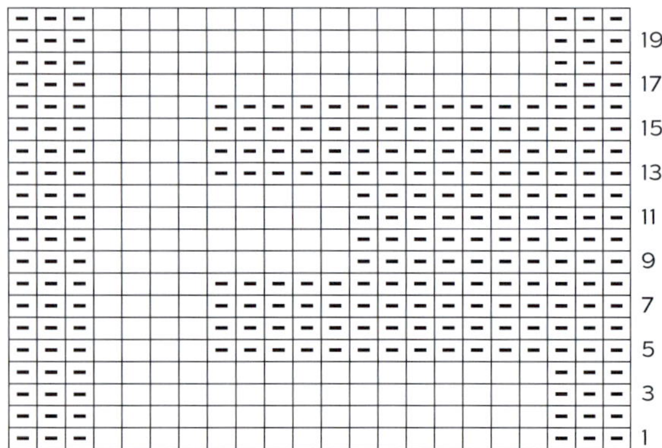

[–] = 1 feste Masche in Leinen
[ ] = 1 feste Masche in Senf

Drei Schneeflocken

Seite 114

Schneestern

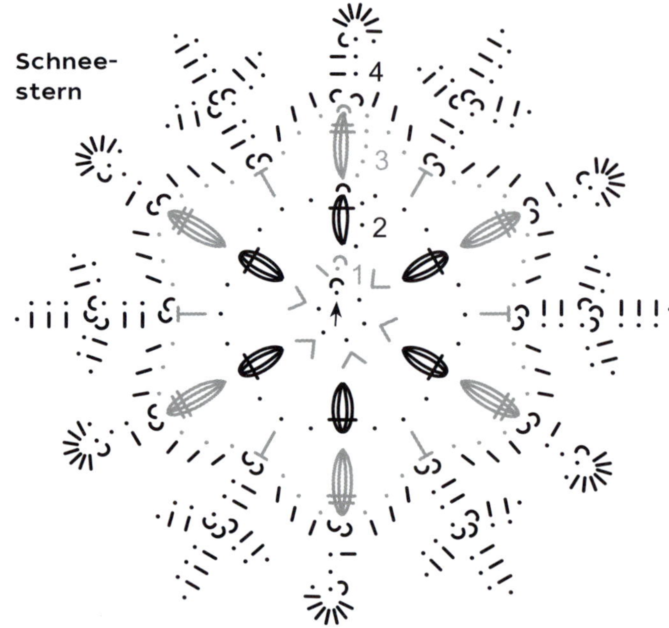

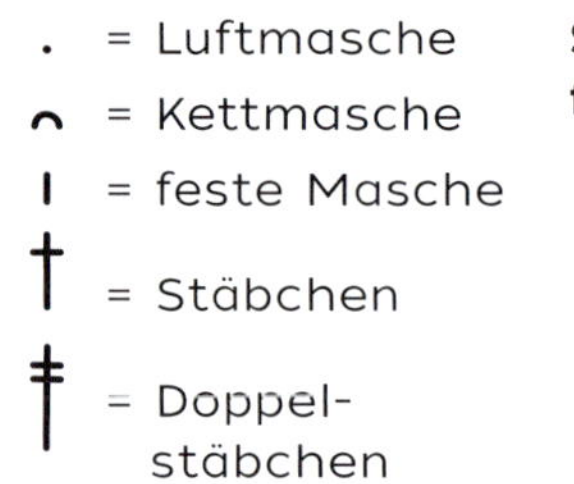

Laufen Zeichen oben zusammen, werden die Maschen zusammen abgemascht, laufen Zeichen unten zusammen, werden die Maschen in eine Einstichstelle gearbeitet.

Schneeflocke

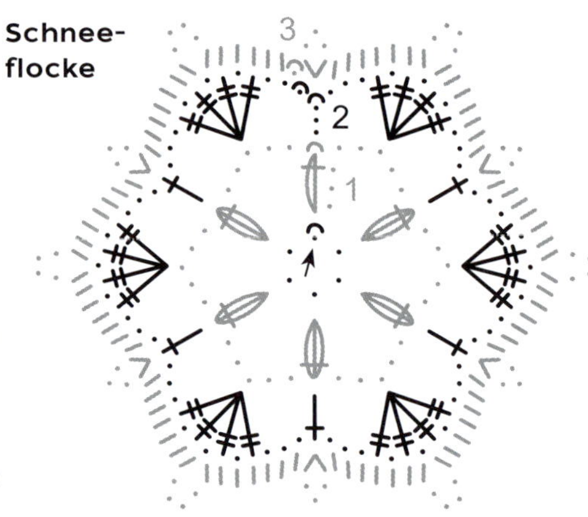

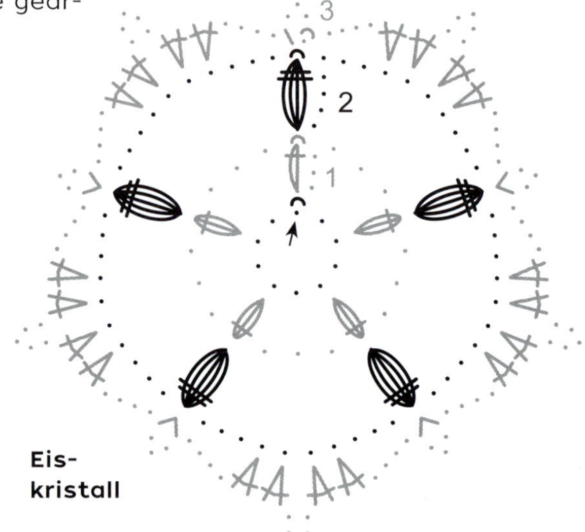

Eiskristall

Register

Hinweis

» Hier finden Sie alphabetisch geordnet die wichtigsten Begriffe aus „1x1 kreativ Häkeln". Die dahinterstehende Seitenzahl bezieht sich auf den Haupteintrag im Buch.

Buchempfehlungen für dich

Noch mehr kreative Bücher zum gleichen Thema gesucht?

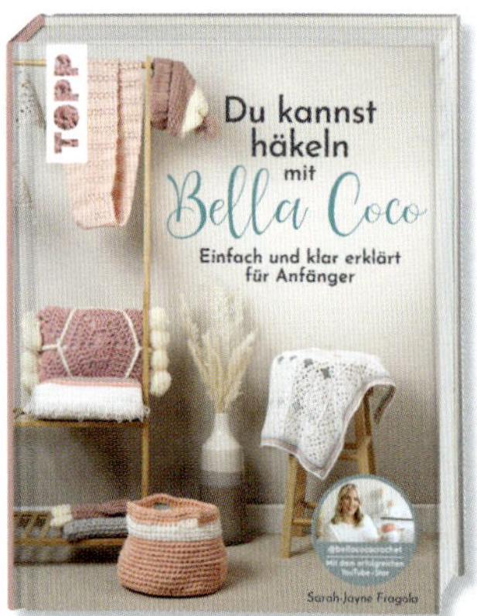

ISBN 978-3-7358-7030-8

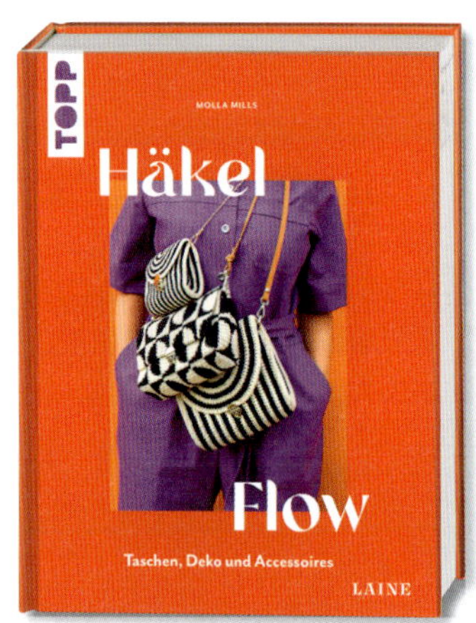

ISBN 978-3-7358-7031-5

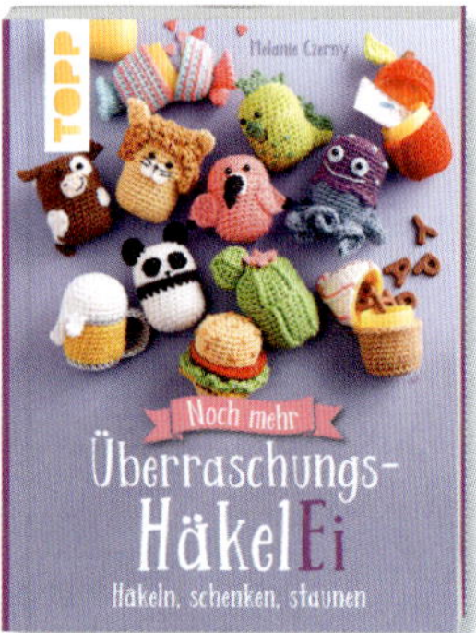

ISBN 978-3-7358-7038-4

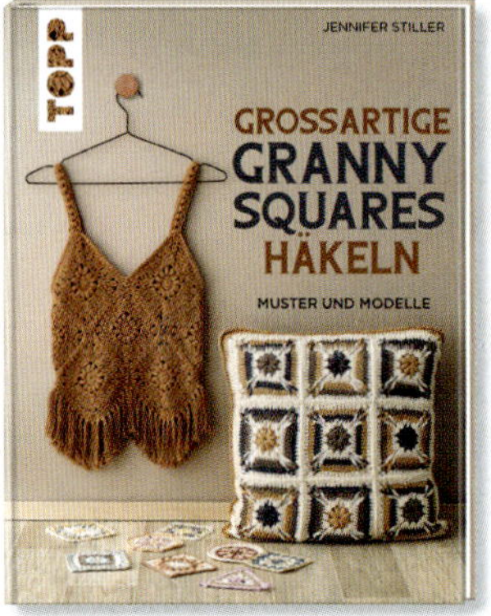

ISBN 978-3-7358-7043-8

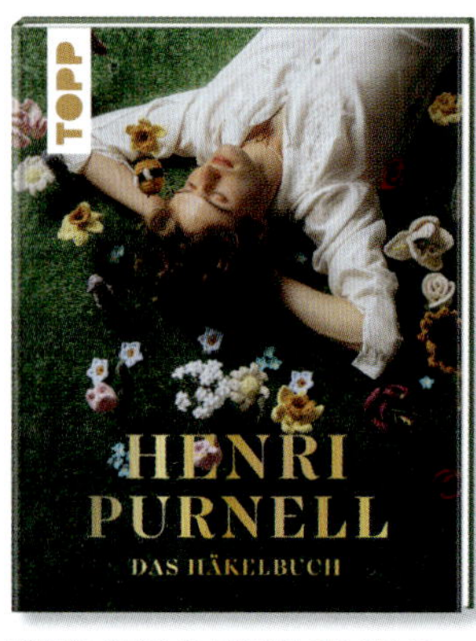

ISBN 978-3-7358-7047-6

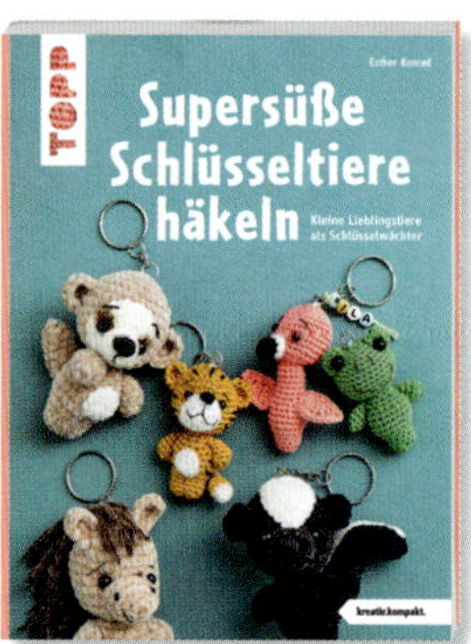

ISBN 978-3-7358-7050-6

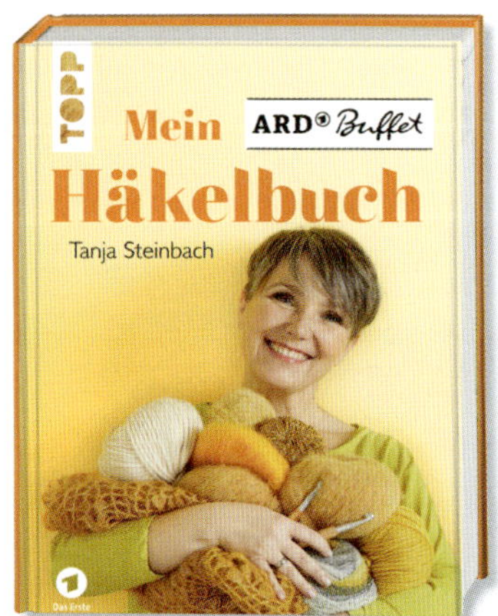

ISBN 978-3-7358-7012-4

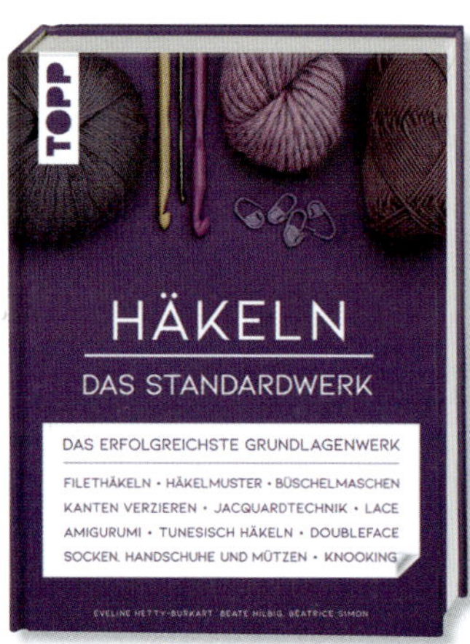

ISBN 978-3-7724-4885-0

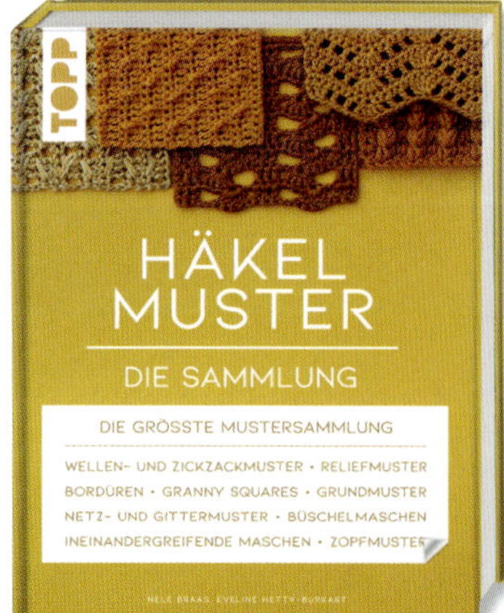

ISBN 978-3-7724-4887-4

Noch mehr Kreativ-Bücher findest du auf www.TOPP-kreativ.de

#TOPPPROJEKT

Die eigene Kreativität zeigen: TOPPprojekt mit anderen Kreativen teilen und Teil der Gemeinschaft werden.

DIY-begeistert und auf Instagram? Dann unbedingt mitmachen! Hier gibt's Tipps und Feedback zu den eigenen Projekten. Außerdem verlosen wir jeden Monat ein Überraschungspaket. Um am Gewinnspiel teilzunehmen, einfach ein Bild vom Kreativ-Projekt aus unseren Büchern mit #TOPPprojekt posten und unserem Account @frechverlag folgen. Mehr Infos auf TOPP-kreativ.de/TOPPprojekt

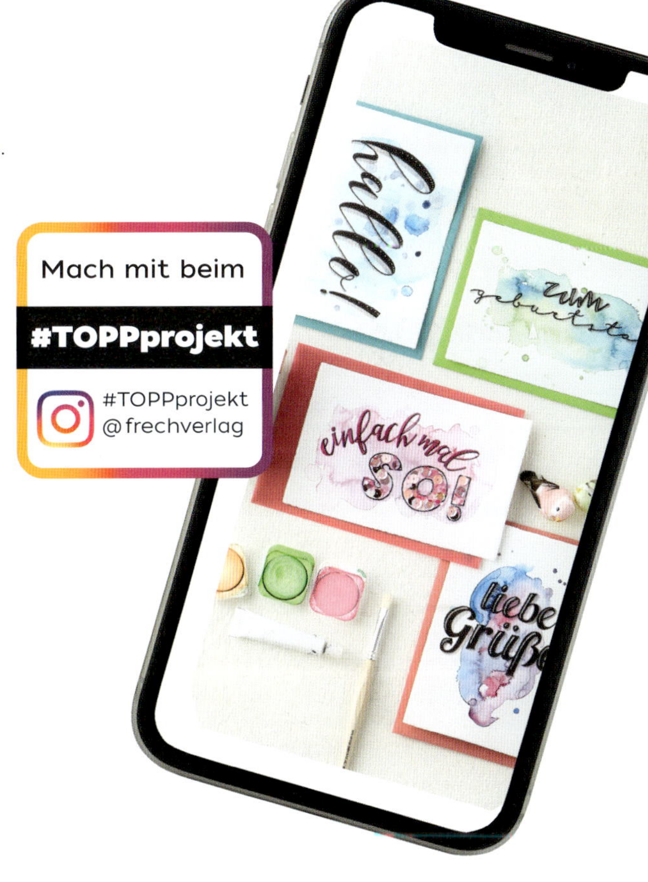

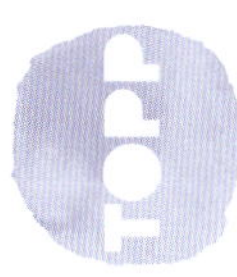

Webseite
Auf TOPP-kreativ.de gibt es ein riesiges Angebot von über 1.000 Kreativbüchern, Sets und mehr zu entdecken.

Newsletter
Immer als Erstes von unseren Neuheiten und Sonderaktionen erfahren: TOPP-kreativ.de/newsletter

Instagram
@frechverlag

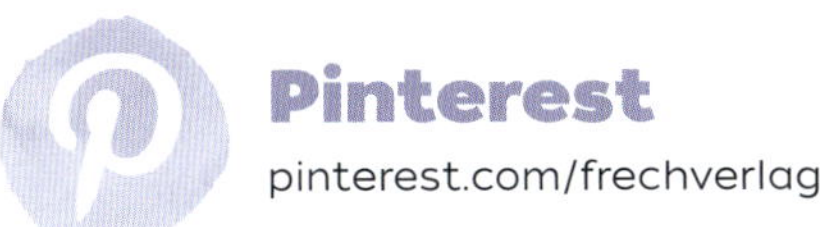

Pinterest
pinterest.com/frechverlag

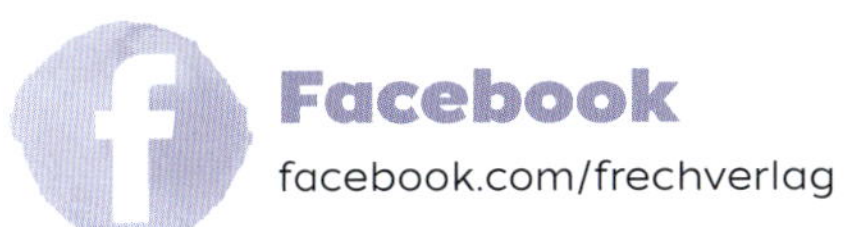

Facebook
facebook.com/frechverlag

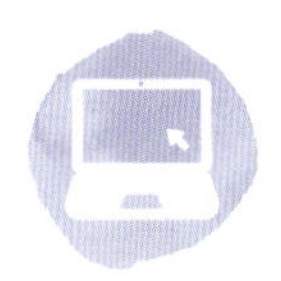

DigiBib
Hier gibt es zusätzlich zu einigen unserer Bücher digitale Extras, wie Video-Tutorials, Plotter-Dateien, Vorlagen, Übungsblätter und vieles mehr. Einfach im Impressum eines TOPP-Buchs nachschauen, ob dort ein Code vorhanden ist, und exklusive Inhalte freischalten. TOPP-kreativ.de/digibib

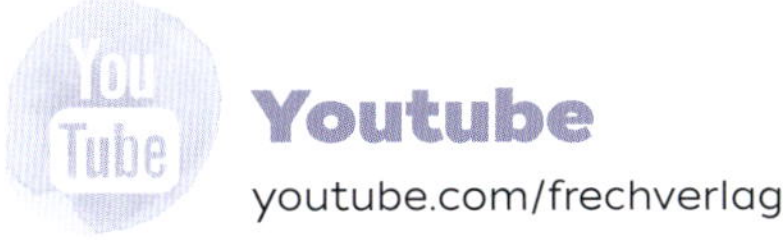

Youtube
youtube.com/frechverlag

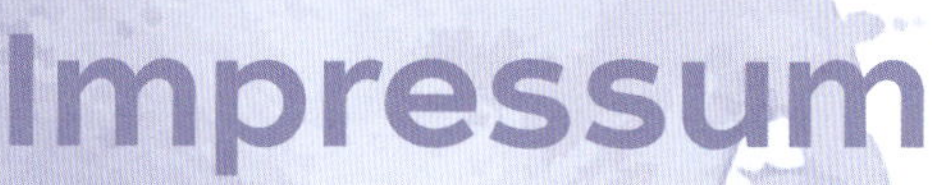

Impressum

Kreativ-Hotline
Hilfestellung zu allen Fragen, die Materialien und Bastelbücher betreffen: Frau Erika Noll berät Sie. Rufen Sie an oder schreiben Sie eine E-Mail:
0711/12 37 57 20
(normale Telefongebühren)
mail@kreativ-service.info

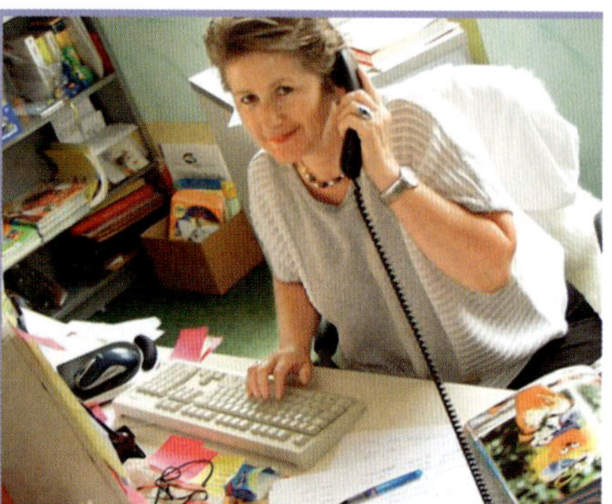

Vielen Dank an MEZ Gmbh (www.schachenmayr.de), Lana Grossa GmbH (www.lana-grossa.de), Lang & Co. AG (www.langyarns.com) und Rayher Hobby GmbH (www.rayher.com) für die großzügige Bereitstellung der Materialien.
Vielen Dank für die Geduld und die unzähligen Stunden an mein Handmodel Anna-Lena Wulf sowie auch ein ganz herzliches Dankeschön an Elke Becker, Andrea Weber, Luzia Wulf und Bettina Frevert, die mich tatkräftig beim Häkeln der Modelle unterstützt haben.

Aktualisierte Neuausgabe von TOPP 5078.

MODELLE: Brigitte Zimmermann (S. 24/25, 30/31, 38/39, 48/49, 58/59, 62-91, 94/95, 104/105, 122-127), Barbara Wilder (S. 92/93), Katharina Kranitz (S. 96/97), Jennifer Stiller (S. 98-100, 106-108, 116-118, 119-121), Jonas Matthies (S. 101-103), Jana Ganseforth (S. 109-111), Carola Behn (S. 112/113), Esther Konrad (S. 114/115), Melanie Czerny (S. 128-131)
MODELLFOTOS: frechverlag GmbH, 70839 Gerlingen; lichtpunkt, Michael Ruder, Stuttgart
PRODUKTMANAGEMENT: Mareike Upheber
LEKTORAT: Petra Puster, Niederpöcking
UMSCHLAGGESTALTUNG: Eva Hook
LAYOUTENTWICKLUNG: Melanie Herrmann
HERSTELLUNG: Petra Theilfarth
DRUCK UND BINDUNG: PNB Print Ltd, Lettland

2. Auflage 2023

ISBN 978-3-7358-7033-9 · Best.-Nr. 27033

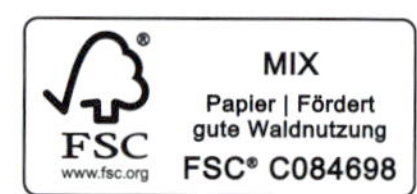

Penguin Random House Verlagsgruppe
FSC® N001967

Vita

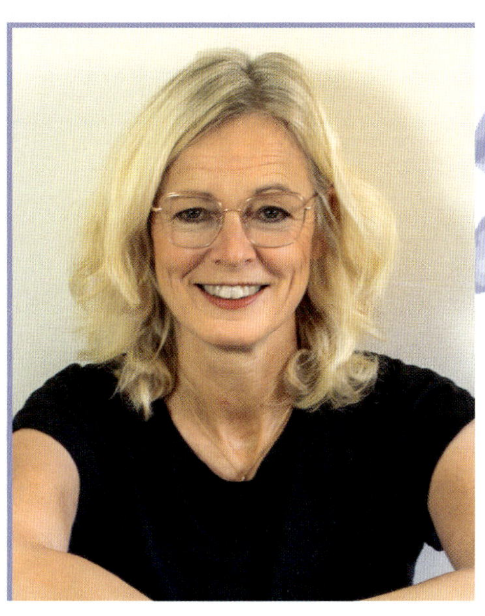

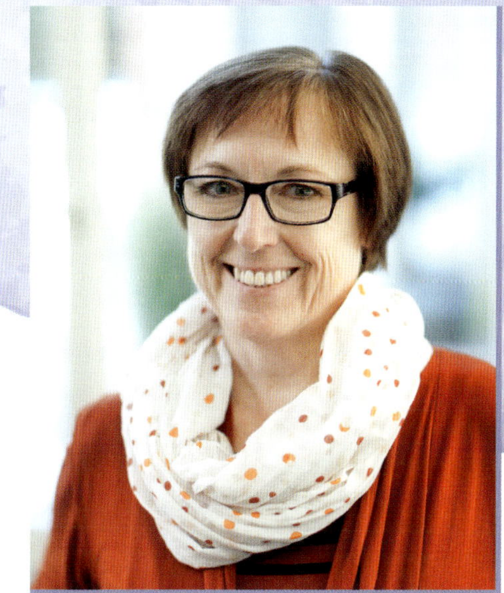

Brigitte Zimmermann strickt und häkelt für ihr Leben gern und hat das große Glück, ihr Hobby zum Beruf gemacht zu haben. Nach 15 Jahren als Produktentwicklerin und -designerin im Bereich Handstrickgarne entwickelt sie nun unter dem Pseudonym „knittygitti" eigene Designs, entwirft Strickteile für Magazine, leitet Workshops und Strickkurse und bietet Lektorate an. Sie hat drei erwachsene Kinder und lebt mit ihrem Mann in Ostwestfalen.

Beate Hilbig machte nach langjähriger Tätigkeit als chemischtechnische Laborantin und im kaufmännischen Bereich 1996 ihre Leidenschaft zum Beruf und studierte Freie Kunst in Nürtingen. Im Anschluss war sie lange Zeit freiberuflich als Künstlerin, Designerin und Autorin tätig. Besonders gerne verbindet sie auch ihre umfassenden Handarbeitskenntnisse mit den Schwerpunkten Häkeln, Stricken und Sticken mit künstlerischen Aspekten.